글로벌기업 인사실무자의 HR멘토링

김혜인 · 옥광희 · 홍성만 공저

"글로벌 기업 인사실무를 꿰뚫는 120가지 핵심질문을 통해
인사업무를 시작한 직장인과 도전하는 취업준비생에게 현장의
생생한 경험과 노하우를 멘토링하다!"

인더비즈
people in the biz & books

저자의 글

항상 마지막엔 처음을 돌아보게 된다. 3년 전 도원결의 빰칠 기세로 의기투합하던 우리 세 사람의 모습이 떠오른다. 이 글을 쓴 세 명은 그렇게 제법 긴 여정을 시작했다.

우리는 모두 세계 최고의 글로벌 회사에서 HR 업무를 10년 넘게 해 온 인사 전문가였고, 그 동안 쌓은 지식과 경험을 인사에 발을 들여 놓은 후배들에게 전수해 주고 싶었다. 각각의 회사에서 인사부 인턴이나 사원이 들어올 때마다 인사에 대해 이것저것 알려 주고 가르쳐 준다고 최선을 다했지만, 시간과 인원의 제약으로 하고 싶은 얘기를 하고 싶은 사람에게 충분히 하지 못했다는 아쉬움이 항상 남았다. 그래서 우리가 하고 싶은 얘기를 책으로 내기로 했다.

이 책은 글로벌 기업에서 일어나고 있는 인사 업무에 대해 독자들이 알고 싶어 하는 120가지 질문을 선정하여, 질문에 대하여 차근차근 알기 쉽고 재미있게 얘기하는 방식으로 기술하였다. 따라서 인사부의 주니어 직원이거나 인사 업무를 막 시작한 직원, 인사부에서 일하기를 희망하는 취업 준비생, 인사부로 진로를 변경하고 싶은 직원, 인사에 대해 지식은 없지만 알고 싶은 직장인이 읽으면 도움이 될 것이다.

저자 세 사람이 각각 교육대학원, 노동대학원, 경영대학원에서 석사 학위를 취득하였으므로 각자의 전문분야에 맞게 주제를 선정하여 집필하여서 저자 개인의 특색이 나타나기도 하지만, 서로의 글을 읽고 내용을 수정하고 보완하여 글의 어조나 내용의 깊이를 조절하고 일관성이 있도록 하였다. 인용한 자료는 출처를 밝혔고, 글로벌 회사의 실제 적용 사례는 저자들이 다니고 있는 회사인 한국 IBM, 한국 화이자제약, 한국 마이크로소프트의 것을 주로 사용하였다.

3년이란 시간 속에 많은 일들이 있었다. 꾸준하게 글을 썼다면 훨씬 일찍 마칠 수도 있었겠지만, 지쳐서 몇 달씩 쉬기도 하였고, 한 사람은 출산을 하기도 했다. 하지만 저자들이 모여서 인사 철학과 프랙티스에 대해 의견을 나누고 글을 쓰는 시간은 참 행복했다.

나름대로 오랜 시간 준비해 왔고 꿈꿔왔던 출간이지만 졸고를 세상에 내놓으려니 두려움이 앞선다. 훌륭한 많은 선배들이 이미 출판한 인사 관련 서적을 볼 때마다 우리가 차별화된 책을 쓸 수 있을까 하는 고민을 많이 했다. 이 책은 우리의 꿈과 희망의 결실이다. 이 결실이 인사를 진로로 결정하고 도전을 하려는, 혹은 도전을 시작한 사람에게 조금이라도 도움이 될 수 있다면 보람과 영광이기에 출간을 결심하였다.

출판이 있기까지 도움을 주신 수많은 분들은 시상식의 수상 소감이 아니기 때문에 한 분 한 분 언급하지는 않겠다. 우리가 인사를 할 수 있도록 채용해 주신 분들, 인사의 철학과 원리를 알려주신 위대한 선배

님들, 항상 나 자신을 돌아보게 만들던 훌륭한 동기들과 후배들, 용기를 잃지 않도록 버팀목이 되어준 가족들, 그리고 출판을 허락해 주고 조언해 주신 ㈜영화조세통람에 감사드린다.

2013년 저자 김혜인, 옥광희, 홍성만 배상

차 례

5 PART

Learni& Development — 223

PART 1

HR Overview

01 인사 한눈에 보기

인사는 어떤 역할을 하는가?

나의 경우 대학교를 졸업하고 국내 대기업에 입사해서 몇 달간 신입사원 교육을 받고 나서 자의반 타의반으로 인사팀에 배치를 받았다. 복사, 배달, 전화독촉, 데이터 입력, 서류정리, 자료수집 등의 보조업무가 아니라 온전하게 나에게 주어졌던 첫번째 업무는 흥미롭게도 성인식을 준비하는 것이었다. 당시 회사에는 상업고등학교를 졸업하고 서무업무를 전담하던 여직원들이 상당수 있었는데 그 가운데 성인식을 맞이하는 여직원들을 위해서 인사팀에서 장미꽃다발과 향수를 구입해서 직접 전달해 주고 축하해 주는 업무가 내게 주어졌던 것이다. 스무 명 가까이 되는 스무 살 여직원들을 위해 어떤 향수가 좋을지 여기저기 물어보고 남대문 도깨비시장을 헤매고 다닌 기억이 아직도 선하다.

이런 일을 왜 인사팀에서 하는 걸까? 아니 인사팀에서 하는 일은 무엇일까? 누구는 인사팀과 가까이 지내야 한다고 말하고 또 어떤 이는 가급적 멀리 해야 하는 부서라고 한다. 어떤 사람들은 권력부서라고 하고 또다른 사람들은 지원부서라고 한다.

과연 인사팀은 어떤 일을 하는 것일까?

회사의 크기에 따라 간혹 인사팀이 재무팀이나 법무팀 밑에 있는 경우도 있지만 대부분의 회사에는 인사업무를 수행하는 사람들이 있고 대개는 인사팀이 존재하기 마련이다. 그런데 회사의 인사팀이 무슨 일을 하는지 알고 있는 사람은 의외로 적다. 주로 인사에 관심이 많은 취업 준비생, 인사팀이 아닌 다른 부서의 직원들, 심지어 인사를 시작한 지 얼마 되지 않은 인사팀 직원들이 인사팀은 무슨 일을 하는지 궁금해 하는 경우가 많다.

인사는 어떤 일을 할까? 좀더 전문적으로 질문하자면, 인사는 회사에서 어떤 기능을 수행해야 하며, 어떤 역할을 해야 할까? 인사가 bottom line(재무제표상의 맨 마지막 라인인 순이익을 의미한다)에 어떻게 영향을 미칠 수 있는가? 사실 인사팀의 기능, 권한, 역할은 회사마다 많이 다르다. 특히 재벌이라고 하는 국내 대기업과 외국계 기업에서 인사팀의 역할은 상당한 차이가 있다고 보여진다. 가장 큰 이유는 인사권(평가나 승진, 임금 인상을 결정할 수 있는 권리 등)을 국내 대기업은 인사팀이 가지고 있는 경우가 많고, 외국계 기업에서는 현업(Line of Business)에서 가지고 있는 경우가 많기 때문일 것이다.

인사의 기능에 대해 인사 관련 명저로 뽑히는 Dave Ulrich의 『HR Champions』에서 나온 모델을 기본으로 하여 인사의 전략적 모델에 대하여 설명하고, 실제로 유수의 글로벌 기업에서는 어떻게 인사업무를 수행하고 있는지 얘기하고자 한다.

대부분의 인사문제가 그렇듯이 여기에는 정답이 없다. 남쪽의 유자나무가 북쪽으로 가면 탱자가 되듯이 상황론적인 입장에서 인사조직과 업무는 분석해 보아야 한다. 즉, 글로벌 기업들의 인사조직과 업무를 그대로 우리 회사에 들여오는 것이 정답이 아니라 우리 회사 상황에 가장 적합한 방법을 찾아야 한다.

왜 전략적 인사를 논하는가?

2000년대에 들어와서 전략적 인사가 많이 강조되고 있다. 흔히 '사람 뽑고 급여 주고'로 대변되는 인사의 운영적인 측면뿐 아니라 전략적인 측면을 강조하는 이유는 개인적으로 성과주의와 경쟁주의 문화에서 비롯된다고 생각한다. 즉, 모든 조직이 그냥 당연히 있어야 하는 조직이 아니라 '왜 있어야 하는지'에 대한 증명을 끊임없이 해야 하는데 인사도 예외가 될 수 없는 것이다. 이제 자동화와 아웃소싱을 통해서, 특히 회사의 수익을 직접 창출하는 부서가 아닌 비용으로 인식되는 지원부서들은 전례없는 도전에 마주하고 있다. 단순한 간접비용이 아니라 가치를 창출해 내는 존재로 인정받지 못하면 사라져야 하는 운명인 것이다. 따라서 인사의 가치를 높일 수 있는 방법이 전략적 인사라고 하겠다.

그렇다면 어떻게 하는 것이 전략적 인사를 하는 것일까? Ulrich 교수는 인사관리의 존립 가치는 조직의 가치를 창출해내고 경쟁력을 갖추게 해주는데 있다고 하면서 '무슨 일을 하는가'에 초점을 맞추는 것이 아니라 '무엇을 산출해 내는가'에 초점을 맞춰야 한다고 하였다. 바꾸어 말하면 '인사관리를 어떻게 할 것인가?'라는 문제보다는 '어떠한 인사업무를 할 것인가?'라는 문제와 '왜 이 인사업무를 해야 하는가?'라는 문제에 초점을 맞춰야 하는 것이다.

한편, 인사전문가들은 인사부서에 배치를 받아 잠시 거쳐가는 사람이 아니라 이론적 토대 위에 실무 경험을 갖춘 전문가로서 사업에 대한 의사결정이 이루어질 수 있도록 지식을 제공해 줄 수 있는 사람이 되어야 한다. 물론 회사에 따라서는 Generalist를 지향하여 모든 부서를 3~5년 단위로 직원을 순환시키는 정책을 가지고 있는 경우도 있다. 또한 핵심인재(Top talent 혹은 High potential－HIPO)들이 더 성장하기 위해 경험삼아 인사팀을 거치게 하기도 한다. 그러나 전략적 인사부서의 모델에서는 인사전문가가 되어야 한다.

최근 많은 글로벌 회사에서 HR Business Partner Model을 사용하고 있다. Ulrich 교수의 표현을 빌자면 '전략적 파트너'라는 개념이 현실화된 것이라고 볼 수 있다. HR Business Partner는 기존의 인사의 기능을 업무별로 수행하는 조직 위에 HRBP 조직이 있어 각 HRBP가 사업부서의 요구에 대응하고 필요한 조언을 하는 모델이다. 이처럼 인사전문가들은 효과적인 조직체계를 만들어 이것을 활용하고 경영전략을 실행에 옮길 수 있어야 한다. 또한 적절한 문제제기를 하고 창의적이고 이상적인 대안을 제시해야 한다.

그리고 인사부서는 '행정전문가'의 역할을 해야 한다. '행정전문가'는 단순하게 반복되는 운영업무를 문제없이 수행하면 되는 과거의 개념에서 한 단계 발전한 것이다. 예를 들어, 단순히 직원들의 급여나 복리후생을 제때 챙겨준다는 개념이 아니라 회사에 부가가치를 창출할 수 있도록 인사의 역할을 재정의하고, 인사업무를 효과적으로 수행하기 위한 서비스 공유 조직을 만들 수 있는 수준의 '행정전문가'가 되어야 한다.

개인적으로는 인사부서의 '직원옹호자'로서의 역할을 강조하고 싶다. 물론 노조가 있고 대부분 직원이 노조에 가입되어 있는 회사의 경우는 노조가 이 역할을 대신할 수 있다. 그러나 우리나라 근로자의 노조조직률이 10% 미만이라는 점을 고려하면 많은 회사에서는 인사팀이 직원의 목소리를 대변하고 경영진에게 전달해줘야 한다. 경영진은 자신의 목소리를 강조하고 관철시킬 수 있는 여러 가지 채널을 가지고 있지만 직원들에게는 인사부서를 제외하면 특별한 상시 채널이 마땅치 않으므로 직원옹호자 역할을 통해 직원들에게 그들의 이해와 관심사가 경청되고 있다는 확신을 제공해야 한다.

Ulrich 교수가 마지막으로 강조한 것은 '변화주도자'의 역할이다. 인사부서부터 가장 먼저 혁신을 실시함으로써 변화를 주도하고 변화를 위한 새로운 시스템을 설계할 수 있어야 한다. 바람직한 변화의 방향을 설정하고 성공적인 변화를 이끌어내기 위해서는 최고경영진의 지지를 얻어내고 직원들의 동감을 얻어내는 것이 무엇보다 중요할 것이다.

전략적 인사에 대해서는 『HR Champions』에 나온 내용을 기반으로 지금까지 이야기를 풀어 나갔다. 물론 이 책 한 권으로 전략적 인사의 의미와 내용을 모두 말할 수는 없다. 그러나 인사가 왜 과거의 인사관리가 아니라 전략적 인사관리를 고민하고 실행해야 하는지 그리고 어떤 방식으로 실행할 수 있는지 보여줄 수 있는 좋은 예라고 하겠다.

아래는 화이자제약의 인사모델 중 일부분이다. 전략적인 부분과 운영적인 부분이 어떻게 관계를 가지고 운영이 되는지 한 예로 볼 수 있다.

[표 1-1] 화이자제약 인사운영모델

On-line	Global Shared Services & HR Operations	Client-Facing
▪ 인사정보와 각종 절차, 인사도구에 대해 온라인으로 쉽게 접속할 수 있게 함 ▪ 인사정보를 접하는 가장 우선적인 채널	▪ 관리자와 직원들이 각 의사결정을 하고 진행하는 데 도움을 줌	▪ 매니저에게 코칭과 조언을 제공함 ▪ 비즈니스 전략을 이행함

인사는 어떤 기능을 가지고 있는가?

인사의 각 기능(function)들은 회사마다 다를 것이다. 그러나 공통적으로 가지고 있는 기능을 뽑아보면 다음과 같다. 보통은 아래 기능을 기준으로 4~5개의 팀을 꾸려서 운영하는 회사가 많다.

- 급여와 복리후생(Compensation & Benefits or Total Compensation)
- 성과 평가(Performance Evaluation)
- 채용관리(Recruiting)
- 노무관리(ER/IR)
- 직원 교육(Employee Development or Training)

이것을 조직도로 표현해 보면 다음과 같다.

[그림 1-1] 인사조직도 예시

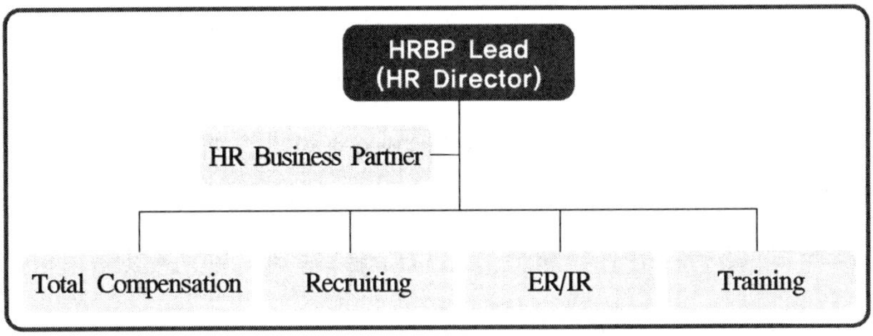

급여와 복리후생팀은 직원들의 경제적인 이익과 가장 직접적으로 관련이 되는 기능이다. Compensation(보상)이란 단순히 직원들의 월급을 계산하여 지급하는 개념이 아니라 급여제도를 설계하고 운영하는 것이다. 급여팀에서는 기본급, 고정상여금, 변동상여금, 영업 인센티브, 각종 수당을 설계하고 지급한다. 복리후생팀에서는 각종 복리후생, 예를 들어 생명보험, 의료보상, 경조금, 학자금 지원, 주택이자 보조 등을 운영한다. 평가는 독립적인 팀으로 운용되는 경우도 있지만 많은 경우 급여와 복리후생팀에서 평가를 담당하는데 그 이유는 평가가 자연스럽게 급여로 이어지기 때문이다. 평가는 보통 1년에 한 번 실시하는 성과평가가 보통이지만 회사에 따라서는 역량 평가, 360도 전방위 평가 등을 실시하기도 한다. 때에 따라서 급여와 복리후생팀에서 회사 전반적인 업무환경에 관한 업무, 즉 직원 안전이나 건강 등에 관한 계획과 실행을 하기도 하고 상벌과 징계 등의 업무를 수행하기도 한다.

채용팀에서는 직원 채용과 퇴직에 관한 일을 한다. 주요한 일로는 현업 부서의 채용 관련된 요구를 반영하여 올해의 인력계획을 수립하고 진행한다. 수립된 인력 계획에 따라 신입직원이나 경력직 직원을 채용 절차에 따라 채용하고 퇴직자가 발생하는 경우 퇴직절차를 진행한다. 채용팀에서는 인력관리에 대한 여러 가지 시사점을 얻을 수 있다. 예를 들어 신입사원 경쟁률, 입사 제안(Offer Letter)을 하였을 때 거절하는 비율, 퇴직률, 퇴직사유 등 회사의 경쟁력을 측정할 수 있는 지표들을 알 수 있으므로 회사의 입구와 출구 같은 기능을 한다고 할 수 있다.

노무팀에서는 노조가 있는 경우 단체협상, 임금협상 등 직원들의 동의가 필요한 사항에 대하여 직원 대표기구로서 노조의 파트너 역할을 한다. 그리고 노사협의회에 대한 운영을 하고 직원들이 제기한 고충을 처리한다. 노동부나 고용안정센터를 비롯한 정부기관에 대한 대응도 노무팀에서 하는 것이 보통이다.

교육팀에서는 연간 교육훈련에 대한 계획을 짜고 교육을 실시한다. 그리고 직원들의 피드백을 받아 교육제도를 개선하고 운영한다. 직원들 개인별로 개인 경력개발 계획(Individual Development Plan)에 따른 연간 교육 시간 확정 및 필수교육 코스를 제공하고, 멘토링 · 직무인증제 등 전반적인 경력개발 프로그램을 진행한다. 한편, 조직 개발(Organization Development)이라고 하여 전체 조직의 개발, 즉 조직성과, 조직문화, 교육업무를 전반적으로 아우르는 팀을 운영하는 회사도 많이 있다.

인사담당자는 어떻게 성장하는가? 앞에서 언급한 David Ulrich의 『HR Champions』에 따르면 인사담당자의 경력경로는 3가지 차원에서 구분하여 그림과 같은 모자이크의 형태로 설명할 수 있다고 한다.

첫번째는 어디에서 일을 하는가 하는 영역으로 현장(Site), 사업단위(Business), 인사 이외의 부서(Outside HR) 그리고 본사(Corporate) 4장소로 구분할 수 있고, 두번째는 인사업무와 다른 업무를 통합하는 역할(Generalist)을 수행할 것인지 아니면 인사업무 중 한 영역의 세부 전문분야(Specialist)를 수행할 것인지에 따라 'Generalist'와 'Specialist'로 구분할 수 있으며, 세번째는 경력의 단계에 따라 실무자(Contributor), 통합자(Integrator) 그리고 전략가(Strategist)로 구분할 수 있다. 따라서 인사담당자는 분명 원의 안쪽에서 바깥쪽으로 움직이면서 장소와 역할을 결정하면서 스스로의 경력을 선택하고 관리해야 할 것이다.

[그림 1-2] 인사경력 모자이크(HR Career Mosaic)

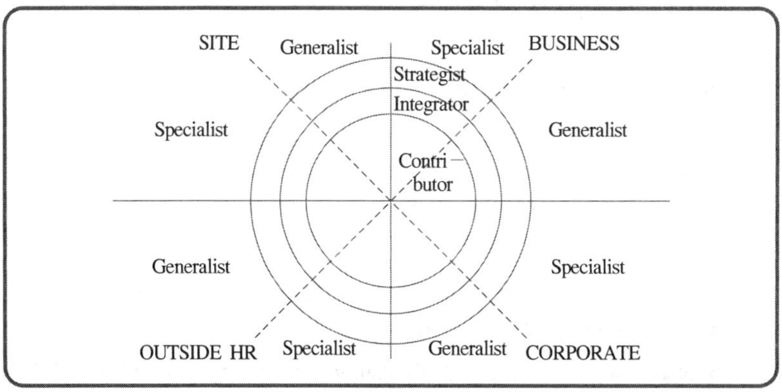

출처 : HR Champions

Reference

인사담당자의 역량

경력사원으로 인사팀에 지원한 면접후보자들에게 인사담당자로써 본인이 가지고 있는 역량이 무엇인지 물어보면 대개 이런 대답이 주를 이룬다.

"친구가 많고 사람 만나는 걸 좋아한다"
"실수하는 법 없이 꼼꼼하다"
"지각하지 않고 성실하다"
"비밀을 잘 지키고 입이 무겁다"

물론 좋은 역량들이고 틀린 말은 아니지만 전략적 인사를 수행하기 위해서는 단순히 과거 운영 중심의 인사업무를 수행하던 때와는 다른 역량이 필요할 것이다.

2012년 Society for Human Resource Management(SHRM)에서 발표한 Study에 따르면 인사담당자가 조직의 성공에 기여하기 위해 요구되는 9가지 역량은 아래와 같다.

① Human Resource Technical Expertise and Practice : 사업의 성공에 기여하기 위해 인력관리의 원칙과 사례 등을 적용하는 능력

② Relationship Management : 인사 서비스의 제공과 조직적 성공의 구체적인 목표를 제시하여 다른 사람들과 혹은 다른 사람들 사이의 상호작용을 관리하는 능력

③ Consultation : 여러 상황과 환경하에서 전문적 조언이 필요한 조직의 이해관계자들에게 명확한 가이드를 제공할 수 있는 기술

④ Organizational Leadership and Navigation : 시의적절하게 계획과 절차

를 수행하여 이해관계자들로부터 동의를 얻어내는 능력

⑤ Communication : 영향력 있는 결과를 얻기 위해 조직의 모든 레벨의 이해관계자들과 효과적으로 자유로운 정보의 흐름을 교환하고 만들어 내는 능력

⑥ Global and Cultural Effectiveness : 국경과 문화 내부 그리고 그 너머까지 인력을 관리할 수 있는 능력

⑦ Ethical Practice : 모든 조직적 사업적 활동에 있어 핵심가치, 도덕성 그리고 책임감을 통합하는 능력

⑧ Critical Evaluation : 의사결정에 있어 ROI와 조직에 미칠 영향력을 결정하는 정보들을 해석하고 분석하는 기술

⑨ Business Acumen : 조직과 시장, 산업 내에서 사업기능과 각종 지표들을 이해하는 능력

화이자제약에서는 Senior Leader, Manager, Colleague이 갖추어야 할 핵심역량을 정의하였는데, 여기에 기반하여 인사담당자로서 갖추어야 할 역량을 특정하여 도출하였다. 화이자제약의 핵심역량 중 'Demonstrates Business Acumen'과 'Strategic and Innovative Thinking'을 기본으로 하여 아래와 같이 4가지 HR 역량을 뽑아내었고, 가가의 역량마다 행동기준을 정의하였다.

화이자제약의 HR역량

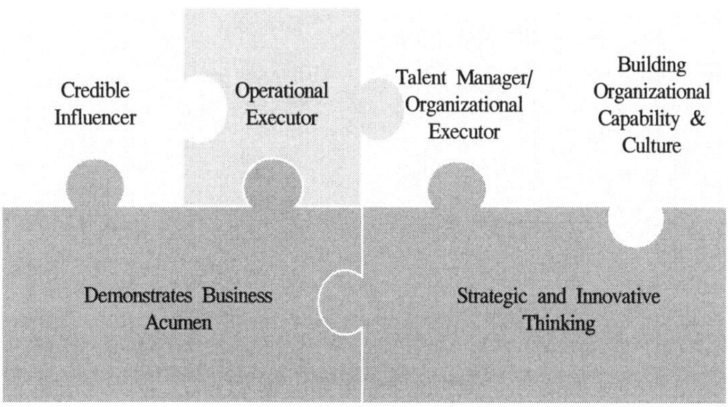

PART 2

Culture

01

Value
–기업의 영혼

기업의 가치는 어떤 역할을 하는가? 기업의 가치는 그저 듣기 좋은 말에 그치기가 쉽다. 예를 들어 '정직성'과 '최고의 고객서비스'를 기업가치로 정한 기업이 있다고 하자. 그것을 부정할 사람은 없을 것이다. 대부분의 기업가치를 살펴보면 매우 보편적이고 긍정적인 것들로 이의를 제기할 여지가 없어 보인다. 그래서인지 가치는 직원 개개인의 일상과는 동떨어진 구호에 그치기 십상이다. 그럼에도 불구하고 최근 기업의 핵심가치, 가치기반경영(Value-based management)이 주목받는 이유는 핵심가치가 회사 입장에서는 효과적인 경영의 도구(Tool)이며, 직원에게는 열정과 몰입을 불러일으켜 직장을 단순히 일하고 돈을 버는 곳이 아니라 자아를 실현하는 곳으로 만드는 동력이 될 수 있기 때문이다.

짐 콜린스는 『성공하는 기업의 8가지 습관』에서 핵심가치가 기업의 성공 여부를 결정하는 중요한 요소라고 강조한다. 연구결과에 따르면 오랜 기간 동안 성공적인 성과를 낸 기업의 공통점이 바로 핵심가치를 명확히 하고 이를 실천해 왔다는 것이다. 안철수는 안철수연구소 CEO였던 당시 쓴 책 『영혼이 있는 승부』에서 기업의 가치에 대한 생각을

"기업의 가치관이 정립되어 있느냐에 따라 영혼이 있는 기업과 영혼이 없는 기업으로 구분할 수 있다"라고 표현하였다. 가치관을 가진 사람이 존재의 의미에 충실할 수 있듯이 기업도 그러한 가치관이 있어야 그 기업의 영속성과 자신감을 유지할 수 있다. 그러면 기업가치는 무엇이고, 어떻게 만들어지며, 어떻게 실천해야 하는 것일까?

기업의 핵심가치란 무엇인가?

기업의 사전적인 의미를 보면, '영리를 얻기 위하여 재화나 용역을 생산하고 판매하는 조직체'라고 되어 있다. 이러한 사전적인 정의만 따라 기업이 영리만을 추구한다면, 기업이 돈이 되는 일은 무엇이든 하겠지만 실제 시장에서 기업의 행태를 보면 이윤 추구 이외에 '알파'에 해당하는 무엇인가가 있음을 알 수 있다.

어떤 식품 제조기업은 질 좋은 식품을 저렴하게 공급해서 삶의 질을 높이는 것을 지상과제로 여긴다. 또 다른 물류기업에서는 직원 모두가 무엇이든 가장 빠르고 안전하게 수송하는 것을 목표로 비즈니스를 한다. 이렇게 기업은 저마다 다른 존재의 이유와 비즈니스의 방식을 가지고 있다. 이러한 기업의 정체성은 크게 사명, 비전, 핵심가치, 행동규범으로 정의될 수 있다.

- 사명(Mission) : 단순한 이윤 추구를 떠나 기업의 근본적인 존재이유 또는 목적을 의미함
- 비전(Vision) : 기업이 지향하는 미래의 모습을 형상화한 것
- 핵심가치(Core Value) : 조직이 장기적으로 추구하는 신념. 특수한 문

화나 운영지침과 구분되는 개념으로 단기적인 이익보다 우선시되어야 함

- 행동규범(Norm) : 가치를 반영하여 나타나는 행동을 말하며 가능한 쉽고 구체적으로 정의함

기업의 목적과 핵심가치는 보통 당연한 것으로 받아들여지지만 모든 개인이 확고한 가치를 정립하고 이에 따라 살아가는 것은 아닌 것처럼, 기업도 암묵적인 신념을 가지고 있다 하더라도 모든 기업이 '미션' 또는 '핵심가치'로 정립해 놓은 것은 아니다. 또한 기업의 미션과 가치를 정립해 놓았더라도 이것을 오랜 기간 동안 일관성 있게 실천하는 기업은 매우 드물다. 때로는 가치보다 단기 실적을 우선시하고 가치에 반하는 의사결정을 하기도 한다.

많은 기업들이 통상 3~9개 정도의 핵심가치를 가지고 있다. 기업 창업자의 개인적인 신념을 바탕으로 하여 핵심가치를 정하기도 하고, 회사의 구성원이 논의하여 핵심가치를 정의하거나 우선순위를 새로이 정하는 경우도 있다. 기업이 장기적인 생존을 위해서 중요하게 생각하는 것, 이윤을 떠나서 회사와 조직원이 공통적으로 추구하는 것, 그리고 조직구성원 모두가 직무에 상관없이 몸에 익히고 체화했으면 하는 가치를 핵심가치로 정한다. 당장의 회사의 성장이나 비즈니스 목표보다는 보다 장기적인 관점에서 회사가 추구할 방향성을 핵심가치로 선정하는 것이다.

핵심가치를 실제로 실천하는 기업을 보면 가치를 몇 개의 단어로 정의하는 데 그치지 않고 가치를 실현하기 위한 행동규범을 동시에 명문

화하고 있다. 직원에게 가치를 알리는 것에 그치지 않고 직원 행동의 변화를 가져올 수 있는 구체적인 기준을 제시하는 것이다. 역량을 행동 지표로 정의하는 것과 같은 맥락으로 이해할 수 있다. GE(General Electric)는 기존의 핵심가치를 재검토해서 2011년에 5개의 성장가치(Growth Value)를 [표 2-1]과 같이 새롭게 발표하고 각 성장가치에 맞는 행동을 구체적으로 제시하였다(출처 : http://geblog.kr).

[표 2-1] GE의 성장가치(Growth Value)

성장가치	행 동
• 외부지향 (External focus)	• 다양한 그룹(고객 포함)의 이해당사자와 효과적으로 연결 • 주변 환경에 대한 이해 • 글로벌 마인드 : 전세계 현안에 대한 호기심과 학습
• 명확한 사고 (Clear thinking)	• 불확실성에 대한 끊임없는 질문을 통해 명확하게 해 나가는 것 • 지식, 경험, 네트워크, 직감을 통해 불확실한 것을 수용하고 적응
• 창의와 용기 (Imagination and Courage)	• 위험 속에서 혁신적인 아이디어를 창출하여 실행하고 그 과정에서 성공과 실패를 경험하는 것 • 관료주의와 가치없는 업무에 이의를 제기
• 포용성 (Inclusiveness)	• 반대의견을 청취하며 겸손한 자세를 취하는 것 • 개개인을 존중하며 일에 협력하는 태도
• 전문성(Expertise)	• 경험을 통해 축적된 전문지식을 토대로 신뢰 구축 • 지속적인 자기개발과 열정적인 타인개발 도모

핵심가치는 기업의 경영도구로서 사용되는가?

기업의 가치는 기업을 구성하고 있는 소프트웨어적인 측면뿐만 아니라 하드웨어적인 측면까지 결정한다. 즉 기업문화, 리더십 스타일 이외에 사업전략 및 조직과 같은 비즈니스 영역에도 영향을 미친다. 최근 기업의 핵심가치, 가치기반경영(Value-based management)이 주목받는 배경은 기업 내부의 혁신역량과 윤리경영의 중요성이 커졌고 지식기반의 산업 비중이 커져가고 있기 때문이다. 또한 핵심가치는 그 가치를 공유하는 직원에게 가장 효과적인 동기부여의 방법이 된다.

시장 환경이 빠른 속도로 변화하고 있기 때문에 기업은 기존의 비즈니스만을 고집하기 어렵고, 기존의 사업 이외에도 미래에 먹고 살 거리를 끊임없이 고민해야 하는 상황이 되었다. 기업은 혁신적이고 미래지향적인 사고를 추구하게 되었고, 이것이 프로세스나 성과목표를 통해서 달성되는 것이 아니라 기업유전자로서 직원 개개인의 마인드에 심어져야 한다는 것을 깨달았다. GE, IBM, 존슨앤존슨(Johnson & Johnson) 등 100년 이상 성공을 지속해 온 글로벌 기업의 사례를 보면, 기업의 핵심가치를 강조하고 실천한 것이 기업의 경쟁력으로 작용했음을 알 수 있다. 또한 2001년말 회계부정으로 무너진 대표적 기업인 엔론의 사례 등으로 인해 직원의 윤리수준이 기업의 성패와 직결된다는 인식이 확산되자 여러 기업이 핵심가치를 정립하여 이를 윤리경영을 강화하는 방법으로 사용하게 되었다.

가치경영의 중요성이 강조되는 영역이 지식기반 산업이다. 제조업과 같이 눈에 보이는 제품을 제조공정에 따라 제조하고 판매하는 제조사업보다는 서비스업 혹은 금융 등 무형의 가치를 만들고 이를 판매하는 업종일수록 관리와 감독이 상대적으로 어렵다. 직원 개개인이 수행하는 모든 비즈니스 활동을 정책(Policy)과 프로세스(Process)로만 관리할 수는 없기 때문이다. 지식기반 산업에서는 감시 및 통제를 통해서 부정적인 행동을 제재하는 것보다는 핵심가치를 강조함으로써 자발적으로 목표하는 바를 실천하도록 하는 것이 더 효과적인 방법으로 여겨지고 있다.

가치는 평상시보다 위기상황 또는 갈등상황에서 제 역할을 해야 한다. 많은 기업이 비즈니스 성과와 윤리성을 추구하겠지만 이 두 가지를 동시에 얻을 수 없는 경우 어떤 선택을 할 것이냐가 회사의 가치를 보여준다. 가치를 통해 위기상황을 슬기롭게 극복한 예가 존슨앤존슨의 타이레놀 독극물 주입사건이다. 존슨앤존슨은 1943년 최초의 기업가치 또는 윤리강령으로 알려진 '우리의 신조(Our Credo)'를 만들어 경영에 접목시켜 왔다. 1982년에 타이레놀을 복용한 한 소비자가 사망했고 존슨앤존슨은 상황을 파악한 후 사실을 숨기지 않고 적극적인 대응에 들어갔다. 천문학적인 비용을 감수하면서 시중에 유통된 모든 타이레놀 약품을 회수하는 한편, 언론을 통해 적극적으로 홍보하여 더 큰 사고를 막기 위해 조치를 취했다. 후에도 당시의 포장규정보다 더 엄격한 제품 포장규정을 적용하는 등의 노력을 통해 시장점유율을 다시 70%까지 올렸다. 위기상황에서 기업의 가치를 행동에 옮긴 사례라고 할 수 있다. 가치는 이렇게 중요한 상황에서 의사결정이 기준이 될 수 있어야 한다. 반면에 핵심가치를 침범하지 않는 정당한 실수는 용서할 수 있어야 한다.

가치는 직원에게 효과적인 동기부여의 도구가 될 수 있다. 직원이 회사의 핵심가치가 의미있다고 생각하고 그 가치를 달성하기 위한 업무를 한다면, 직원은 일을 통해서 돈이 주는 그 이상의 내적인 보상을 받으며 더 높은 성과를 달성할 수 있다. 인간은 스스로 선택한 일을 할 때 그리고 가치있는 목표를 추구할 수 있는 일을 할 때 만족을 느끼고 일에 몰입할 수 있기 때문이다. 가치있는 일, 옳은 일을 할 때 남을 돕는 것과 같은 만족감을 갖게 되는 것은 인간 본연의 욕구라고 볼 수 있다.

케네스 토마스의 『열정과 몰입의 방법』을 보면 사람이 일을 할 때에 열정과 몰입을 가지고 임할 수 있도록 하는 네 가지 내적 보상요소 중 하나가 업무목표에서 의미를 찾도록 하는 것이다. 회사에서 제시한 가치가 직원 자신의 가치와 부합하고 이러한 가치가 업무와 연결된다면 직원은 일에서 의미를 찾을 수 있고 자연스럽게 일에 몰입하게 될 것이다.

[그림 2-1] 4가지 내적 보상모델(케네스 토마스, 열정과 몰입의 방법)

	기회 보상	성취 보상
과제활동으로부터의	선택	역량
과제목표로부터의	의미	성과

핵심가치는 변화하는가?

기업에 창업자가 있는 경우 기업의 가치는 자연스럽게 창업자가 정하게 된다. 마치 집안의 가장이 가훈을 정하는 것처럼 창업자가 비즈니스를 일구어 온 목표와 신념을 기업의 가치로 정하는 것이다. 반드시 '가치'라는 이름으로 불리지는 않지만 '우리의 비전', '○○ Way' 등의 이름으로 회사가 추구하는 바를 명시적으로 정해 놓은 경우는 많다. 하지만 이러한 가치를 가지고 있는 것보다 더 중요한 것이 기업의 '가치'를 직원이 인정하고 받아들이는 것이다. 그러기 위해서는 기업의 가치가 '무엇'인지보다는 '어떻게' 정립했는지, 즉 과정이 중요하다.

IBM은 2003년 7월 ValueJam이라는 온라인 토론회를 통해서 IBM이 추구해야 하는 가치와 IBM이 세상에 어떻게 기여할 수 있을지에 대해서 토론하고 새로운 가치를 정립하였다. 72시간 동안 전세계 IBM에서 5만여 명의 IBM 직원이 온라인 토론에 참여하였고 약 1만개의 댓글이 달렸다. ValueJam을 실시하기에 앞서 IBM 창립자의 기업철학이었던 4가지, 존경(Respect), 고객(Customer), 최고(Excellence), 혁신(Innovation)에 대해서 천여 명의 IBM 직원에게 설문을 하였고, 포커스 그룹(Focus group)을 통해 의견을 모았다. 모아진 의견을 바탕으로 새로운 가치에 대한 안(Proposed value)을 만들었고 ValueJam을 통해 전세계 IBM 직원의 피드백을 들었다.

온라인 토론회를 통해 모은 의견을 정리하여, 2003년 11월에 IBM은 새로운 핵심가치를 발표하였다. IBM의 ValueJam은 경영진이 일방적으로 핵심가치를 결정(Top-down 방식)한 것이 아니라 직원의 의견을 바탕으로 가치를 재정립(Bottom-up 방식)하기 위한 것이었다. 직원에게는 회사의 존재이유와 가치에 대해서 고민하고 의견을 말할 수 있는 장을 마련했고, 그 방식이 거대한 글로벌 기업에서 많은 직원들이 참여할 수 있는 방식으로 이루어졌다는 데 의미가 있다. 그리고 2013년에도 ValueJam을 실시함으로써 지속적으로 가치를 정립하고 가치 실천을 위해서 해야 할 일들에 대해서 직원과 고객의 목소리를 듣고 있다.

핵심가치가 기업의 장기적인 신념을 반영하므로 자주 바뀌는 것은 직원에게 혼란을 줄 수 있어 바람직하지 않겠으나 시대나 시장의 변화에 따라 가치가 변화할 수 있다. 다만, 변화의 과정에서 가능한 직원이 공감할 수 있는 가치를 담아내는 것이 중요하다.

핵심가치를 어떻게 활용하는가?

오랜 시간 동안 핵심가치를 보존하고 실천해 온 여러 기업에 나타나는 중요한 공통점은 핵심가치를 여러 측면에서 제도화한 것이다. 핵심가치를 구호에 그치지 않게 하려면 핵심가치를 통해서 의도하는 바를 구체화해서 인사제도와 업무프로세스에 이를 반영해야 한다.

P&G는 핵심가치인 발전을 촉진하기 위해서 내부 경쟁제도를 통해 회사의 전 제품이 상호 치열하게 경쟁하도록 했다. 3M은 말로만 개인의 창의와 혁신을 장려하는 대신 연구원들이 근무시간의 15%를 하고 싶은 프로젝트에 투자할 수 있도록 제도화했으며, 사내 벤처캐피털 자금을 만들었고 모든 부서는 연간 매출액의 25%를 최근 5년 동안 개발한 제품으로부터 발생시켜야 한다는 제도를 시행했다. 그리고 사업전략, 조직구

조, 인센티브시스템, 사무공간의 배치, 업무분장 등 모든 것들이 서로 조화를 이루도록 하였다(성공하는 기업들의 8가지 습관, 짐 콜린스).

인사제도 측면에서 선발, 평가, 보상, 육성에 있어서 일관성있게 핵심가치를 적용하는 것이 중요하다. 첫번째로 외부인력 채용, 주요 직책자 및 리더 선발시에 핵심가치를 실천하는 사람을 선발할 수 있도록 평가기준을 명시적으로 정의한다. 가치에 맞는 사람을 선발하면 직원을 엄격하게 관리하지 않아도 스스로 회사가 원하는 바를 성취하도록 최선을 다할 것이다. 그리고 선발 후에는 최초 2~3년간 핵심가치와 부합하는 행동을 보이는지 엄격하게 관찰한다. 두번째로 핵심가치를 행동으로 실천한 직원에게 유형 또는 무형의 인센티브(승진, 포상, 칭찬하기)를 주며, 이러한 보상의 기준을 핵심가치와 연관하여 명시화한다. 마지막으로 기업가치를 전달하는 교육 프로그램을 실시한다. 신입사원 오리엔테이션 프로그램에서 기업가치를 알리는 것은 물론이고, 기존 직원에 대해서도 일상생활에서 가치를 내재화하여 실천할 수 있도록 가치 워크샵(Value Workshop) 등을 실시하여 현재 위치를 점검하고 의지를 다지는 기회를 제공한다.

이 외에도 여러 가지 방법으로 핵심가치에 대한 전파 노력을 지속적으로 해야 한다. 핵심가치뿐 아니라 가치를 실천한 사례를 발굴하여 말 또는 글로 자주 강조하고 노출시키거나 서약, 사가 등을 활용하여 심리적인 참여도를 높일 수도 있다. 이러한 환경에서 직원은 핵심가치를 자주 접하면서 회사에 대한 소속감을 느끼며 자연스럽게 가치를 받아들이고 인정하게 된다. 조직의 규모가 클수록 모든 직원의 적극적인 공감을 이끌어내기는 어렵겠지만 사람은 무엇인가에 노출되면 그것에 따라 행동할 가능성이 더 높다는 사실을 잊지 말자.

기업에 있어서 핵심가치는 열정의 원천이자 전략이다. 그러한 열정과 전략을 유지하고 발전시키기 위해서 인사담당자는 기업의 핵심가치가 만들어진 배경과 방식, 그리고 다른 회사와 어떻게 차별화되는지를 이해하고 있어야 하며, 핵심가치를 선발, 평가, 보상, 육성 등의 인사제도에 어떻게 반영할지를 결정해야 한다. 그리고 경영진이 핵심가치를 재정립하고자 할 때 조직의 특성에 맞는 적절한 의견수렴의 방법을 제시할 수 있어야 한다.

Reference

사명, 비전, 핵심가치의 변화

한 번 만들어진 사명, 비전, 핵심가치는 오랫동안 변하지 않고 유지되는 경우도 있으나 시대와 시장 상황에 따라 변화하기도 한다. 빌 게이츠가 1975년 마이크로소프트를 창업한 뒤 최초로 내세운 사명은 "a computer on every desk and in every home, running Microsoft software"였다. 즉, 마이크로소프트 소프트웨어가 구동되는 컴퓨터가 모든 가정과 책상에 있도록 하는 것이 최초 사명이었다. 사실 이 사명에 대해서 당시 Digital Equipment의 설립자인 캔 올슨은 '사람들이 집집마다 컴퓨터를 들여놔야 할 이유가 하나도 없다'라고 평가절하하고 달성하기 어려운 사명이라 하기도 했지만 결국 마이크로소프트는 창업 초기 수립한 사명을 달성하였고 이에 따라 현재 마이크로소프트의 사명은 'To enable people and businesses throughout the world to realize their full potential(전 세계 기업과 사람들이 자신의 잠재력을 충분히 발휘할 수 있도록 돕는 것)'으로 변경되었다.

유명 글로벌 기업들의 인상적인 미션을 살펴보면 다음과 같다.

- Google : To organize the world's information and make it universally accessible and useful

- Nike : To bring inspiration and innovation to every athlete in the world

- The Walt Disney Company : To be one of the world's leading producers and providers of entertainment and information

– Coca Cola :

  • To refresh the world
  • To inspire moments of optimism and happiness
  • To create value and make a difference

– Wal Mart : To help people save money so that they can live better

– Honda Motor : To seek technology that helps realize true peace and happiness on earth

02

역 량

-일 잘하는 방법?

일 잘하는 방법은 있는가?

회사에서 일 잘하는 방법, 조직에서 성공하는 방법, 듣기만 해도 귀가 솔깃해지는 이야기다. 일자리를 찾고 있는 구직자, 회사원, 공무원, 그리고 기업을 운영하고 있는 기업 CEO까지 모두가 알고 싶어할 해답, 이것을 한 단어로 말한다면 '역량(Competency)'이라고 할 수 있다.

'역량'은 일상생활에서도 흔히 접할 수 있는 말이다. 기업의 핵심 '역량'에 집중해야 한다든가 개인의 '역량'을 높이 평가한다고 말할 때의 '역량'은 '능력'을 대체하는 의미로 사용되고 있다. 이렇게 일반명사로 쓰이는 '역량'에 조직에서 성공할 수 있는 해답이 숨겨져 있다.

인사분야에서 사용되는 '역량'의 의미를 구체적으로 짚어보면, '특정 환경 · 조직에서 높은 성과를 보이는 사람이 차별적으로 보이는 행동'을 의미한다. 이러한 행동이 중요한 이유는 과거의 행동을 파악하게 되면 비슷한 환경에서 처했을 때 그 사람이 유사하게 행동할 확률이 높기 때문이다. 이러한 가정 아래 '역량기반의 인사'가 많은 기업의 인사제도에 활용되고 있다. 역량기반 면접기법, 역량평가, 역량기반 교육체계 등 여러 인사제도에 '역량'이 활용되고 있다.

'역량'이라는 개념은 데이비드 맥클랜드(David C. McClelland)라는 심리학자가 1970년대에 미 국무성의 해외 공보요원과 매사추세츠 주의 대민서비스 직원을 선발할 때 처음으로 적용하였다. 당시 미 국무성의 해외공보요원 선발에는 역사, 정치, 경제 등 전통적인 지식검사를 사용하고 있었는데, 이러한 검사방법의 한계를 넘어서 높은 업무성과를 낼 수 있는 사람을 사전에 선별하기 위해서 고안된 방법이다. 우선 우수한 업무성과를 내는 사람과 평범하거나 평균 이하의 업무성과를 내는 사람은 무엇인가 다른 행동특성을 가지고 있을 것이라고 가정하고, 이 두 그룹의 업무처리방식을 관찰하여 둘 사이의 구별되는 행동을 정의하였다. 그 결과 이문화간 대인 감수성, 타인에 대한 긍정적 기대, 정치적 네트워크 파악 등이 중요한 역량으로 규명되었다고 한다. 이렇게 정의한 행동양식을 기준으로 후보자를 평가한 것이 역량기반 면접의 시초이다.

이렇게 처음 역량이 인사분야에 도입된 것은 채용부문이었다. 개인이 어떠한 행동을 보이는 것은 개인 내면의 여러 가지 요소가 복합적으로 작용을 한 결과인데, 동기, 태도, 가치관, 자기인식 등과 같이 개인의 내면에 깊숙이 자리잡고 있는 부분에서부터 지식과 기술 등 비교적 개발이 쉬운 부분까지 복잡다단한 심리적인 요소가 작용하여 하나의 행동으로 나타나게 된다. 그 결과 같은 환경에서도 개인별로 다른 반응을 보이게 되는 것이다. 특히 여러 가지 심리적인 요소 중에서도 밑바닥에 자리잡고 있는 동기와 특질은 표면적으로 평가하거나 개발하기 어려우므로 선발과정에서 역량을 활용하는 경우가 많았다.

왜 역량이 필요한가?

일 잘하는 사람, 즉 고성과자의 행동양식은 조직에 따라 차이가 있을까? 최고의 교사가 보이는 행동과 최고의 보험설계사가 보이는 행동에는 차이가 있겠지만 또한 공통점도 있을 수 있다. 한 기업 내에서라도 일 잘하는 영업사원과 재무사원의 일하는 방식에는 공통점과 차이점이 동시에 있을 것이다. 그럼에도 불구하고 기업은 역량을 통해서 '우리 조직의 고유한 역량이 무엇인가'라는 질문에 해답을 찾아내야 한다. 특정한 시장환경과 사업분야, 우리 기업만의 문화 안에서 고성과를 내는 사람의 특징을 찾을 수 있다면, 그 특징을 기준으로 사람을 선발하고 다른 조직원도 그러한 행동양식을 학습하도록 활용할 수 있기 때문이다.

회사가 달성해야 할 목표를 이루기 위해서 각 직원에게 개인별로 업무목표(Business Goal)를 부여했다면, 직원에게 그 목표(What)를 어떻게 달성해야 하는지에 대한 방법(How)을 제시하는 것이 역량이라고 볼 수 있다. 또한 그러한 업무 목표와는 다르게 기업에서 추구하는 가치를 실천하는 모범적인 행동양식을 전파하기 위해서 이를 역량에 반영하기도 한다. 예를 들면, 직원이 일 년에 천만원이라는 영업목표를 달성하기 위해서 어떻게 고객과 대화하고 설득하는지에 대한 행동을 구체적으로 정의한 것이 하나의 역량이 될 수 있다. 그리고 윤리성을 기업이 추구하는 핵심가치로 정의하였다면, 어떠한 부정의 유혹도 단호하게 거절하는 행동을 역량으로 정의할 수가 있다. 이렇게 기업의 역량에는 일을 잘 할 수 있는 방법과 기업의 가치라는 두 가지 측면이 반영되어 있다.

역량에는 어떤 종류가 있는가? 최근에는 많은 기업에 역량이 도입되면서 신입사원으로 입사하자마자 '공통 역량', '리더십 역량', '직무 역량' 등의 역량을 접하는 경우가 많다. 그리고 교육과정도 이러한 역량별로 구성이 되어 있다. 각 역량의 이름에서 짐작할 수 있듯이 역량은 활용하고자 하는 목적 및 대상에 따라 달리 정의할 수 있다. A라는 기업이 부서와 직급에 상관없이 사내의 고성과자의 공통적인 행동을 찾고자 하면 A회사 공통 역량을 정의할 것이고, 관리자급에서 공통적으로 나타나는 리더의 행동이 필요한 경우 리더십 역량을 정의하고자 할 수도 있다. 하지만 이러한 역량의 범주는 편의상 정해지는 것이지 정답이 있는 것은 아니다. 오히려 기업에서 역량을 어떻게 활용할 것이냐에 따라서 역량의 종류를 구분해서 도출해야 한다.

결론적으로 "우리 기업에 역량을 도출할 필요가 있을까?"라는 질문을 받는다면 다시 한 번 스스로에게 질문을 던질 필요가 있다. "우리 회사 인사제도 운영시에 채용, 승진, 육성 등을 보다 일관성 있게 정비할 필요가 있을까?", "인재에 대한 합의된 기준이 필요한가?"라는 질문에 '필요하다'고 대답한다면 역량 도출은 반드시 필요한 작업이다.

[표 2-2] IBM 역량의 변화

IBMers at Out Best (2010년 발표)
• Embrace challenge • Partner for clients' success • Collaborate globally • Act with a systemic perspective • Build mutual trust • Influence through expertise • Continuously transform • Communicate for impact • Help IBMers succeed

IBM은 2010년에 Foundational Competency와 Leadership Competency로 구분되어 있던 역량을 통합하고 아홉 개의 IBM Competency를 IBMers at Our Best라는 이름으로 새로이 정의하였다. 일반직원과 관리자로 역할을 구분하여 적용하던 역량을 하나의 역량군으로 합치면서 'IBMers at Our Best'라는 새로운 이름으로 재탄생시킨 것이다. 이를 통해서 최고의 IBMer가 가져야 하는 역량을 9가지로 구체화하고, 관리자를 포함한 모든 직원에게 동일한 역량을 적용하고 있다. 다만, 직원의 역할에 따라서 수행해야 할 일이 다르기 때문에 각각의 역량에 대해서 일반직원과 임원에게 적용되는 행동지표를 구분하여 정의하였다.

역량은 어떻게 활용되는가?

역량 모델링을 통해서 도출된 역량은 대부분의 인사제도에 활용될 수 있다. 가장 기본적인 직무관리에서부터 채용과 배치, 성과관리(평가), 급여 및 승진, 육성과 경력개발 등의 주요한 인사제도에 이르기까지 다양하다. 특히 최근에는 역량에 대한 자료가 더 축적되고 측정방법이 발달하면서 미래의 인력관리에 더 활발하게 활용될 것으로 각광받고 있다. 기업에서 모든 인사제도의 기본이 되는 직무체계를 정비하는 경우 각 직무의 내용과 함께 그 직무를 수행하기 위해서 필요한 역량을 함께 정의한다. 역량은 직무기술서의 일부가 되며, 해당 직무수행자의 선발, 평가, 교육 등 여러 목적으로 활용된다.

❶ 채용 및 배치

채용시에는 지원자가 해당 역량을 보유하고 있는지 파악하기 위해서 행동사건면접(Behavioral Event Interview) 기법이 널리 활용되고 있다. 과거에 지원자가 어떤 상황에서 어떤 행동을 했는지를 구체적으로 묘사하게 하여 기업에서 정의한 행동양식과 가장 근접한 행동을 보인 지원자를 찾는 것이다. 업무 배치에 있어서는 직무에서 요구하는 역량과 개인의 역량이 어느 정도 일치하는지의 적합성 정도가 활용될 수 있다. 이를 위해서는 각 개인의 역량 진단이 우선적으로 이루어져야 하고 이 정보가 개인의 인사정보로 기록되어 있어야 한다.

❷ 평가

성과관리에 있어서는 업무성과를 평가하는 업적평가에 역량평가가 추가적으로 실행되는 경우가 있다. 역량평가를 통해서 업무의 결과에 부가적으로 업무를 실행하는 과정적인 측면 또는 향후 업무성과의 잠재력을 평가결과에 반영할 수 있다. 따라서 이러한 역량평가가 실행된다면 업무의 결과가 동일하다고 해도 평가자의 역량평가에 따라 평가 결과가 달라질 수 있다.

다만, 역량평가를 도입하거나 운영할 때 주의할 점은 평가의 공정성이다. 지표화가 가능한 업무결과를 가지고 평가할 때도 평가의 공정성은 논란이 되기 쉬운데, 역량평가의 경우 평가자는 업무과정상의 행동을 관찰하여 평가하는 것이므로 평가의 객관성을 담보하기가 쉽지 않다. 예를 들어, '매출목표 3억원' 달성이라는 업무목표와 '분석적 사고력'이라는 역량평가를 비교했을 때 어떤 평가가 더 어려울지 쉽게 알 수 있을 것이다. 따라서 역량평가를 실행하는 경우는 평가결과를 어떻게 활용할지를 분명히 하고 평가자 교육에도 세심한 주의를 기울여야 한다.

❸ 육성

역량을 도출하는 것만으로도 기업은 직원을 어떠한 방향으로 육성해야 하는지 분명한 목표를 설정할 수 있다. 직원에게 요구되는 행동양식을 정해 놓고 그에 맞는 행동을 할 수 있도록 독려하는 것이다. 아무리 열심히 해도 성과가 나지 않는 직원이 있다면, 상사가 직원을 지도하면서 "그렇게 하니까 성과가 안 나는 거야"라고 잘못된 행동을 꼬집어 얘기하거나 "나라면 그렇게 하지 않아"라는 부정적인 방식을 사용하기보다는 "이런 상황에서는 이렇게 얘기하는 것이 더 효과적이지"라는 긍정적인 피드백을 통해서 바람직한 행동을 강화하는 방법이 더 효과적일 것이다. 역량은 궁극적으로는 이렇게 직원이 역량으로 정의한 구체적인 행동을 모방을 통해서 체화하여 직원을 개발하는 데 활용된다.

역량은 어떻게 도출하는가?

고성과자들로부터 성공하는 행동양식을 도출해 내는 것을 '역량 모델링'이라고 한다. 역량 모델링은 크게 세 가지 정도의 방법을 통해서 이루어진다.

❶ 관찰법

회사 내의 고성과자의 행동을 관찰해서 기록한 후 저성과자와 차별화되는 고성과자의 행동양식을 정의하는 것이다. 관찰은 반드시 실제 업무상황에서 이루어져야 하며, 충분한 관찰 이후에는 이러한 행동양식을 적절히 그룹화해서 몇 가지의 역량으로 정리하는 작업이 필요하다. 객관적인 역량 모델링이 가능하나 관찰자로서의 훈련이 필요할 뿐만 아니라 상당한 인력과 시간을 요하는 방법이다.

❷ 인터뷰 기법

역시 회사 내의 고성과자를 먼저 찾아야 하며 관찰 대신에 인터뷰를 한다. 인터뷰는 이제까지 겪었던 가장 어려웠던 상황을 먼저 상세하게 설명하도록 한 후 구체적으로 어떤 행동을 보였고 그 행동이 어떤 결과를 가져왔는지를 기록한다. 기록 후에는 위의 관찰법과 마찬가지로 기록을 바탕으로 고성과자의 특징이 되는 행동지표들을 추출하고 유사한 행동지표를 그룹화하여 역량을 정의한다. 이때 저성과자를 대조군으로 관찰 또는 인터뷰하여 고성과자의 행동과 차별화되는 행동양식을 찾는 것이 효과적이다.

❸ 설문조사(Survey) 기법

위의 관찰법과 인터뷰 기법 모두 실제 역량을 도출하는 데 효과적인 방법이기는 하나 훈련된 인력과 시간, 비용이 상당히 요구되는 방법이다. 이를 간소화하기 위해서 사용하는 방법이 설문조사를 활용하는 것이다. 후보역량(Competency Pool)을 설문조사표로 만들어 직원이 고성과자의 행동과 가장 가깝다고 생각하는 역량에 투표하게 하는 방식이다. 설문조사 대상은 여러 직무를 수행하고 있는 직원을 표본으로 선택하여 직무별로 가장 많이 선택하는 역량이 무엇인지를 바탕으로 직무적인 특성을 보거나 관리자와 비관리자, 임원과 비임원 등을 구분하여 선택한 역량의 차이를 볼 수도 있다.

설문조사의 내용이 되는 후보역량은 어떻게 작성하는 것이 좋을까? 만약 이제까지 한 번도 역량 모델링을 한 적이 없다면 역량 사전(Competency Dictionary)을 활용할 수 있다. 로밍거(Lominger) 역량모델 등 기존에 학자나 기업이 정의한 역량 리스트를 인사담당자나 경영진이 검토하여 가장 근접한 역량후보를 선정하는 것이다. 또는 위의 관찰법이나 인터뷰 기법을 실시하여 후보역량을 먼저 선정하고 후에 검증하는 방법으로서 설문조사를 사용할 수도 있다. 기업에서 기존에 정의한 역량이 있고 재검토를 목적으로 한다면 기존의 역량에 새로운 후보역량을 추가하여 설문을 진행한다.

위와 같은 방법을 통하여 도출한 역량을 최종적으로 확정하기 위해서는 기업에서 정의한 조직가치, 조직문화, 비전, 사업전략 등과 적합한지 검토작업을 하고 최고경영진의 최종 검토를 받는 작업이 필요하다.

도출한 역량을 어떻게 공유할 것인가? 직원이 쉽게 공감할 수 있도록 역량을 '작명'하는 것이 중요하다. '혁신'이라는 역량보다는 '새로운 도전을 끊임없이 받아들일 줄 아는 인재'라고 구체적으로 표현하거나 기업에서만 사용되는 표현을 사용해서 직관적으로 알 수 있도록 표현하는 것이 기억하기도 쉽고 설명을 읽지 않아도 이해하기 쉬울 것이다. 또한 역량별로 아이콘 형식의 이미지나 사진 등을 해당 역량에 연관시킬 수 있도록 직원들과 소통하는 데 활용할 수도 있다.

이렇게 정한 역량을 직원에게 어떻게 전달할 것인지에 대해서도 고민이 필요한 부분이다. 사내 인트라넷, 사보 등 직원이 가장 많이 접하는 미디어를 선택하고 친숙한 방법으로 전파하기 위한 고민이 필요할 것이다. 효과적인 커뮤니케이션은 여러 가지 창의적인 방법을 통해서 이루어질 수 있겠으나 우선은 경영진 및 관리자의 합의와 공감대를 얻어 내는 것이 중요하다. 그래야 인재의 선발, 평가, 육성 등의 여러 분야에 활용하는 데 있어서 실천을 이끌어 낼 수 있다.

Reference

조직역량과 개인역량의 구분

조직역량과 개인역량은 구분되어 사용된다. 이 글에서는 개인역량에 대해서 설명하였는데 조직역량은 개인역량과는 구분되는 개념으로 조직을 구성하는 개인역량의 합 이상을 의미한다. 조직역량은 조직의 핵심역량(Core Competence), 즉 '비즈니스가 성공하기 위해서 경쟁사와 차별되는 역량'으로 정의하는 것이 일반적이다. 이것이 경영학자 개리 하멜(Gary Hammel)이 주창한 핵심역량 이론이다.

또한 조직역량의 다른 측면으로 데이빗 울리히(David Ulrich)가 정리한 조직역량(Organizational Capabilities)이 있다. 이는 영향력 있는 리더십, 임파워먼트(Empowerment) 등 리더십 측면의 집합적인 역량을 의미하는 것으로 역시 개인역량과는 다른 개념이다.

03

Diversity & Inclusion
-포용할 때 다양성은 빛난다

다양성 관리는 왜 필요한가?

마사 발레타의 『Marketing to Women』에 의하면 가구의 94%, 주택의 91%, 자동차의 60% 등 전체 소비재의 83%, 구매 전 의사결정과정의 90%의 영향력을 여성이 행사한다고 한다. 그런데 건설사나 가전회사나 자동차회사의 경영진 가운데 여성의 비율은 어떨까? 혹은 절반 이상의 매출이 미국이 아닌 다른 나라에서 발생하는데 해당 시장에 대한 의사결정을 미국 사람이 잘 할 수 있을까? 다양성 관리를 하는 글로벌 기업들의 고민은 바로 이런 질문에서부터 시작하게 될 것이다.

다양성(Diversity)이라는 개념이 아직 낯선 사람이 많을 것이다. 성별에 대한 다양성만 보더라도 10여 년 전만 해도 대졸 여직원의 숫자가 매우 적었고, 여성으로서 관리자의 단계까지 오른 사람을 찾아보기 힘들었다. 또한 젊은 직원들은 선배나 관리자들과 세대 차이를 느끼면서도 "세대가 다르니 이해를 해 달라"는 얘기를 할 수 없는 획일적이고 계층적인 문화가 당연시되어 왔다. 그러나 이제 많은 사람들이 이러한 남녀 차이, 세대 차이에서 오는 차이점을 인식하기 시작했고, 이 차이점을 제대로 조율하지 못하면 조직의 문화에 엄청난 영향을 미치며 궁극적으로 성과에 영향을 미친다는 사실을 알게 되었다. 이제 다양성 관리는 선택이 아니라 필수가 된 것이다.

다양성 관리는 본래 미국 등을 비롯한 선진국에서 입법정책의 일환으로 시작되었다고 볼 수 있다. 즉, 차별금지법이나 고용평등법에 기반한 적극적 조치(affirmative action)에서 규제하는 사항들이 복잡하고 워낙 여러 가지가 있다 보니 이를 준수하기 위하여 다양성 관리가 시작되었다. 이처럼 처음에는 법적인 문제점을 예방하는데 초점을 맞춰서 다양성 관리가 시작되었지만 이제는 비즈니스 환경의 변화와 인력 구성의 급격한 변화 속에서 글로벌 기업으로서 경쟁력을 유지하기 위한 전략으로 변화되어 가고 있다.

다양성 관리를 위해 어떤 일을 해야 하는가?

2007년 여름 『International HR Journal』에 실린 "Global diversity : Managing and leveraging diversity in a global workforce"라는 글에는 글로벌 다양성 확보를 위하여 기업들이 해야 할 일을 단계별로 소개하고 있는데 체계적으로 다양성 관리의 단계를 이해하기에 적당하다고 생각되어 소개한다.

먼저 주요 이해관계자들과 파트너십을 구축하고 각 지역별 문화적 특성을 고려하여 관리 초점 차별화 등 다양한 정보를 공유하며 이해관계자들의 참여를 이끌어 낸다. 다음으로 글로벌 다양성의 주요 목적과 가치에 대한 전사적 비전을 개발하고 이를 추진할 수 있는 조직을 구축해야 한다. 조직이 구축되면 글로벌 다양성 관리의 목표와 접근방법을 구체화하고 전사적으로 구성원들에게 커뮤니케이션한다. 다양성이라는 개념에 대해 구성원들이 공통적으로 인식하고 참여할 수 있도록 소통하는 것은 매우 중요하다. 이렇게 수립된 목표달성을 위해 성과관리, 보상, 멘토링 등의 수단을 사용하여 행동의 변화를 유발한다. 그리고 관리자들의 참여와 지원을 확보하기 위하여 관리자에게 다양성 관련 목표를 부여하고 이의 달성을 독려한다. 마지막으로 글로벌 다양성 수준에 대하여 이직, 퇴직, 승진률, 설문조사 등의 측정지표를 활용하여 지속적으로 모니터링한다.

한편, 많은 선진기업들은 기업윤리강령 등에 다양성 관련한 목표를 명시하고 직원들이 이를 준수하도록 하고 있다. 예를 들어, 화이자제약이 가지고 있는 사업윤리강령에 관한 정책(화이자 블루북)의 내용 일부분을 소개한다. 여기에는 화이자의 인간존중을 위한 노력과 고용기회 균등을 위한 노력, 차별 및 희롱행위에 대한 금지 원칙이 선언되어 있고, 이를 준수하지 않을 시에는 무관용 원칙(zero tolerance)을 적용한다. 이러한 노력으로 한국 화이자제약은 2011년 남녀고용평등 대통령상을 수상하기도 하였다.

인간존중을 위한 노력

화이자는 인적자원이 화이자의 성공의 초석이 된다고 믿고 있으며, 다양한 인적자원이 화이자를 보다 더 강하게 만들어 줄 것이라고 믿습니다. 화이자는 직원 개개인의 존엄성과 다양성을 존중해 온 화이자의 노력에 자부심을 느낍니다.

고용기회 균등

화이자의 고용은 평등의 원칙을 기반으로 하고 있습니다. 즉, 인종, 피부색, 종교, 성적 취향, 연령, 성정체성 또는 개인의 성적 표현, 국적, 기혼 여부, 신체장애, 군복무 또는 기타 다른 사항 등에 의거하여 입사지원자 및 직원을 차별하지 않을 것을 법적으로 보장합니다.

관리자들은 본 방침을 충분히 알리고 준수하도록 해야 할 의무가 있습니다. 모든 부서는 주기적으로 고용평등이 지켜지는지 점검, 보고하고 필요한 경우 시정조치를 취해야 합니다.

차별 및 희롱행위

화이자는 언어적 혹은 신체적 괴롭힘이나 희롱, 모욕행위가 없는 업무 환경을 추구합니다. 이에는 인종, 피부색, 종교, 성적 취향, 연령, 성정체성 또는 개인의 성적 표현, 국적, 기혼 여부, 신체 장애, 군복무 또는 해당 법률이 보호하는 기타 사항 등에 대한 불쾌한 말이나 행동이 포함됩니다. 본 방침은 고용계약조건의 일부이며, 고용 지속 여부에 대한 결정의 근간이 되며, 위협적 · 적대적 · 모욕적인 업무환경을 조장하는 행위 및 직원의 업무성과를 부당하게 방해하는 행위 모두에 적용됩니다.

화이자는 해당 관리자, 감독자 및 기타 직원 혹은 비직원의 희롱 혹은 차별행위에 대해 회사가 그 사실을 알고 있으면서도 적절한 조치를 취하지 못한 경우 그에 대한 책임을 질 수 있습니다.

무관용 원칙

화이자는 사업장에서의 희롱이나 차별을 용인하지 않습니다.

관리해야 할 다양성에는 어떤 것이 있는가?

법적인 규제를 받는 다양성이 있고, 조직문화와 성과를 위해 실질적으로 관리해야 하는 다양성이 있다. 먼저 법적인 규제를 받는 대상을 생각해 보자.

❶ 장애인

「장애인 고용촉진 및 직업재활법」 제28조에는 사업주에게 장애인 고용의무를 부과하여 상시 50명 이상의 근로자를 고용하는 사업주는 의무고용률에 해당하는 장애인을 고용하게 하고 있다. 그리고 제33조에서는 의무고용률에 못 미치는 장애인을 고용하는 사업주는 매년 장애인 고용부담금을 납부하도록 하여 실질적인 규제를 하고 있다.

2013년 7월 현재 의무고용률은 일반기업의 경우 전체 직원수의 2.5%이며 부담금은 의무고용률 기준으로 미달된 고용인원 한 명당 월 60만원 정도이다. 의무고용률이 낮은 경우 부담금이 가산되며, 의무고용률과 부담금의 금액이 단계적으로 높아지고 있는 추세이다. 최근에는 장애인표준사업장 또는 유사한 시설에 도급을 준 경우 부담금을 감면해주는 '연계고용 부담금 감면제도'도 생겨 활용해 볼만하다.

❷ 고령자

「고용상 연령차별금지 및 고령자 고용촉진에 관한 법률」 제12조에서는 사업주의 고령자 고용노력의무를 규정하여 대통령령으로 정하는 수 이상의 근로자를 사용하는 사업주는 기준고용률 이상의 고령자를 고용하도록 노력하여야 한다고 정하고 있다. 그리고 정부는 55세 이상 고령자를 일정비율 이상 고용하는 사업주에게는 세제혜택, 고령자 고용촉진 장려금 등을 지급하여 고령자 고용을 독려하고 있다.

❸ 여성

여성에 대한 법적 규제는 모성보호에 대한 것이 대부분이다. 모성보호란 임신, 출산, 수유 등과 같은 여성근로자가 갖는 특유한 기능 때문에 행해지는 제반 조치들로 「근로기준법」상 생리휴가, 산전후휴가, 육아시간, 유해위험사업 제한, 그리고 임산부에 대한 야간·휴일·연장근로 제한 등이 포함된다. 모성보호관련법이란 근로여성들의 육아를 위한 관계법령이다. 즉, 출산휴가 연장이나 직장보육시설 활성화 등을 주요 골자로 하고 있다. 현재 우리나라는 「근로기준법」, 「남녀고용평등법」, 「영유아보육법」, 「고용보험법」에 모성보호를 규정한 법령이 있다.

다음으로 법적인 규제를 받는 것은 아니지만 실질적으로 조직의 문화와 성과에 지대한 영향을 미치므로 관리해야 할 다양성을 살펴보자.

❹ 성별

여성의 사회적 참여가 증가함에 따라 조직 내 다양한 직위와 직무에서 여성의 비중이 높아져 가고 있다. 여성과 남성의 사고방식과 행동양식이 눈에 띄게 다르다는 것을 보여주는 많은 연구결과가 있다. 예를 들어 남성이 여성보다 더 경쟁적인 반면에 여성은 남성보다 더 타협적일 가능성이 있다고 한다. 여성과 남성의 특성을 제대로 이해하지 못하면 업무 갈등 상황이 지속되며 성희롱 등의 사건으로 이어질 수도 있다는 측면에서 성별 특성에 입각한 다양성 관리가 요구된다.

❺ 세대(나이)

업무의 성질과 지위 또는 근속연수와 관계없이 유사한 나이의 구성원들은 공통적으로 가지고 있는 경향이 있다. 유사한 사회적·경제적 사건들을 경험한 기억이 태도나 가치 형성에 영향을 미치기 때문이다. 비근한 예로 입사동기들은 일처리 방식이나 문제해결 방식 등이 매우 비슷한 경우가 많다. 이처럼 연령 유사성은 업무처리방식, 커뮤니케이션의 빈도와 방식, 특정 사건의 이해방식에 영향을 미치기 때문에 세대간 차이에 따르는 다양성 관리는 실제적으로 매우 중요하다.

[그림 2-2] 마이크로소프트의 다양성 관리영역

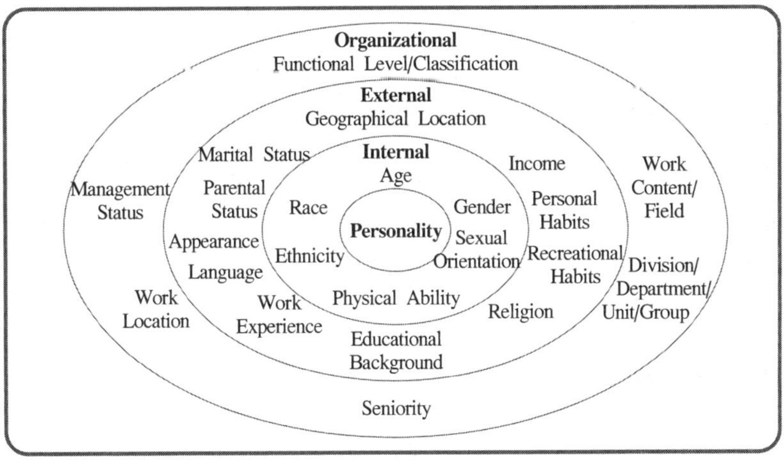

[그림 2-2]는 마이크로소프트에서 정의하고 있는 다양성 관리의 영

역이다. 내적, 외적, 조직적 측면으로 다양성을 분류하여 관리를 하고 있다.

선진 기업들의 다양성 관리의 많은 부분이 여성과 장애인의 고용을 확대하고 차별없는 승진을 위한 노력에 초점이 맞추어져 있다. 예를 들면 여성인력 활용을 위한 여성대표기구를 설치하고 파트너십을 구축한다거나 일과 가정이 양립할 수 있도록 가족 친화정책을 펼치는 것 등이다. 또한 적극적 조치(Affirmative Action)의 일환으로 신입직원을 뽑을 때 일정 부분을 여성으로 채용하거나 관리자급 직원의 일정 부분을 여성으로 승진시키는 정책이 있다.

IBM은 소수인종, 여성, 장애인 등 채용의 다양성을 확대하기 위해 'Project Able'을 실시하고 있다. 'Project Able'은 대졸신입사원 채용을 위한 'Project View'와 경력사원 채용을 위한 'Project View Plus'로 구성되어 있다. 'Project View'는 소수인종과 여성, 장애인 학생들에게 IBM을 방문하고 IBM의 업무를 접할 수 있는 기회를 제공하는 프로그램이다. 'Project View Plus'는 사전 스크리닝을 거친 경력구직자들을 채용박람회에 초대하여 채용부서의 매니저와 임원들을 직접 만나고 회사를 소개하는 자리를 제공한 후 공식 인터뷰를 통해 채용하는 다양성 채용 프로그램이다.

다양성은 성과에 어떤 영향을 미치는가?

사실 많은 사람들에 의해 다양성이 성과에 미치는 긍정적인 결과를 증명하기 위해 많은 노력이 이루어졌으나, 지금까지의 연구결과를 종합해 보면 다양성은 매우 긍정적 성과를 낳을 수도 있고 매우 부정적인 결과를 낳을 수도 있다.

다양성의 긍정적 효과 측면에서 보자면 먼저 정보/의사결정 이론(information / decision-making theory)에서는 다양성에서 비롯되는 여러 가지 정보는 많은 관점과 아이디어를 조직에 제공하고, 이것이 높은 성과로 이어진다고 한다. 그 이유는 조직구성원의 다양성에 따라 다른 지식, 스킬, 관점이 존재하고 이것에 기반하여 우수한 문제해결이나 성과를 이끌어 낼 수 있기 때문이다. 또한 다양성이 확보되어 있으면 동질성을 추구하는 조직에서 나타나는 '집단사고' 현상을 피할 수 있게 된다.

반면, 자신과 다른 타인에 대한 적대감이나 고정관념은 다양한 조직구성원에 대한 부정적인 영향을 가져온다. 사회범주화 이론(social categorization theory)에서는 집단구성원들이 동질적인 구성원을 더 호의적으로 본다고 하였다. 사람들은 자신과 유사한 사람들에게서 매력을 느낄 뿐 아니라 그들이 자신과 동일한 가치와 세계관을 공유한다고 생각하기 마련이다. 또한 대부분이 자신과 유사한 사람은 신뢰할 수 있고 같이 일하고 의사소통하기 쉽다고 생각한다.

이에 대해 Williams와 O'Reilly는 다양성의 긍정적 효과에 대한 연구는 교육적 배경이나 기능적 배경과 같이 눈에 드러나지 않는 속성에서 많이 이루어졌고, 다양성의 부정적 효과는 인종, 성, 연령과 같이 가시적인 속성에서 많은 연구가 이루어졌다고 하여 다양성의 속성에 따라 성과에 미치는 영향이 다를 수 있음을 암시하였다.

한편, CSES 기업조사(2003년, 200개 EU지역 기업 대상)에 따르면 기업들은 적극적인 조치에 따른 중요한 효익을 조직 내 문화적 가치 강화, 기업의 평판 향상, 고급인재 유치 및 유지, 기존 인력의 동기부여 및 효율성

제고, 구성원간 창의성과 혁신 향상, 서비스 수준 및 고객만족 향상, 인력 부족문제 해결, 이직률 저하, 결근율 저하, 새로운 시장에 대한 접근성 향상, 소송비용 회피, 글로벌 경영역량 향상순으로 인식하고 있다.

포용과 다양성은 어떤 관계인가?

다양성(Diversity)을 관리하는 기업에서 항상 동반되는 개념은 포용(Inclusion)이다. 포용은 '효과적으로 공동의 목표달성을 위하여 다양함이 가지는 힘을 극대화하는 것'이라고 정의하고 있다. 즉, 다양한 고객과 시장에서 발생하는 다양한 요구들을 만족하기 위하여 다양한 집단의 아이디어와 해결책을 존중해 주어야 하는데 이런 새로운 아이디어와 해결책을 장려하기 위해서는 근무환경에서 다양성을 존중해야만 가능하다는 것이다.

예를 들어 다양성을 관리하기 위해 여성인력을 많이 채용했다 하더라도 여성이 일하기 힘든 환경이나 문화가 잔존하고 있다면 여성인력의 유지 자체도 어려울 뿐 아니라 여성인력으로부터 발산되는 새로운 아이디어와 해결책은 기대하기 어렵게 된다. 따라서 다양성을 존중하는 많은 글로벌 기업들은 각기 다른 다양성 그룹들(여성, 장애인, 성적소수자, 인종 등)을 배려하고 시설, 교육, 지원프로그램 등을 통하여 그들이 일하기 좋은 환경을 만드는 노력을 하고 있다.

04
Working Environment
-행복한 업무환경 만들기

직장인의 행복지수는 몇 점인가? 예전에 어떤 부장님 한 분이 다른 요일에는 다 멀쩡하다가 월요일만 되면 배가 아파지는 월요병에 걸린 적이 있다. 결국은 과도한 업무와 스트레스로 인한 공황장애라는 판정을 받고 꽤 오래 치료를 받게 되었다. 사실 정도의 차이가 있겠지만 상당수의 직장인들은 그 부장님과 같은 일종의 '월요병'을 겪고 있는 것 같다. 단순히 주말 휴식에 미련이 남거나 생체리듬이 깨지면서 생기는 현상이라기보다 소위 '회사생활'이 즐겁거나 행복하지 않기 때문일 것이다.

2007년 LG경제연구소의 '대한민국 직장인 행복도'라는 리포트(그림 2-3)에 따르면 직장인 행복지수는 100점 만점에 51.5점이었고, 그 가운데 일과 삶의 균형 항목이 가장 낮은 45.8점을 받았고, 직장상사 및 동료와의 관계가 57.2점으로 가장 높은 항목별 점수를 받았다.

[그림 2-3] 직장인 행복지수('대한민국 직장인 행복도', LG경제연구소)

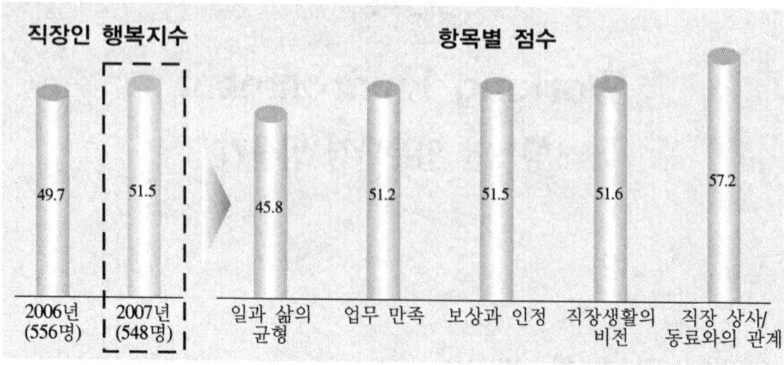

결과적으로 대다수의 직장인들은 그다지 행복하지 않다. 그래서 늘 그 자리를 벗어나고 싶은 충동을 느끼고 이직을 시도한다. 한 설문조사에서는 약 68%의 직장인이 "기회가 있으면 이직할 의사가 있다"고 답했다.

그리고 또 다른 설문에 이직할 때 가장 중요하게 고려하는 점 역시 연봉(30.7%)이 1위를 차지했지만 업무 적성(15.8%), 기업문화 · 조직 분위기(14.2%), 야근 등 근무환경(8.1%), 복리후생(5.9%) 등도 무시못할 수준의 고려요소로 자리하고 있는 것을 확인할 수 있다.

기업의 입장에서는 인재를 채용하고 교육하는 데 들어가는 비용으로 평균 연봉의 150%나 소요되고 또한 인재를 유지하는 것이 기업의 성과에도 직접적 영향을 미치기 때문에 인재를 확보하는 것만큼이나 인재를 유지하는 것에 초점을 맞추고 있다. 동종업체 최고수준의 보상이나 파격적 인센티브 제공, 각종 교육프로그램 강화 등의 매력적인 제안을 하지만 여전히 많은 회사들은 떠나는 인재들을 잡을 수 없다.

무엇이 직장인들을 행복하지 않게 그리고 떠나게 만드는 것일까?

일과 삶의 균형을 어떻게 유지할 것인가? 매슬로우의 5단계 욕구 단계설은 많이 알려져 있다. 얘기에 앞서 이론을 간단히 소개하면 매슬로우는 인간행동은 동기에 의해 유발되고, 동기에는 위계단계가 있어서 가장 하위단계부터 단계적으로 충족이 되어 가장 상위단계까지 올라간다고 보았다.

[표 2-3] 매슬로우의 욕구 5단계설

단계	내용
5단계	자아실현의 욕구로 가장 높은 단계의 욕구로서 자기만족을 느끼는 단계이다.
4단계	존경의 욕구로 타인에게 인정받고자 하는 욕구이다.
3단계	소속감과 애정의 욕구로 어떤 단체에 소속되어 소속감을 느끼고 주위사람들에게 사랑받고 있음을 느끼고자 하는 욕구이다.
2단계	안전의 욕구로 사람들이 신체적 그리고 정서적으로 안전을 추구하는 것을 말한다.
1단계	생리적 욕구로 의식주 생활에 관한 욕구, 즉 본능적인 욕구를 말한다.

이것을 직장인의 행복도에 적용해 보자면 가장 낮은 단계인 기본적인 생리적 욕구나 안전의 욕구는 임금과 최소한의 복리후생, 직업 안정성,

안전한 근무환경과 같은 것이 되겠고, 사회적 욕구는 조직 속에서의 역할, 직장상사·동료와의 관계와 같은 것이 될 것이고, 다음 존경의 욕구는 성과평가, 업무성취감, 인정 등이 해당될 것이며, 가장 높은 단계인 자아실현의 욕구는 직장 내에서의 성장, 포괄적인 의미에서 일과 삶의 균형 등이 해당될 것 같다.

점차 직장인들은 더 높은 단계의 욕구에 대한 만족이 필요한 상황이고 이러한 높은 단계의 욕구들은 대개 급여나 인센티브와 같은 금전적인 보상 이외에 다른 형태의 보상과 인정을 필요로 하게 되어 최근에는 소위 비정형 보상(Intangible Reward) 혹은 비금전적 보상(Non-Monetary Reward)에 대한 회사의 관심이 매우 높아지고 있다.

한참 화두가 되고 있는 일과 삶의 균형(Work & Life Balance)은 단순히 하나의 프로그램이라고 볼 수는 없고, 여러 복합적인 조건에 의해서 '개인이 일과 일 이외의 영역에 시간과 에너지를 균형있게 배분하여 삶을 스스로 통제하고, 만족스러운 삶을 이끌어가는 상태'로 유지할 수 있도록 하는 것이다.

하지만 일과 삶의 균형이 단순히 물리적인 업무시간을 줄여서 여가시간을 많이 확보하는 것을 의미하는 것은 아니다. 오히려 다양한 일의 방해요소를 제거하여 일에 몰두하게 만들어서 최대한 업무효율을 극대화하는 것이다. 여기에서 말하는 일의 방해요소는 대개 '일 자체', '가족' '성장과 미래', '여가와 건강' 이렇게 4가지로 구분하며 이에 대한 기업의 해결책 또한 달라질 수밖에 없다.

일의 방해요소 첫째는 '일 자체'가 일을 방해하는 것이다. 즉, 업무가 비효율적이거나 비효율적으로 업무를 함으로써 불필요한 업무시간이 늘어나게 되어 일과 삶의 균형이 깨질 수밖에 없는 상황이다. 이에 대해서 업무의 폐지, 이관, 통합, 간소화, 시스템화, 아웃소싱 등을 통해 업무자체를 효율화할 수 있고 개인이 가장 업무효율이 높은 시간과 장소에서 업무를 할 수 있는 유연시간 근무제(Flexible Time) 및 원격근무와 같은 제도를 도입할 수 있다. 때에 따라서는 효율적인 시간관리를 위해 7 Habit과 같은 시간관리 교육을 진행하거나 일정이나 프로젝트 관리 소프트웨어를 구입하여 사용하는 경우도 있다.

요즘은 '스마트 워크'라고 하여 장소, 시간에 구애받지 않고 일할 수 있는 사무환경과 지식공유 및 정확한 성과측정이 가능한 시스템을 구축하는 회사들이 많다. 이 또한 일 자체의 낭비요소를 제거하여 직원이 가장 높은 몰입과 성과를 낼 수 있는 시간과 장소, 환경에서 근무하도록 하는 것이므로 일과 삶의 균형과 직접적으로 연관되어 있다고 봐야 할 것이다.

두번째 일의 몰입을 방해하는 대표적인 요소는 '가족'이다. 즉, 누구나 가정 또는 가족에 어떤 문제가 있으면 일에 몰입하기가 어려워진다. 회사가 이 모든 것을 해결해 줄 수는 없지만 몇 가지 주요하게 발생하는 가정과 가족문제는 힘이 되어 줄 수 있다. 예를 들면 사내 보육시설이나 보육지원제도 등을 통해서 직원들의 육아문제를 지원해 줄 수 있다. 또한 상담 프로그램이나 교육 등을 통해 가족간의 대화기술을 향상시켜서 가족간 갈등을 줄일 수 있고, '가정의 날'과 같은 프로그램을 통해서 가족과 더 많은 시간을 보낼 수 있도록 하는 것도 '가족'에 의해 발생하는 갈등요소를 제거하여 '일과 삶의 균형'에 도움이 되는 방법들이다.

세번째 일을 방해하는 요소는 성장과 미래에 대한 불안감으로 경력에 대한 불안, 퇴직에 대한 불안, 재정적인 불안 등이 생겨서 일에 몰두하지 못하는 경우이다. 이런 경우에는 다양한 교육기회의 부여, 경력에 대한 컨설팅, 재테크에 대한 상담, 전직지원 제도(Outplacement Program)와 같은 방법을 통해 불안감을 해소할 수 있다. 전직지원 제도란 퇴사 이후에 구직 또는 창업 등의 다음 커리어의 준비를 지원하는 프로그램이다.

네번째 일을 방해하는 요소는 여가와 건강 등에 대한 부분으로 정신건강을 포함한 건강에 문제가 있는 경우나 여가를 제대로 활용하지 못하는 것이다. 이러한 요소들을 제거하기 위해서는 건강검진과 EAP (Employee Assistance Program)와 같은 카운셀링 프로그램을 통해 건강을 제고할 수 있고 콘도나 여행 프로그램 제공, 여가활용에 대한 컨설팅 등을 통해서 직원의 여가활용에 도움을 줄 수 있다.

여기에서 잠깐 EAP(Employee Assistance Program)에 대한 설명을 하자면 EAP란 직원이 개인적인 문제를 해결하고 업무를 정상적으로 수행할 수 있도록 회사가 지원하는 전문상담 및 교육서비스를 말한다. 주제는 스트레스, 대인관계, 가정생활 갈등, 자녀양육, 건강, 재무, 경력개발, 부부관계 등 다양한 주제에 대한 상담이 가능하다. 글로벌 기업들은 이미 많은 회사에서 도입하여 활용하고 있으며, 국내 대기업도 삼성전자가 2001년에 '열린 상담센터'라는 이름으로, SK가 2005년부터 '하모니아'라는 이름으로 상담센터를 운영하고 있다. 직접 상담사를 고용하는 회사도 있지만, 전문 EAP회사와 계약을 맺어 직원들에게 서비스를 제공하는 경우가 많다.

일본 골드만삭스에서 EAP의 일종인 Wellness 서비스(2004)를 도입하여 시간·비용 손실 1,480만 달러를 절감한 것으로 추정하였다. 또한 "Wellness 서비스가 회사에 대한 인식을 높여준다", "Wellness 서비스가 업무만족에 중요하다", "Wellness 서비스가 업무성과와 생산성을 높인다" 등을 묻는 만족도 조사에서 80% 이상이 '매우 그렇다'에서 '그렇다'라고 응답한 것을 보면 EAP의 효과를 짐작할 수 있다. 또한 1990년 제네럴모터스의 경우 EAP 도입 후에 약물남용 문제를 가진 직원의 의료비용과 사고에 대한 달러당 비용이 72% 가량 감소한 것으로 나타나 직원 1인당 3,700달러를 절약할 수 있었고, EAP에 투입된 직원 1인당 9달러보다 월등히 높은 금전적 혜택을 얻을 수 있었다.

GWP(Great Work Place)란 무엇인가? 많은 회사들이 금전적인 보상 이외에 비정형 보상을 통해서 직원들의 행복도를 높이는데 주력하고 있다. 이러한 노력들은 GWP(Great Work Place)라는 새로운 개념으로 등장하게 된다. GWP는 미국의 로버트 레버링 박사가 고안한 개념으로 내부고객, 즉 종업원이 회사의 가장 중요한 자산이라는 인식으로부터 출발하여 1. 상사와 경영진을 신뢰하고(Trust), 2. 자기 일에 자부심을 느끼고(Pride), 3. 함께 일하는 종업원들간에 재미를(Fun) 느끼는 회사를 뜻한다. 이러한 개념을 바탕으로 1998년부터 매년 포춘지(Fortune)에서 100대 기업(Fortune 100 Great Places to Work for in America)을 선정하고 있다.

2013년에 선정된 상위 10개 회사들은 [표 2-4]와 같다. 물론 매년 순위는 변한다.

[표 2-4] 2013년 포춘 100대 기업 중 상위 10위 기업

순위	회사명	직원수
1	Google, Inc.	34,311
2	SAS	6,373
3	CHG Healthcare Services	1,378
4	The BostonConsultingGroup,Inc.	2,314
5	Wegmans Food Markets, Inc.	43,927
6	NetApp	7,426
7	Hilcorp Energy Company	1,012
8	Edward Jones	35,114
9	Ultimate Software	1,440
10	Camden Property Trust	1,896

한국에서는 [표 2-5]와 같은 기업들이 한국능률협회가 선정한 '일하기 좋은 기업' 수상의 영광을 안았다. 이와 비슷한 개념으로 에이온 휴잇(Aon Hewitt)에서도 Best Employer를 격년마다 선정하여 발표하고 있고, GWP에서도 매년 일하기 좋은 기업을 평가하여 발표한다.

[표 2-5] 2012년 한국능률협회컨설팅이 선정한 '일하기 좋은 기업'

전체 순위 (제조)		기업명	전체 순위 (서비스)		기업명
2012	2011		2012	2011	
1	1	삼성전자	1	1	SK텔레콤
2	2	포스코	2	3	대한항공
3	3	유한킴벌리	3	5	신한은행
4	4	유한양행	4	4	안철수연구소
5	6	현대중공업	5	7	삼성에버랜드
6	7	SK이노베이션	6	6	이마트
7	5	현대자동차	7	8	국민은행
8	9	LG화학	8	13	삼성생명보험
9	14	GS칼텍스	9	11	아시아나항공
10	11	한국3M	10	10	KT
11	8	LG전자	11		신한카드
12	12	CJ제일제당	12	12	삼성SDS
13	15	웅진코웨이	13	9	현대카드 · 캐피탈
14		S-OIL	14	14	삼성물산
15		두산중공업	15		삼성화재해상보험

Fun 경영이란 무엇인가?

건전한 기업문화를 창출하는 것 역시 비정형 보상의 일종으로 요즘은 'Fun 경영'을 통해서 직원에게 동기부여하는 기업이 많아지고 있다. Fun 경영이란 권위를 내던지고 웃음을 회사에 퍼트려 '신바람 나는 직장' 분위기를 창조하기 위한 경영이다. 동기부여 전문가인 브라이언 트레이시에 따르면 성공의 85%는 인간관계에 달려 있으며 훌륭한 인간관계를 만드는 핵심은 웃음에 달려 있다고 한다.

대표적인 Fun 경영의 사례는 미국 사우스웨스트 항공(Southwest Airlines)이다. 허브 켈러 회장은 "유머와 재미는 어렵고 힘든 일을 하는 종업원들을 배려하는 가장 좋은 방법이다"라고 하면서 승객들에게 즐거운 탑승 경험을 주도록 직원들을 격려하고 있다고 한다. 일례로 기내 화장실에 몇 명까지 들어갈 수 있는지 콘테스트를 한다거나 반바지를 입은 승무원들이 랩으로 기내 방송한다거나 "기내에서는 금연입니다. 흡연하실 분은 문을 열고 밖으로 나가 날개 위에서 맘껏 피우세요. 오늘 흡연하면서 감상할 영화는 '바람과 함께 사라지다'입니다"와 같은 유머있는 기내 방송을 하기도 했다.

국내회사의 예로는 아래와 같은 회사들이 Fun 경영활동을 하고 있다.

- 총각네 야채가게 : 사장 등 직급없고 마당쇠, 변강쇠, 이장 등 별칭 사용
- 웅진코웨이 : '뒷모습 전시회' 인사캠페인
- 피자헛 : '칭찬릴레이'

- CJ엔프라니 : 매출액의 0.5%를 투자하여 영화관람 · 래프팅 등 '펀 이벤트'를 지원해주는 프로그램 운영
- LG투자증권 : 'CEO 기프트'제도
- 네오위즈 : '씨네 비어 데이' 운영
- 태평양 : 몰디브, 타히티, 피지 등 유명 휴양지명을 회의실 이름으로 사용

그 이외에 호프데이, 동호회, 패밀리 데이(Family Day) 등을 운영하여 즐겁고 신바람 나는 회사생활을 할 수 있도록 하는 회사들을 쉽게 찾을 수 있다. Google의 경우는 '20% 프로젝트'라고 하여 본인 업무시간의 20%는 스스로 관심있고 흥미있는 분야에 투자할 수 있도록 하고 있고 사무실 환경을 놀이터처럼 만들어서 창의성과 혁신의 문화를 이끌고 있는데 이러한 활동 역시 Fun 경영의 일환이라고 볼 수 있다.

결론적으로 기업들은 급여, 인센티브, 복리후생과 같은 금전적 보상을 통해 직원들을 동기부여하고 성과를 창출하지만, 인재를 유지하고 높은 업무 몰입을 이끌고 혁신적인 기업문화를 만들기 위해서는 일과 삶의 균형이나 Fun 경영과 같은 손에 잡히지 않는 보상(Intangible Reward)이 동반되어야 가능할 것이다.

Reference

보상(Reward)의 유형

출처 : 2007 Hay Group Reward Forum

아래는 Hay Group에서 보상(Reward)의 유형을 분류한 내용으로 크게 비정형적인 보상(Intangible Reward)과 정형적인 보상(Tangible Reward)으로 구분하여 사례를 들고 있다. 비정형보상(Intangible Reward)에는 대표적으로 일과 삶의 균형, 직장 문화, 경력 개발·성장, 인정과 같은 것들이 포함된다.

	Examples	Reward Elements	Definition
Intangible	Work/Life Balance Work Culture & Climate Leadership & Direction Career/Growth Job Enablement Recognition	Intangibles	Total Reward
Tangible	Cars Clubs Discounts	Perquisites	Total Remuneration
	Retirement Health&Welfare Time off with Pay Statutory Programs Income Replacement	Benefits	

<table>
<tr><td rowspan="3">Tangible</td><td>Stock/Equity
Performance Shares</td><td>Long－Term
Incentives</td><td>Total Direct
Compensation</td></tr>
<tr><td>Annual Incentive
Bonus/Spot Awards</td><td>Short－Term
Variable</td><td rowspan="2">Total Cash</td></tr>
<tr><td>Base Salary
Hourly Wage</td><td>Base Cash</td></tr>
</table>

PART 3

채용과 퇴직

01 채용계획과 진행

–채용은 예술일까? 과학일까?

채용은 왜 양면적인가? 사실인지 아닌지 알 수 없으나 국내 대기업의 모회장이 채용 면접에 관상가를 배석하여 채용 결정에 의견을 들었다는 것은 소문난 일화 중 하나이다. 뒤집어 보면 좋은 인재를 뽑는 것이 그만큼 쉽지 않은 일이라는 뜻이다. 좋은 인재를 채용하는 것은 기업의 흥망성쇠에 결정적인 요소이므로 결코 소홀히 할 수는 없다. 심지어 '채용이 전부다'라는 명제가 제법 설득력을 가지는 것을 보면 인사업무에 있어 채용의 중요성은 재삼 강조해도 모자라지 않을 것이다.

누구는 채용은 예술이라고 하고 누구는 채용을 과학이라고 한다. 즉, 때로 채용은 눈에 보이지 않는 감정, 상상, 전통, 추측, 판단 등에 의해 결정되는 반면 요즘은 훨씬 더 체계화된 기술, 정보 등을 바탕으로 채용 공고, 서류 전형 그리고 구조화된 면접까지 과학적인 절차에 의해 결정되기 때문이다.

그럼 전반적 채용과정에 대해 알아보자.

채용의 결정은 어떻게 이루어지는가?

취업을 준비하던 시절, 수많은 온라인 채용 사이트, 취업관련 인터넷 카페, 학교 경력지원센터, 기업의 홈페이지 등을 들어가서 채용공고가 언제 나는지 어느 분야에 얼마나 뽑는지 눈이 빠지게 보던 경험이 있을 것이다. 국내 대기업은 정기적으로 대졸신입사원 공채를 하고 수시로 경력사원을 채용하기도 한다. 외국계 기업의 경우는 대졸신입사원 공채보다는 경력직 수시채용이 많은 비중을 차지하고 있다. 그렇다면 기업은 채용을 어떤 기준으로 결정할까?

가장 중요한 것은 당연히 수요이다. 앞으로의 비즈니스의 방향과 전략, 채용 동향을 분석하여 현재 인원 대비 얼마나 많은 인원이 더 필요할 것인가를 예측한다. 그런데 이 수요의 예측에는 몇 가지 고려사항이 있다.

첫째로 인원의 증감이다. 기업에서는 퇴직, 부서 이동 등의 이유로 자연적으로 감소되는 인원이 있다. 이 인원의 보충 외에도 새로운 사업 개발, 기존 사업 확장, 문제의 발생 등으로 신규 인력이 필요하다. 인사부에서는 이러한 비즈니스 요청을 해당 부서에서 받아서 통합한다. 한편, 미래의 사업모델의 변화, 사업 동향(business trend)에 따른 구조조정의 필요성 등을 파악하여 최적의 인원수가 유지될 수 있도록 고려해야 한다. 그리고 총인건비 관점에서 비용을 조절하는 것도 중요한 요소이다.

두번째, 필요한 스킬의 조직 내 존재 유무이다. 지금 현재 전반적인 인력은 충분한데 마케팅 인력은 모자란다면 마케팅 인력의 보충을 위해 직원 채용을 할 수 있다. 물론 영업을 비롯한 다른 부서에서 마케팅으로 인력을 전보시켜서 문제를 해결할 수 있다면 먼저 내부적으로 해결해야 한다. 반면, 완전히 새로운 사업을 시작하여 그 사업에 대한 통찰이나 경험이 회사 내부적으로 전혀 없는 상태라면 아무리 회사의 인력이 남더라도 그 사업에 대한 경험이 있는 인력을 외부에서 채용해야 한다. 인사부에서는 이러한 조율을 하여서 내부 공모제(internal job posting) 등을 통해 회사 내부적으로 먼저 인력을 배치하여 불필요한 잉여인력이 생기는 것을 방지하고, 기존 직원의 역량과 스킬을 파악하여 필요한 인력을 채용할 수 있도록 한다.

세번째, 어떠한 인력 형태로 채용하는 것이 가장 적합할 것인가 생각한다. 당장 올해에는 인력이 필요하지만 내년부터는 인력을 감소해야 한다면 정규직 채용은 재고하고 고용형태를 임시직으로 하여 미래의 변화에 대비할 수도 있다. 또한 핵심업무가 아닌 경우라면 인력충원방법을 근본적으로 재고하여 인력 파견업체 또는 프리랜서 등을 통해서 필요한 서비스를 받을 수도 있을 것이다. 예를 들면, 업무의 성격이 단순한 사무보조업무인 경우 고용유연성 등을 고려하여 고용형태를 계약직 또는 파견직 직원 채용을 선택하는 경우가 있다.

정리하면 인력계획에 따라 인력수요를 예측하고 추가인력이 필요한 경우 Buy, Build, Borrow 중 하나의 방법을 선택할 수 있다. 조직 내부에서 필요한 스킬을 개발하거나(Build), 인력을 채용하거나(Buy), 외부에서 필요한 스킬을 한시적으로 확보하는(Borrow) 방법 중 장기적인 인력계획을 고려하여 적절한 방식으로 인력을 확보해야 한다.

채용홍보는 어떻게 하는가?

채용인원과 시기가 결정되었다면 채용홍보(promotion)를 하는 것은 매우 중요하다. 인재가 많이 몰려야 그 중에서 우리 회사에 맞는 우수한 인재를 뽑을 수 있기 때문이다. 채용홍보는 반드시 외부인을 대상으로 하는 것이 아니라 직원추천제 등 기업의 내외부를 포함하여 가장 효과적인 수단을 찾아야 하며, 후보자가 채용 포지션에 지원하도록 홍보(Promotion)하는 것뿐 아니라 인사부가 잠재적 채용 후보자를 찾아가서 지원을 유도(Sourcing)하는 방법을 동시에 고려해야 한다.

경력사원 채용시에는 불특정 다수에 대한 홍보보다는 채용부서와 상의하여 잠재적 후보자가 누구인지 그리고 어떤 홍보수단이 가장 적절할지를 논의하여 대상후보자에게 적절한 채용방법을 결정한다. 여러 채용수단(Hiring Channel) 중 회사 직원의 인적 네트워크를 가장 잘 활용할 수 있는 제도가 직원추천제(Employee Referral)이다. 직원추천제는 회사에 대해서 잘 알고 있는 사람이 추천한 후보자이므로 보통 채용성공률이 높고, 외부 서치펌(Search Firm)보다 훨씬 적은 비용이 든다는 장점이 있다. 반면, 현재 근무하고 있는 직원과 동질성이 높은 사람이 추천되는 경우가 많아 다양성에는 좋지 않은 영향을 줄 수 있으므로 주의가 필요하다. 그러나 다양한 장점 때문에 많은 기업이 상시적인 직원추천제도를 활용하고 있다. 최근에는 비용부담이 적은 SNS(Social Network Service)를 통한 채용도 활발해지고 있다. Facebook, Linked−in, Twitter, 링크나우 등의 SNS가 많이 활용되며, 특히 Linked−in의 경우 채용과 구직에 특화된 SNS로 각광받고 있는 매체이다. 물론 이러한 여러 매체 사용이 늘어나고 있음에도 불구하고 대부분의 기업들이 서치펌을 여전히 사용하고 있다. 시장에서 찾기 어려운 스킬을 가진 후보자나 경쟁사에서 인력을 찾아야 하는 까다로운 채용의 경우에 서치펌과 함께 후보자를 찾게 된다.

신입사원 채용의 경우 채용에 배정된 예산이 충분하다면 방법은 간단하다. 파급력 있는 홍보수단을 이용하면 되기 때문이다. 네이버, 다음 등과 같은 인터넷 포털에 광고를 내는 것은 매우 효과적이지만 엄청난 비용이 들어가므로 효율적이지는 않다. 신문 등 일간지 광고는 효과에 비해 비싸다고 생각한다. 대부분의 신입 구직자들은 아무래도 일간지를 통해 구직활동을 하기보다는 인터넷을 통해 하기 때문이다. 따라서 같은 비용이라면 잡코리아, 인쿠르트, 리쿠르트, 피플앤잡 등과 같은 온라인 잡보드에 광고를 하는 것이 매우 효과적이다. 온라인 잡보드에서 광고가 차지하는 위치, 크기, 기간 등에 따라 비용은 천차만별이다. 물론 온라인 잡보드에서 무료로 채용공고를 올릴 수도 있다. 비용을 지불한 채용공고와는 많은 차이가 나지만, 신입 구직자들은 채용공고를 하나하나 꼼꼼하게 살펴보고 검색해 보는 경우가 대부분이므로 비용대비 큰 효과를 누릴 수 있다. '취업뽀개기'와 같은 유명한 구직자모임 인터넷 카페도 무료로 광고할 수 있는 좋은 수단이 되며, 대학교의 온라인 취업 게시판에 채용공고를 올리는 것 또한 많은 도움이 된다.

오프라인 홍보수단으로는 대학교에 가서 실시하는 채용설명회가 있다. 채용설명회는 시간적·공간적 제한으로 5~10개 학교에서만 실시하는 것이 보통이다. 몇 개 학교밖에 가지 못하고 인력이 많이 소요되므로 효율적이지 못한 방법일 것 같지만 의외의 효과가 있다. 방문대학의 학생들에게는 취업설명회뿐 아니라 기업에 대한 홍보효과가 크고, 취업설명회 개최 자체가 매스컴을 통해 보도되기도 하여 개인들의 블로그, SNS 등을 통해 널리 알려져서 채용공고가 퍼지게 된다. 특히 대졸 신입사원 채용규모가 국내 대기업에 비해 상대적으로 적은 외국계 기업의 경우 채용설명회를 하는 것만으로도 대학생들의 기업인지도를 높이고 기업이미지 개선에 많은 효과를 볼 수 있다.

실제로 2007년 SUN Microsystems는 처음으로 대졸 신입사원 공채를 하면서 5개 대학교에서 채용설명회를 열었으며, 6개의 온라인 잡보드에 채용공고를 냈고, 전국대학에 DM(Direct Mail)을 발송하여 채용공고를 각 대학 온라인 취업게시판에 게시해 줄 것을 요청하였다. 비용은 광고비, 기념품 제작비 등 모든 것을 포함하여 500만원 정도가 들었으며 서류마감 결과 평균 100대 1이 넘는 많은 인원이 지원을 하였다. 지금은 오라클에 합병된 SUN Microsystems는 세계적인 IT 기업이었으나, B2B 제품 위주의 포트폴리오를 가지고 있어 당시에 한국의 대학생들에게 잘 알려지지 않았다. SUN이라는 이름보다는 Java라는 특정 제품 이름이 더 유명하여 회사의 브랜드 인지도가 높지 않았으나, 활발한 홍보활동으로 큰 비용을 들이지 않고 좋은 홍보효과를 얻어냈다.

마지막으로 경력사원과 신입사원 채용에 공통적으로 활용할 수 있는 방법은 채용하는 직군에 특화된 채용사이트나 해당 직군과 관련된 공인기관의 사이트 등에 채용공고를 하는 것이다. 가령 사내 보건관리자로 간호사의 채용이 필요하다면 일반적인 채용사이트보다는 Medijob과 같은 의료직군에 특화된 채용사이트를 이용하거나 대한간호협회 취업공고란에 채용광고를 하는 것이 관련 직무종사자들이 볼 확률이 더 높을 것이다.

이력서와 자기소개서는 어떻게 구성하는가? 신입사원의 경우 이력서와 자기소개서의 양식을 회사에서 지정해 놓는 경우가 많다. 그러나 경력사원 채용은 이력서와 자기소개서를 자유양식으로 하여 회사에서 직접 지정해 주지 않는 경우가 많다. 이러한 경우에는 일반적인 이력서와 자기소개서 작성요령에 따라 제출하도록 하면 된다. 아래 [표 3-1]은 한국 IBM에서 제시하는 이력서 작성요령이다(출처 : www.kr.ibm.com). 다른 회사에서도 적용될 수 있는 것이므로 참고하여 이력서 양식에 대한 기준을 세워보자. 경력사원은 워낙 다양한 경험과 스킬을 가지고 있으므로 구체적인 포맷의 제시보다는 일반적인 작성요령만 제시하는 것이 더 효과적이다.

[표 3-1] 이력서 작성요령(IBM)

- 이력서를 작성할 때는 항상 마음 속에 '현재' 및 '관련성'이라는 단어를 기억하십시오. IBM에서는 여러분이 왜 해당 직무에 적절한 사람인지 명확히 설명하는 최근 이력서를 기대하고 있습니다. 가능한 글머리표를 사용하여 이력서를 보기 쉽게 작성하십시오.
- 이력서를 읽기 쉽고 알아보기 쉬운 형식으로 작성하십시오. 온라인으로 이력서를 제출할 때는 일반 텍스트를 사용하십시오.

- 먼저 여러분의 주요 성취에 대한 언급으로 시작하십시오. 여러분의 작업을 가능한 자세하고 정확하며 구체적으로 기술하십시오(예 : 10명의 프로그래머로 구성된 팀 관리). 이렇게 하면 여러 지원자 중에서 돋보일 수 있으며 IBM에서도 쉽게 여러분의 전문성 레벨을 판별할 수 있습니다.
- 작업 외 관심사항을 몇 가지 기술하십시오. IBM은 작업환경에 활력을 줄 수 있는 균형잡힌 사람을 환영합니다.
- 정직하십시오. 나중에 채용 프로세스에서 부정확한 정보가 밝혀지면 IBM에 입사할 수 있는 기회를 잃게 됩니다.
- 간단명료하게 기술하십시오. 장황한 기술은 읽는 사람을 혼란스럽게 하며 문법이나 맞춤법이 틀리면 좋지 않은 인상을 줍니다.
- 최종 선발 후보자 명단에 올랐을 때 연락할 수 있도록 정확한 연락처를 기입하십시오.

앞서 언급했듯이 신입사원은 경쟁률이 상대적으로 매우 높고 경력사항 등이 많지 않으므로 서류심사(screening)를 쉽게 하기 위해 정해진 양식을 제시하는 것이 좋다. 일반적으로 인터넷을 통해 지원서를 받는 경우가 많으므로 인터넷 입사지원서의 단계는 기본 지원사항과 인적사항을 입력하고, 학력정보 · 경력정보 · 외국어와 자격정보 등을 거쳐서 자기소개서로 넘어가게 된다. 기본 지원사항에는 지원분야(2지망이 있는 경우 2지망까지), 희망근무지 등을 파악하고 인적사항에서는 성명, 주민번호, 연락처, 보훈과 장애, 병역 여부를 묻는다. 보훈과 장애 여부에 따라 법에 의해 우대를 해야 하며, 병역은 해외출장 등의 필요성이 있을 때 파악한다. 간혹 가족사항까지 포함하여 부모님의 직업까지 묻기도 하는데, 이러한 필요없는 정보는 수집하지 않는 편이 좋다. 서류심사자에게 선입견을 가지게 할 수 있고, 차별의 계기를 제공할 수 있기 때문이다. 학력정보는 기본적으로 파악하지만 최근에는 블라인드 스크리닝(Blind Screening)의 경향으로 서류심사시에는 보지 않는 경우가 많다. 경력은 인턴경력이 주를 이루며, 학내외 활동사항을 포함한다. 외국어는 토익, 토플, 텝스, OPICs 등 공인영어시험과 제2외국어에 대한 정보를 수집하고, 자격증에서는 산업기사, 노무사, 회계사 등 국가공인자격증을 중심으로 MOS, JAVA 등 사설자격증을 포함한다.

서류심사는 어떻게 하는가?

이력서 서류심사(screening)는 회사마다 나름대로의 기준이 있다. 흔히 스펙이라고 얘기하는 것을 높게 평가하는 회사도 있고, 아예 학력과 경력 정보는 빼고 자기소개서의 내용만 보고 서류심사를 하는 회사도 있다. 기준은 정하기 나름이겠지만 몇 가지 방법을 소개한다.

첫째, 과거에 많이 쓰였고 현재에도 통용되는 방법으로 학점과 영어점수와 같은 객관적인 숫자를 기준으로 등수를 정하여 통과시키는 방법이다. 신입사원 공채의 경우 많은 수의 직원을 한 번에 뽑게 되어 경쟁률이 비교적 높지 않은 경우에도 응시자는 너무 많다. 예를 들어 50명을 모집하는 경우 경쟁률이 50 : 1만 되어도 2,500명의 지원자가 있는 것이다. 이러한 경우 학점과 영어점수를 기준으로 하여 시간 대비 효율적인 서류심사를 하는 경우가 있다. 예를 들어 학점은 기준이 동일하도록(대부분의 대학교가 학점은 4.5 만점이지만 그렇지 않은 대학교도 있다) 점수를 변환하여 50%를 반영하고, 영어점수를 나머지 50%에 반영하는 경우이다. 여기서 판단해야 할 것은 영어점수의 차이와 학점의 차이가 다르다는 점이다. 학점이 0.5점 높은 것은 토익점수로 따진다면 50점 차이가 나는 것과 동일한 가치를 부여할 것인가와 같은 기준을 미리 정해야 한다. 또는 학점과 영어 점수를 각각 커트라인을 정해서 최소기준으로 활용할 수도 있다. 이 방식의 단점은 소위 스펙으로 판단할 수 없는 창조적 인재를 합격에서 배제시키게 되므로 창의성이 중요시되는 직업에는 맞지 않는다. 그러나 엑셀작업 몇 번으로 일정한 숫자로 응시자를 압축시킬 수 있어 대단히 시간효율적인 방법이므로 이런 방법으로 서류심사를 진행하는 회사가 아직도 상당수 존재한다. 또한 기본적으로 우수하고 성실한 인재가 학점과 영어에서 좋은 점수를 가지고 있을 확률이 높으므로 무조건 이 방식을 구시대의 유물로 간주하기는 어렵다고 생각한다. 예를 들어 어떤 회사는 아예 지원자격에서 전 학년 평점이 4.5 만점에 3.0 이상으로 제한하고 있다.

둘째, 흔히 얘기하는 블라인드 스크리닝(Blind Screening)의 방법이다. 최근에 많이 사용하는 방법으로 국내 대기업에서도 점차 많이 사용하고 있다. 지원자의 개인정보, 출신학교, 학점, 영어성적과 같은 사항은 철저히 배제하고 자기소개서만 심사관에게 제공하여 서류심사를 한다. 따라서 학연, 지연, 혈연, 청탁 등에 휘둘리지 않고 학점, 영어점수 등에서 오는 후광효과를 배제하여 객관적으로 심사할 수 있으며 '진흙 속에 진주'와 같은 인재를 알아볼 가능성이 높다.

이 방법을 사용하려면 경영진의 확고한 의지가 있어야 한다. 그만큼 해당 채용부서의 관리자와 인사부의 노력과 시간이 많이 들기 때문이다. 예를 들어 신입사원 100명을 뽑는다고 가정하면 대기업의 경우 평균 100대 1의 경쟁률이 나오는 것은 보통인데, 응시원서 10,000장을 읽고 평가하는 것은 쉽지 않다. 1장당 2분의 시간을 소요한다고 가정하면 20,000분의 시간이 소요되는데 시간으로 환산하면 333시간이다. 하루 8시간 내내 자기소개서를 읽어도 42일이 필요하므로 10명의 심사관이 나흘 동안 꼬박 투입되어야 간신히 끝마칠 수 있다. 따라서 현재 심사관으로 가용한 인원의 얼마나 되고 응시자의 수는 얼마나 되는지 파악한 후 채용일정을 계획한다.

서류심사 후 면접을 진행할 때도 블라인드로 진행하여야 한다. 서류심사는 블라인드로 어렵게 진행한 후 면접에서 개인정보와 학력정보를 제공한다면 앞에서 들인 공은 제대로 빛을 보기 어렵다. 면접관들이 소위 스펙에 현혹되어 심사를 할 수 있기 때문에 본래의 취지가 희석된다. 그러나 서류심사라도 블라인드로 진행되면 그만큼 제대로 된 인재가 뽑힐 확률은 높아진다.

블라인드 스크리닝 및 면접을 진행하기 위해서는 심사관과 면접관 교육이 반드시 필요하다. 보통은 채용부서의 관리자(Hiring Manager)가 심사관 및 면접관이 되는데, 이들에게 면접은 늘 있는 일이 아니라 일 년에 두어 번 있는 행사이기 때문에 전문화되어 있지 않은 경우가 많다. 또한 신임 관리자나 관리자 경력이 짧은 사람은 채용 경험이 많지 않다. 면접관 교육이 중요한 이유 중 하나는 회사의 가치와 문화에 대해 같은 목소리를 내야 하기 때문이다. 누구는 팀워크가 가장 중요하다고 하고 누구는 창조적 생각이 가장 중요하다고 한다면 회사의 비전과 미션은 산으로 가게 되며, 우리 회사에 맞는 인재를 뽑기가 어렵게 된다.

셋째, 앞에서 소개한 두 가지 방법을 혼합하여 사용할 수 있다. 즉, 자기소개서를 모두 읽을 수 있는 여유가 없을 때 채용인원의 10배수 정도를 학점이나 영어성적과 같은 획일적인 방법으로 추려낸 후 1차 면접을 볼 인원만큼 자기소개서와 입사지원서를 읽고 결정하는 방식으로 효율성과 객관성을 확보하려는 것이다.

가능하면 자기소개서를 바탕으로 지원자가 어떤 경험을 가지고 있으며, 얼마나 열정을 가지고 지원했는지를 판단하여 면접자를 결정하는 것이 좋겠다. 최근에는 잠재력보다는 역량을 중시하는 경향이 강하여 지원자들이 주어진 일을 실제로 잘할 수 있을지는 학점이나 시험성적보다는 그들의 경험을 통해 가늠해 볼 수 있기 때문이다.

재미있는 사실은 입사전형에 적성검사와 같은 필기시험(Written Test)을 보는 기업이 많은데, 필기시험 성적이 입사 후 근무평가에 상당한 연관을 가지고 있다는 추적결과가 다수 발표되고 있다. 물론 키가 클수록 연봉이 높다는 연구결과도 있고, 첫째가 둘째보다 성과가 높다는 연구결과, 좋은 대학일수록 연봉이 높다는 연구결과 등등 여러 가지 연구결과가 있기는 하다. 생각건대, 대부분의 적성검사가 IQ test와 비슷하게 되어 있어 지적으로 우수한 사람이 좋은 결과를 얻을 가능성이 높다고 본다. 결국 서류심사와 적성검사 등 면접 전의 입사전형 단계를 통해 기본적으로 우수한 인재를 선발하고, 면접을 통해서는 우리 회사에 맞는 인재를 골라내는 것으로 입사전형을 계획하는 경우가 많다.

평판조회는 어떻게 하는가?

평판조회(Reference Check)는 대졸 신입사원의 경우 대부분 실시하지 않는다. 따라서 경력사원 채용에 한정하여 얘기를 풀어 보자. 경력사원의 평판조회는 매우 민감한 문제인데, 지원자가 현재 다른 회사에 재직 중인 경우에는 평판조회의 사실이 알려지면 지원자가 곤란한 지경에 처할 수 있기 때문이다. 그래서 현재 재직 중인 회사가 아닌 이전 회사의 관련자에게 평판조회를 하기도 하지만 이 방법은 지원자가 현재 재직 중인 회사를 오랫동안 다닌 경우에는 별로 효과가 없다.

결국 지원자에게 평판조회를 할 수 있도록 세 사람 정도의 연락처를 달라고 하여 그 사람들에게 조회를 하는 경우가 대부분이다. 당연히 지원자는 자신의 지원사실을 다른 사람에게는 비밀로 해줄 수 있으면서 본인에게 좋은 얘기를 해줄 수 있는 사람을 골라서 지원회사에 제공한다. 따라서 평판조회가 형식적으로 끝나는 경우도 많지만, 행간을 읽는다는 마음으로 보면 몇 가지 요령이 생긴다.

첫째, 평판조회의 인원을 다섯 명 정도로 늘린다. 인간관계가 좁은 사람은 세 사람 정도까지는 어떻게 자기 편이 있지만 의외로 그 이상은 어렵다. 따라서 다섯 번째로 제시한 사람은 억지로 만들어 낸 사람일 수 있으므로 우선적으로 전화를 하여 평판조회를 실시한다.

둘째, 평판조회시 대부분의 사람은 실제보다 과장하여 지원자에 대한 평가를 긍정적으로 한다. 따라서 들은 얘기의 100%를 받아들이면 곤란하다. 예를 들어 "그 사람은 진짜 흠잡을 데 없이 일을 잘했고 인간관계에 적극적이고 항상 긍정적인 사람이었다" 정도로 얘기가 나온다면 지원자의 평판은 좋은 편인 것이다. 하지만 "제가 잘은 모르지만 자기가 맡은 일은 잘했다고 들었다" 정도라면 지원자를 잘 모르거나 얘기해 주기가 싫은 것일 수 있다. 별로 친하지도 않은 혹은 별로라고 생각했던 사람을 위해 적극적으로 거짓말을 해주기는 싫고, 그 사람의 앞길을 막기는 싫어서 건성으로 해주는 대답일 경우가 많다.

셋째, 정말 중요한 자리라면 지원자가 알려주지 않은 사람에게 물어볼 수도 있다. 물론 지원자가 최종 합격되지 않을 경우 문제가 생길 수 있는 사람에게 평판조회를 해서는 안 된다. 이 방식은 비공식적인 경로를 통해 많이 활용된다.

그런데 과연 평판조회는 중요할까? 평판조회가 큰 역할을 하지 못하는 경우가 많기는 하다. 그러나 채용에서 중요한 것은 잘못된 채용의 수를 줄이는 것이다. 한 명을 잘못 뽑았을 경우 거기에서 발생하는 비용은 엄청나다. 우선 그 사람이 업무를 잘못해서 발생하는 비용도 크지만, 그 사람과 연관된 관리자, 동료, 하급자 등에게도 큰 영향을 미치며 직원들의 사기와 근무의욕이 저하되어 생산성이 떨어진다. 결국 그 사람을 변화시키고 발전시키는데 들이지 않았어도 될 노력과 시간이 들어가게 된다. 따라서 평판조회는 면접과정에서 미처 발견하지 못한 후보자의 업무경력 속에 쌓아온 평판을 확인하여 채용에 만전을 기할 수 있다는 점에 의의를 둘 수 있다.

취업하고 싶은 회사는 어떻게 만드는가? 채용담당자라면 누구나 우리 회사가 여러 언론사와 잡포털에서 실시하는 취업하고 싶은 기업 조사에서 몇 위를 했는지가 관심사일 것이다. 글로벌 기업에 대해서는 Employer of Choice라는 이름으로 매년 결과가 발표되며 Business, Engineering 등 분야별로 회사의 순위가 발표된다. 이 결과는 회사의 인지도와 이미지, 회사의 성과, 업계 트렌드, 급여 수준 등 너무나 많은 요소가 복합적으로 반영된 결과이기 때문에 인사담당자의 노력으로만 개선할 수 있는 것은 아니다. 하지만 채용담당자로서 잠재적 후보자 군에게 회사의 인지도를 높이고 회사의 강점을 알리는 등 기여할 수 있는 영역이 분명히 있다.

홍보수단 선택시에는 잠재적 후보자가 누구이며 그들에게 어떤 매체가 효과적인지, 어떤 메시지를 전달할지 등을 고려하여 적절한 채용 브랜딩(Branding) 전략을 수립해야 한다. 위에서 언급한 바와 같이 채용설명회라든지 채용박람회(Job Fair)와 같은 오프라인 채널, 그리고 페이스북(Facebook)과 같은 온라인 채널을 활용할 수 있다. 메시지를 구성할 때는 구직자들이 직장 선택시에 고려하는 직무 소개, 회사 문화 등을 사전에 파악할 수 있도록 기존 직원의 경험담이나 신문기사 등의 다양한 내용을 활용하는 것이 좋다. 회사의 강점을 부각하되 후보자에게 회사와 직무가 적절한지를 판단할 수 있도록 하면 지원자에게도 도움이 되지만 회사 입장에서도 허수 지원자를 줄이는 데 도움이 된다.

채용 후보자들은 회사에 입사하지 못하더라도 개개인이 회사의 채용 브랜드에 영향을 미칠 수 있다. 면접관이 후보자에게 무례하게 행동했다거나 채용이 공정하지 못하다고 느꼈다면 이러한 평판이 쌓여서 결국은 기업의 브랜드에도 타격을 입힐 수 있다. 반면에 후보자에게 피드백이 적절한 시점에 이루어지고 면접관이 후보자를 배려하는 모습을 보였다면 설사 합격하지 못했다 하더라도 회사에 대해서 좋은 이미지를 갖게 된다. 따라서 전반적인 후보자의 경험(Candidate Experience) 관점에서 채용의 기준이 타당한지, 채용 프로세스가 합리적이고 신속한지 등을 전반적으로 고려하여 프로세스를 개선해 나가려는 노력이 필요하다.

02 채용면접
-면접은 면접관도 면접자도 어렵다

면접은 왜 어려운가?

처음 직장을 들어온 신입사원은 "이번 경쟁률이 50대 1이 넘었다"는 얘기를 심심치 않게 듣게 되고 문득 뿌듯함을 느끼는 경우가 많다. 유명한 기업일수록 그 경쟁률은 천문학적인 수치로 치솟게 되어 100대 1이 넘는 경우가 허다하다. 경력사원의 경우도 사정은 많이 다르지 않다. 다만, 경력사원은 회사에서 요구하는 조건에 맞는 스킬과 경력을 가지고 있어야 하므로 경쟁률은 많이 낮아지게 되지만, 그만큼 조건에 부합하는 사람들과 경쟁하게 되므로 어려운 것은 마찬가지이다.

회사의 과장 정도 되는 사람이라면 지금 들어오는 신입사원의 화려한 스펙에 혀를 내두르며 "일찍 태어나길 잘했어. 나라면 저들과 경쟁해서 입사하지 못했을 거야"라며 안도의 한숨을 한 번씩 쉬어본 경험이 있을 것이다.

낙타가 바늘구멍을 통과하는 것보다 어렵다는 취업, 그리고 더 좋은 회사로의 이직은 기본적으로 업무능력, 영어실력, 좋은 대인관계 등 실력을 갖추어야 하겠지만 마지막을 결정짓는 것은 면접능력이다. 특히 최종 면접까지 올라간다면 경쟁자들의 능력은 거의 비등비등한 경우가 많아 30분에서 1시간 남짓한 면접으로 운명이 결정되기 마련이다.

면접이 어려운 근본적인 이유가 바로 여기에 있다. 객관적인 조건으로는 더 이상 차별화되지 않는 상황에서 면접자들은 본인이 어떤 사람인지 이 짧은 시간에 다 보여주어야 하고, 면접관들은 면접자들이 어떤 사람인지 이 짧은 시간에 알아내야 한다.

면접관은 어떻게 면접을 해야 하는가?

1990년대 후반 IMF로 대변되는 경제위기가 오기 전까지는 취업이 지금만큼 힘들지 않았다고 한다. 취업경쟁률이 100대 1이라는 것은 상상할 수 없었고, 대졸 취업 지원생은 웬만한 기업 두세 개 정도 합격하여 골라서 갈 수 있었다. 그 당시에는 면접장에서 연세 지긋하신 임원이 "아버지는 뭐하시나?"와 같은 질문을 스스럼없이 던지기도 하였다. 신기한 것은 그런 식의 질문을 통해 선발한 직원이 지금의 복잡한 채용 전형을 통과한 직원만큼 뛰어난 경우도 많다는 것이다. 어째서일까? 그것은 물론 그 임원이 사람보는 눈이 뛰어나기 때문이다. 오랜 세월 회사생활을 하고 인생을 살면서 가지게 된 통찰력과 지혜는 무시할 수 없는 법이다. 그러나 이러한 면접 역량을 갖추고 있는 면접관은 매우 드물다. 최근에는 명예퇴직이 늘어나고 실질 정년이 단축되면서 이런 능력을 갖춘 면접관은 더욱 적어졌다.

최근의 면접 추세는 보통 두 차례의 면접을 진행한다. 먼저 과장에서 부장급으로 구성된 실무진 면접에서 면접자를 2~3배수로 추려내고 임원으로 구성된 최종 면접에서 최종 합격자를 선발하는 절차를 갖추고 있는 회사가 많다. 실무진 면접의 면접관들은 상대적으로 적은 업무경험을 가지고 있으며 면접 경험 또한 일천한 경우가 많아 질문하기에 급급하여 면접자들을 제대로 살펴보지 못하거나 후보자의 배경 등에 현혹되는 경우가 많다. 따라서 과학적이고 체계적인 면접기법을 통해 이러한 약점을 보완해야 한다. 최근 많이 사용되고 있는 면접기법은 '역량기반 면접'이며, 이 기법만 잘 익혀 놓으면 다른 면접방법은 굳이 알지 못해도 상관없다고 생각한다.

역량기반 면접은 왜 중요한가?

역량이란 쉽게 표현하자면 '어떤 집단에서 성공적이라고 평가되는 사람들이 공통적으로 보여주는 행동방식'이라고 할 수 있다. 그렇다면 역량기반 면접은 '어떤 집단에서 성공적이라고 평가되는 사람들이 공통적으로 행동하는 방식을 할 수 있는 능력이 있는지 없는지'를 보는 것이라고 하겠다. 아주 원칙적인 역량기반 면접을 하려면 먼저 그 조직에 필요한 역량을 정의하고 면접자가 면접 중 하는 말에서 정의된 역량에 부응하는 말을 잡아내어 그 부응 정도에 따라 역량 코딩(Coding)을 해야 한다. 따라서 질문자 외에 코딩을 담당하는 사람도 면접에 필요하다. 이런 원칙적인 역량기반 면접은 쉽게 실시할 수 없기 때문에 Hay Group을 비롯한 유명 인사컨설팅 회사에서는 역량면접 교육이나 세미나를 개최하기도 한다.

하지만 실제로는 이렇게 원칙적인 수준으로 면접이 진행되지 않는다. 일단 면접관이 그 정도 수준에 도달하는 것이 너무 어렵고 그러한 사람을 조직 내에서는 찾아보기 힘들기 때문이다. 따라서 거의 모든 회사에서 아래와 같은 대원칙을 지키는 수준으로 진행된다.

첫번째, 앞으로의 상황을 가정하여 물어보는 것보다는 과거의 일에 대해서 물어보는 것이 더 효과적이다. 즉, 과거에 어떤 상황에서 면접자가 구체적으로 어떻게 행동했는지를 물어보는 것이다. 예를 들어 동료와의 팀워크를 검증해 보려면 "팀원이 어려운 상황에 처했을 때 내가 맡은 일이 아닌데도 도와주었던 경험이 있으면 말해 보세요"와 같은 질문을 해야 한다. 반대로 "팀원이 어려운 상황에 처하면 내 업무가 아닌데도 도와주겠습니까?"라는 질문으로는 면접자를 판단하기 어렵다. 면접하는 순간만큼은 그런 일이 생기면 반드시 도와주겠다는 생각이 들 수도 있고, 그냥 면접관에게 잘 보이기 위해 실제 마음과는 다르게 "예"라고 대답할 수 있기 때문이다. 또한 개인의 역량은 크게 변하기 어려우므로 과거에 행동한 방식대로 미래에도 행동할 가능성이 높다고 보기 때문이기도 하다.

두번째, 본인이 직접 한 일을 질문해야 한다. "어려웠던 일을 극복했던 적이 있었나요? 어떻게 극복했나요?"라는 질문은 단골메뉴이다. 이 질문에 대해 "예전에 굉장히 어려운 프로젝트를 우리 팀이 맡은 적이 있었는데, 몇 주간 날 밤을 새서 일을 하고 무슨 문제에 부딪쳤는데 서로 합심해서 해결했다"와 같은 답변은 바람직한 답변이 아니다. 왜냐하면 면접자 자신이 한 일이 무엇인지 알 수 없기 때문이다. 따라서 주어는 반드시 '나'가 되도록 해야 한다. 위의 예에서 면접관은 면접자에게 "본인이 팀에서 맡은 역할은 무엇입니까? 그래서 본인이 한 일은 무엇입니까?"라고 질문하여 자신이 했던 일을 얘기하게 하여야 한다.

세번째, 후속질문을 심층적으로 심문하듯이 해야 한다. 면접자는 두루뭉실하게 답변을 하는 경향이 있다. 그러나 역량기반 면접에서는 본인이 과거에 한 일이 중요하므로 심층적인 후속질문을 해야 좋은 결과를 얻을 수 있다. "흥미로운 얘기인데요, 그래서 본인은 어떻게 하셨나요?", "그 다음에 어떤 일이 생겼나요?", "그래서 결과가 어떻게 되었지요?"와 같은 질문을 잇달아 하도록 한다.

여기서 회사가 필요로 하는 역량은 미리 정의되어 있어야 한다. 역량은 직급의 단계에 따라 정의되어 있는 경우가 많고, 세세하게는 부서별, 직급별로 필요한 역량을 정의한 경우도 있다. 아래 [표 3-2]는 Senior Leader, Manager, Colleague 레벨이 각각 가져야 할 역량에 대해 보여주고 있는 한국 화이자제약의 역량모델 예시이다. Act Decisively(결단력 있는 행동), Seizes Accountability(책임을 감수함), Commits to 'One Pfizer'(하나의 화이자를 위한 노력)의 세 가지 역량은 모든 레벨에서 가져야 할 공통 역량이며, 그 외는 레벨에 따라 다른 역량이 정의되어 있다. 한국 화이자제약은 Lominger 역량모델에 근거하여 역량을 정의하고 활용하고 있다.

[표 3-2] 화이자제약의 역량모델

Senior Leader	Manager	Colleague
Anticipate Customers & Market Needs (고객과 시장의 요구를 예상)	Demonstrates Business Acumen (비즈니스 안목을 발휘)	Functional/Technical Skills (직무관리 능력)
Strategic & Innovative Thinking(전략적, 혁신적 사고)		
Acts Decisively (결단력 있는 행동)	Acts Decisively (결단력 있는 행동)	Acts Decisively (결단력 있는 행동)
Seizes Accountability (책임을 감수함)	Seizes Accountability (책임을 감수함)	Seizes Accountability (책임을 감수함)
Holds People Accountable (직원들이 책임감을 갖게 함)	Holds People Accountable (직원들이 책임감을 갖게 함)	
Grow Leaders (리더 육성)	Grow Others (다른 이들의 성장을 이끎)	Grows Self (자아 성장)
Builds change-Agile Organizations (변화에 민첩한 조직을 구축)	Leads Change (변화 주도)	Change Agile (변화에 민첩하게 대응)

Self Awareness(자각) Insight, Influence & Inclusion(통찰력, 영향력, 포용력)	Self Awareness (자각)	Self Awareness (자각)
Commits to 'One Pfizer' (하나의 화이자를 위한 노력)	Commits to 'One Pfizer' (하나의 화이자를 위한 노력)	Commits to 'One Pfizer' (하나의 화이자를 위한 노력)
	Builds Effective Teams (효과적인 팀을 구축)	Peer Relationships (동료 관계)

한편, 면접시에는 먼저 검증해야 할 역량을 정하고 그 역량을 보여줄 수 있는 질문을 미리 준비한다. 역량에 대해서는 앞의 '역량−일 잘하는 방법'에서 자세히 설명하였으므로 참조하면 도움이 될 것이다. 역량기반 면접의 질문 예시는 아래와 같다.

- 어려운 상황에 직면했을 때 성공적으로 문제를 해결했던 경험을 말씀해 주십시오.
- 당신이 업무상 어려운 결정을 내렸던 경우에 대해서 말씀해 주십시오.
- 고객 또는 다른 직원에게 확신을 주어 그들의 행동이나 생각을 바꾸었던 경우에 대해 말씀해 주십시오.
- 당신의 아이디어를 추진하기 위해 다른 사람의 도움을 얻어냈던 경우에 대해서 말씀해 주십시오.

이렇게 면접 평가요소와 절차 그리고 면접 질문이 표준화되어 있는 면접을 구조화된 면접(Structured Interview)이라고 한다. 구조화된 면접을 실시하면 모든 면접자들이 모든 후보자들에 대해 동일한 절차와 평가기준, 질문을 통해서 평가 편차를 최소화하여 일관성을 유지하고 면접의 타당성, 공정성, 객관성을 높일 수 있다.

면접기법에는 어떤 것이 있는가?

면접기법에는 우선 집단 면접이 있다. 집단 면접은 5~7명이 한 조를 이루어 토론을 하는 것이 보통이므로 경력직 채용에는 잘 쓰이지 않는다. 그러나 대졸 신입사원 채용의 경우는 논리력, 협동심, 배려심 등을 평가하기 위하여 많이 쓰인다.

집단 면접을 실시하기 위해서 먼저 토론의 주제가 필요하다. 면접자들에게 스스로 정하라고 해도 좋지만, 면접관이 먼저 2~3개의 토론주제를 정해 주고 그 중에서 하나를 정해 토론하라고 하면 면접시간을 줄일 수 있다. 토론주제는 옳고 그름이 명백한 것이나 한 쪽으로 여러 사람이 몰릴 수 있는 주제는 적당하지 않다. 예를 들어 '치안을 위해 CCTV를 거리에 설치하는 방안에 대한 찬반', '서울 시내 자전거 도로 설치에 대한 찬반' 등과 같은 주제가 좋다. 면접 도중에 면접관은 질문을 하거나 토론에 참여하지 않고, 면접자들이 자율적으로 토론을 하며 보여주는 모습을 세밀히 관찰한다. 참여 태도도 평가하여 후보자가 너무 토론에 참여하지 않거나 혼자만 많은 말을 하거나 지나친 호승심을 보여주지는 않은지 관찰한다. 논리적으로는 "본인의 주장과 근거로 제시하는 말이 연결이 되어 있고 설득력이 있는가?", "상대방의 주장에 대해 올바른 반박을 하는가?", "애기의 핵심을 이해하는가?" 등을 관찰한다.

두번째로 프리젠테이션 면접이 있다. 신입사원과 경력직 채용에 모두 활용할 수 있는 방법으로 후보자가 프리젠테이션을 하고 질의 및 응답을 하는 방식으로 진행하며 면접자는 프리젠테이션 스킬, 논리적 사고력 등을 평가할 수 있다. 주제는 후보자의 경력내용이나 프로젝트 경험, 논문 소개 등 후보자의 경험이나 업적에 대한 내용으로 할 수 있고, 회사에서 과제를 주고 후보자의 생각을 정리해서 발표하도록 할 수도 있다. 과제를 주는 경우 후보자의 능력과 주어진 시간에 적절한 주제를 선정하는 것이 중요하다. 컨설팅회사에서 많이 사용하는 케이스 면접처럼 회사의 비즈니스 현황과 이슈를 주고 문제해결방안을 제시하라고 하거나 제품을 주고 나름대로 마케팅 전략을 개발해 보라고 할 수도 있다.

다른 면접으로는 스트레스 면접과 같은 이색 면접이 있다.

스트레스 면접은 압박면접이라고 하여 면접자들의 스트레스 상황에서 상황대처능력이나 정상상황에서 나타나지 않는 모습을 관찰하려는 것이다. 그러나 면접관이 압박면접을 제대로 실시할 능력을 갖추기는 어렵기 때문에 면접의 효과를 높이기보다 오히려 회사의 브랜드 이미지만 나빠질 수 있다. 그래서 면접관에게는 권하지 않지만, 면접관의 성향에 따라 후보자들은 압박면접을 받을 수 있다.

면접 질문에는 무엇이 있는가?

구글이나 네이버 같은

검색엔진에 '면접 질문' 혹은 'interview'라고 치기만 하면 많이 나오는 면접 질문과 모범답안이 나열된다. 면접관으로든 면접자로든 면접을 앞두고 있는 사람은 검색하여 참고하면 도움이 된다. 면접관인 경우 갑자기 질문이 생각나지 않을 때 활용할 수 있다.

- 자기소개를 해보세요.
- 우리 회사에 지원한 이유를 말씀해 보세요.
- 본인의 장단점에 대해 말씀해 보세요.
- 경력 목표(5년 뒤, 10년 뒤 모습)는 무엇인가요?
- 가장 힘들었던 경험에 대해 말씀해 보세요.
- 가장 보람있었던 경험(즐거웠던 경험)에 대해 말씀해 보세요.

인사부에서 면접평가서 또는 면접가이드를 구성할 때 이러한 인터뷰 질문 예시를 함께 제공하면 면접관들이 당황하지 않고 면접을 진행할 수 있다. 가능하면 평가항목별로 질문 예시를 제공하여 면접관이 질문을 할 때 무엇을 평가하기 위한 질문인지를 이해하고 질문하도록 하는 것이 좋다.

면접평가는 어떻게 이루어지는가?

면접절차를 설계할 때 고민하는 것이 면접평가방법이다. 예를 들어 면접을 실무진 면접과 임원 면접으로 나눈다면 실무진 면접에서 면접관은 어떻게 구성하고 면접 평가지는 어떻게 만들 것이며, 점수는 어떻게 합산할지, 그리고 임원 면접에는 몇 배수를 보내야 할지 고민하게 된다.

실무진 면접에서 면접관은 3명 이상으로 구성하는 것이 좋다. 그 이유는 여러 명의 의견을 모으면 좀더 좋은 결정을 할 수 있고 2명의 의견이 갈렸을 때 다수결을 할 수 있기도 하지만, 혼자서 면접을 진행하면 많은 경험이 있지 않는 한 면접이 중간 중간에 끊어지기 쉽고, 다음 질문을 생각하느라 답변을 제대로 못 듣는 경우가 허다하기 때문이다.

면접 평가지는 보통 필요한 역량이나 그 회사의 가치를 볼 수 있는 항목들을 정하고 5점 척도로 점수를 주어 각 항목의 점수를 더하여 합계를 낸 후 면접관들의 점수를 평균내는 방식을 취한다. 하지만 일견 과학적으로 보이는 이 방법에는 'lies, damned lies, statistics'라는 말을 연상하게 하는 여러 가지 오류가 숨어 있다.

첫째, 현실적인 이유로 면접관이 평가지의 많은 항목에 점수를 채워 넣고 코멘트하느라 너무 바빠 후보자를 관찰할 시간이 줄어든다.

둘째, 각 역량이나 가치마다 가중치를 두어야 하는데 그 차이를 정확하게 설명할 길이 없다. 예를 들어 '결단력 있는 행동'이 '책임을 감수함'보다 더 중요하다고 생각하여 20%의 가중치를 주는 경우 그게 왜 반드시 20%여야 하는지는 어디까지나 직관일 뿐이다.

셋째, 부분의 합이 전체가 되지 않는다. 실무적으로 점수를 합산해보면 분명히 A라는 후보자가 B라는 후보자보다 나은데도 점수는 A가 더 낮은 경우가 종종 생긴다. 이는 가중치의 오류 외에 점수 척도의 차이도 같은 문제를 안고 있기 때문이다. 따라서 면접관은 A의 점수가 B보다 높아질 수 있도록 거꾸로 각 항목의 점수를 수정하게 되는 웃지 못할 경우가 발생한다.

따라서 면접평가는 간단한 양식으로 하는 것이 더 낫다. 면접관 개인은 각 후보자의 전체 평가점수만을 결정한 후 각 면접관의 점수를 평균으로 계산한다. 또는 각 항목별로 점수를 주더라도 각 항목별 점수의 합은 참고용으로만 사용하고 전체 평가점수를 별도로 결정하도록 하는 것이다. 이 경우 면접관 한 명의 영향력이 절대적이지 않을 수 있도록 최고점과 최저점의 편차를 정해놓을 수도 있다. 왜냐하면 5점 척도에서 평균 3점 이상을 통과라고 했을 때 5명의 면접관 중 4명이 2.5점을 주었는데 한 명이 5점을 준다면 이 후보자는 대다수 면접관의 반대에도 불구하고 통과하게 되는 경우가 발생할 수 있기 때문이다. 따라서 면접관끼리 상의하여 실무진 면접의 최종 등수를 결정하는 절차를 마련하는 것이 효과적일 수 있다. 최종 면접에서도 마찬가지이다.

면접관이 피해야 하는 오류에는 무엇이 있는가?

면접시 대비효과, 유사효과, 후광효과, 고정관념 등 수많은 오류가 작용한다.

매우 뛰어난 사람 뒤에서 면접을 보게 되면 '줄을 잘못 섰다'고 하고 바로 앞사람이 면접을 잘못 보면 '줄을 잘 섰다'고 생각한다. 대비효과의 전형적인 예이다. 면접자가 속한 학교나 집단 등에 대한 사회적 지각을 기초로 하는 상동효과도 일반적인 오류이다. 예를 들어 '○○학교 출신들은 거만할 것이다'와 같은 경우이다.

가장 일반적인 오류는 후광효과이다. 후광효과는 눈에 잘 띄는 한 가지 특질이 그 사람의 전체적인 평가를 좌우하는 것을 말한다. "저 후보자는 영어를 잘 하니까 업무도 잘 할거야"와 같은 평가는 종종 발생한다.

면접관들은 면접 오류를 최대한 피하고 이러한 편견을 가지지 않도록 면접 전에 마음을 한 번 다지는 것이 좋다. 회사에서는 면접관 오리엔테이션과 같은 시간을 가짐으로써 이러한 오류가 발생하지 않도록 면접관에게 다시 한 번 상기시켜 주는 것도 효과가 있다.

Reference

면접관의 DOs & DON' Ts

예전에 연구원을 뽑는 면접을 하는데 연구원장님의 기술적인 질문에 대해 면접자가 적절하게 답변을 못하자 그로부터 약 10분 가까이 면접관이던 연구원장님의 기술에 대한 강의가 이어졌고 급기야 화이트보드에 필기와 설명까지 이어졌던 웃지 못할 기억이 있다. 물론 후배가 될 수도 있는 면접대상자들이 모르는 것을 가르쳐주고 싶었던 연구원장님의 선의였겠지만 면접시에 후보자들과 논쟁을 벌이거나 후보자들의 지식을 지적하거나 지나치게 칭찬하는 것 역시 공정한 면접관으로서 올바른 태도는 아니다.

면접관의 잘못된 태도는 때로 기업의 이미지에 치명적인 악영향을 미쳐 향후 잠재고객이 될 수 있는 수많은 지원자들이 해당 기업으로부터 등을 돌리게 되는 결과를 낳기도 하므로 면접관의 교육은 매우 중요하다. 기업에 따라서는 후보자들의 면접 이후 후보자들이 면접관을 평가하는 설문을 받아 채용담당자들의 평가 Scorecard의 하나로 활용하기도 한다.

따라서 면접관으로서 어떤 질문을 해야 하는지 어떤 질문을 피해야 하는지 구분하는 것은 중요하다. 특히 글로벌 기업에서 인종, 종교, 나이, 정치적 성향, 임신, 결혼 유무, 주거환경, 건강기록, 장애, 형사기록, 성적 취향과 같은 개인적인 영역에 해당하는 질문은 피해야 한다.

또한 면접과정에서 후보자를 놀리거나 비웃거나 면접 중간에 전화를 받거나 노트북을 펼쳐놓고 일을 하는 행동이나 후보자가 마음에 들지 않는다 하여 면접을 지나치게 일찍 끝내는 것도 면접관으로서 적절한 태도는 아니다.

면접관의 좋은 태도는 면접 이전에 Job Description과 이력서를 충분히 읽고 필요한 역량을 확인하기 위한 질문을 준비하여야 한다. 또한 면접이 시작되면 우선 정중하게 본인의 이름과 직무를 소개하고 후보자의 과거 행동을 바탕으로 한 역량과 스킬에 대한 평가에 초점을 맞춘다. 그리고 후보자들이 기업에 대해 좋은 인상을 남기도록 노력하여야 하고 정해진 시간 내에 끝마치는 것 역시 중요하다. 여러 후보자를 한꺼번에 보는 경우라면 질문을 고루 분산하거나 핵심적인 질문에 대해 일관성 있는 질문을 하는 것 역시 중요하다.

채용담당자는 면접 경험이 많지 않은 면접관에게 사전에 교육을 통해서 어떻게 면접을 해야 하는지 알려주는 것이 필요하다. 실제로 한 후보자는 면접시에 면접관의 질문에 이의를 제기하고 입사를 포기한 경우가 있다. 그도 그럴 것이 대개 면접관 역할을 하는 사람이 해당 조직의 관리자일 가능성이 높은데 면접시에 매우 무례한 태도를 보였거나 부적절한 사적인 질문을 했다면 같이 일하고 싶은 의욕이 전혀 생기지 않을 것이기 때문이다.

03

고용형태

-고용에는 다양한 형태가 있다

비정규직은 왜 존재하는가?

1997년말 IMF 구제금융이 들어오기 전에는 많은 사람들은 '이 회사에 뼈를 묻겠다'는 각오와 의지를 가지고 회사에 입사했다. 특별한 일이 없는한 한 번 입사한 회사에서 일하고 배우고 성장해서 퇴직까지 하는 것이 대다수 사람들의 인식이었다. 그러한 인식이 완전히 뒤바뀐 시점이 바로 IMF 구제금융을 받은 그 무렵이다. IMF는 우리 정부와 기업에게 보다 높은 노동의 유연성을 요구했고 이에 맞춰 정부는 「정리해고법」과 「근로자파견법」 같은 법안들을 통과시켰고 기업들은 정규직 채용보다는 비정규직의 비중을 높여가는 것으로 채용정책을 변경시켰다. 그 이후에 「비정규직 보호법」과 같은 비정규직 차별을 해소하기 위한 노력이 있기는 했지만 여전히 비정규직은 해결되지 않은 숙제로 남아 있다.

최근 들어 비정규직 근로자에 대한 기사를 더욱 많이 접하게 된다. 주로 정규직 직원과의 갈등과 불평등한 처우에 대한 갈등이 불거지면서 사회문제가 되기도 한다. 그렇다면 기업에서는 왜 고용형태를 차별화하여 직원을 고용하여 이러한 문제를 야기하는 걸까? 여기에는 여러 가지 이유가 복합적으로 작용한다. 단순화해서 얘기하기는 어렵겠지만, 아무래도 가장 큰 이유는 인건비의 절감을 위해서일 것이다. 2013년 현재 통계청의 자료에 의하면 비정규직의 임금수준은 정규직의 55.8%에 불과하다. 사실상 크게 다르지 않은 수준의 일을 하면서 임금은 반 정도 수준을 받는 것이다. 실제로 예전에는 자동차의 왼쪽 바퀴는 정규직이 조립하고 오른쪽 바퀴는 비정규직이 조립하는 식으로 업무를 나눠서 주기도 했었다고 하니 그 불평등함은 말할 필요도 없다고 하겠다. 한편, 사무실에서 근무하는 직원들은 사무보조와 같은 형태로 비정규직 업무를 나누어서 운영하므로 비교적 업무 구별이 쉽지만 블루컬러 노동자들은 비정규직이 수행하는 업무의 기준이 모호한 것이 사실이다.

또 다른 이유로는 정규직 근로자의 해고를 엄격하게 제한하고 있는 우리나라 노동법 아래에서 해고가 사실상 어렵기 때문에 사용자가 비교적 손쉽게 해고 또는 계약 종료할 수 있는 비정규직 근로자의 형태를 일정 부분 취하려고 하기 때문이다. 즉, 인력운영의 유연성을 확보하기 위해서이다. 그때 그때 사업의 성공 정도나 영업의 이익, 시장의 크기에 적합하게 인력의 규모를 운영하기 위해서는 인력운영의 유연성이 필요한데, 정규직만으로 구성된 인력으로는 이러한 유연성을 확보하기 어렵기 때문이다.

정규직 근로자는 어떻게 정의되는가?

정규직 근로자는 고용기간, 고용주체의 단일성, 그리고 근로시간에서 그 특징을 살펴볼 수 있다. 가장 중요한 점은 고용기간의 제한이 없는 것이다. 따라서 정규직 근로자는 정년을 맞이함으로써 고용이 당연 종료된다. 그리고 단일한 고용주에게 근로를 제공한다는 점, 마지막으로는 근로시간이 전일제라는 점인데, 이 부분에는 몇몇 예외가 있다. 우리가 흔히 파트타임 근로자 또는 단시간 근로자라고 하면 비정규직 시간제 근로자를 의미하는데, 한국 IBM의 경우 오래 전에 'part-time regular 제도'를 도입하여 실시하고 있다. 즉, 정규직 직원이 육아나 개인사정으로 정규근로시간보다 적은 근로시간(최소 50%)을 근로하고 임금과 복리후생은 이에 비례하여 받는 제도이다. 한국 IBM의 'part-time regular 제도'는 시장에서 찾아보기 힘든 매우 예외적인 경우가 되겠다.

위의 세 가지 조건을 충족시키지 못하는 경우에는 비정규직으로 생각할 수 있다. 즉, 기간을 정하여 근로계약을 하는 경우는 임시직, 계약직, 일용직 등이 있고, 단일한 고용주에게 근로를 제공하지 않는 경우는 파견, 용역 등이 있다. 그리고 전일제 근로를 하지 않는 경우는 단시간근로자, 아르바이트 등을 생각해 볼 수 있다.

계약직 근로자란 무엇인가?

계약직 근로자는 기간의 정함이 있는 근로자이다. 여기서는 사업주(회사)와 직접 근로계약을 한 경우에 한정하여 이야기하겠다. 계약직 근로자는 기간의 정함이 있으므로 고용의 임시성에 특징이 있다. 「근로기준법」 제16조는 "근로계약은 기간을 정하지 아니한 것과 일정한 사업의 완료에 필요한 기간을 정한 것 외에는 그 기간은 1년을 초과하지 못한다"고 규정하여 계약기간을 1년 이내로 한정하고 있다.

또한「기간제 및 단시간 근로자 보호 등에 관한 법률」제4조 제1항에서는 "사용자는 2년을 초과하지 아니하는 범위 안에서(기간제 근로계약의 반복갱신 등의 경우에는 그 계속 근로한 총기간이 2년을 초과하지 아니하는 범위 안에서) 기간제 근로자를 사용할 수 있다"고 하여 계약을 갱신하더라도 총 계약기간이 2년을 넘지 못하게 하고 있다. 그리고 동법 동조 제2항에서는 "사용자가 2년을 초과하여 기간제 근로자로 사용하는 경우에는 그 기간제 근로자는 기간의 정함이 없는 근로계약을 체결한 근로자로 본다"고 하여 이 법에서 2년 이상 계속 사용한 기간제 근로자에 대해 무기계약근로자로 간주하도록 하는 고용의제제도를 설정하였다. 이 법에서 고용의제제도를 설정한 것은 기간제 근로자의 고용안정을 기하려는 취지였으나, 현실적으로는 오히려 이 강행규정 때문에 기업에서 계약직 근로자를 2년만 사용하고 계약을 종료하는 것이 보통이다. 즉, 기업이 계약직 근로자를 2년 이상 사용하고 싶고 계약직 근로자도 2년 이상 근로하고 싶어도 이 규정 때문에 계약을 종료하는 경우가 대부분이라 오히려 고용을 불안하게 만든다는 비판이 있다.

파견근로자란 무엇인가?

파견근로자 형태를 이해하기 위해서는 사용사업주, 파견사업주, 근로자간의 삼자관계를 이해해야 한다.

「파견근로자보호 등에 관한 법률」제2조에 의하면 '파견사업주'라 함은 근로자 파견사업을 행하는 자를 말하고, '사용사업주'라 함은 근로자 파견계약에 의하여 파견근로자를 사용하는 자를 말한다.

먼저 근로자는 파견사업주에게 고용된다. 그러나 근로는 사용사업주에게 제공한다. 근로를 사용사업주에게 제공하므로 근로에 대한 지휘명령은 사용사업주로부터 받지만 급여는 근로계약을 체결한 파견사업주로부터 받는다. 파견사업주는 사용사업주와 근로자 파견계약을 맺고 계약에 약정된 금액을 사용사업주로부터 받는다. 그림으로 표현해 보면 아래 [그림 3-1]과 같다.

[그림 3-1] 파견계약의 관계

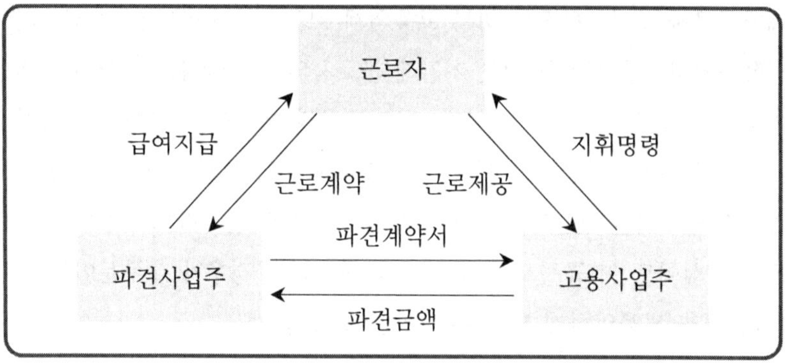

파견근로자는 아무 업무에나 사용할 수 있는 것이 아니다. 동법 제5조에서는 "근로자 파견사업은 제조업의 직접생산공정업무를 제외하고 전문지식, 기술, 경험 또는 업무의 성질 등을 고려하여 적합하다고 판단되는 업무로서 대통령령이 정하는 업무를 대상으로 한다"고 하여 파견업무를 제한하고 있다. 대통령령에는 사무지원종사자의 업무, 컴퓨터 관련 전문가의 업무, 수위 및 경비원의 업무 등 총 32가지 업무가 정의되어 있다. 따라서 제조업의 직접생산공정업무와 대통령령이 정한 32가지 업무에만 파견근로자를 사용할 수 있으며 이외의 업무에 사용하면 위장파견이 된다.

또한 파견근로자는 사용기간의 제한을 받는다. 동법 제6조 제1항에서는 "근로자파견의 기간은 1년을 초과하지 못한다"고 하여 파견기간을 1년 이내로 제한하고 있고 동조 제2항에서는 "파견사업주, 사용사업주, 파견근로자간의 합의가 있는 경우에는 파견기간을 연장할 수 있다"고 하였다. 이 경우 1회를 연장할 때에는 그 연장기간은 1년을 초과하지 못하며, 연장된 기간을 포함한 총파견기간은 2년을 초과하지 못한다고 하여 총기간을 2년으로 제한하고 있다. 만약 2년을 초과하여 사용하게 되면 동법 제6조에 의해 사용자에게 고용의무가 부여된다.

통상적으로 1년을 계약한 후 다시 1년을 연장하여 2년을 사용하는 것이 보통이며, 6개월씩 연장하여 2년을 사용하기도 하는 등 기간은 편의에 따라 정할 수 있으나 총기간은 2년을 넘지 못한다. 한편, 파견근로자를 1년 이상 사용하면 당연히 퇴직금이 발생하게 된다.

도급(용역) 근로자란 무엇인가?

도급은 「근로기준법」상의 개념이라기보다는 「민법」상의 개념으로서 「민법」 제664조에 따르면 당사자 일방이 어느 일을 완성할 것을 약정하고 상대방은 그 일의 결과에 대하여 보수를 지급할 것을 약정함으로써 그 효력이 발생하는 「민법」상의 계약을 의미한다.

즉, 도급에서 중요한 사항은 사람에 대한 계약을 한 것이 아니라 일에 대한 계약을 한 것이기 때문에 원칙적으로는 정해진 금액과 시간 안에서 약정된 일만 완성할 수 있다면 어떤 사람을 몇 명 써서 일을 완성할 것인가는 도급업체의 결정에 따른다. 이에 따라 하도급(도급받은 업무를 다시 도급주는 것)도 가능하다.

도급은 업무위탁자가 지휘명령을 할 수 없지만 기간은 약정된 일의 완성일로 하기 때문에 명시적인 제한이 없다. 따라서 도급계약을 하고 사실상 파견으로 업무를 수행하게 하는 불법도급이 이루어지기도 하며, 법적인 다툼이 종종 일어난다. 불법도급을 한 경우 근로한 근로자에 대해서는 고용의무가 발생한다.

파견과 도급은 어떻게 구별하는가?

파견근로자와 도급근로자를 구별하는 것은 중요하다. 왜냐하면 파견근로자는 2년이라는 사용기간의 제한이 있기 때문에 회사에서는 사용기간의 제한이 없는 도급의 형태로 근로자를 사용하는 것을 선호하는데, 지휘명령이 반드시 필요한 자리에도 도급의 형태로 근로자를 사용하여 불법도급, 나아가 고용의무에 대한 다툼이 발생하기 때문이다.

이처럼 근로자 파견과 도급의 구별에 있어서 핵심은 지휘명령권을 누가 행사하는가에 있다고 할 수 있다. 파견과 도급은 모두 제3자에게 고용된 인력으로부터 노동력을 제공받는다는 점은 동일하나 파견은 근로자의 근로제공 자체가 중요한 반면, 도급은 업무의 완료가 중요한 개념인 것이다. 결론적으로 만약 원사업자가 수급사업자의 근로자에 대하여 업무상의 지휘명령권을 행사한다면, 그 계약이 도급계약으로 꾸며져 있다고 하더라도 실제로는 근로자 파견과 동일한 것이 되어 파견법이 적용되는 것이다.

노동부는 『파견도급구별참고자료』에서 파견과 도급의 구별순서와 구별징표를 제시하고 있다. 요약하면 근로자 파견과 도급은 모두 3자 관계를 특징으로 하므로 3자 관계가 성립하지 않는다면 애초부터 파견과 도급을 구별할 필요가 없는 것이다. 여기서 문제가 되는 것은 도급에서 수급사업자가 사업주로서의 실체가 없는 형식적이고 명목적인 존재에 불과한 경우이다. 예를 들어 원사업자가 실체가 없는 제3의 회사를 설립하여 도급회사로 위장하여 노무대행기관의 역할을 수행시키는 경우이다. 이 경우는 원사업자와 도급근로자는 근로계약관계에 있는 것으로 추정하게 된다.

2007년 노동부, 법무부, 검찰이 함께 마련한 『근로자파견의 판단기준에 대한 지침』에서는 다음의 다섯 가지를 수급사업장의 사업주로서의 실체를 파악할 수 있는 기준으로 제시하고 있다.

① 채용 · 해고 등의 결정권
② 소요자금 조달 및 지급 책임
③ 법령상 사업주 책임
④ 기계 · 설비 · 기자재의 자기 책임과 부담
⑤ 전문적인 기술 · 경험과 관련된 기획 책임과 권한

그리고 수급사업자의 실체가 인정된다면 다음 단계로 아래에서 제시하는 지휘명령권 판단요소 다섯 가지를 종합적으로 고려하여 근로자 파견에 해당하는지 아니면 도급에 해당하는지의 여부를 판단하며, 특히 아래 ①·②·③은 그 주요 판단기준이 된다.

① 작업배치·변경결정권
② 업무 지시·감독권
③ 휴가·병가 등의 근태관리권 및 징계권
④ 업무수행에 대한 평가권
⑤ 연장·야간·휴일근로 등의 근로시간 결정권

비정규직 차별금지제도란 무엇인가?

2007년 7월부터 단계적으로 적용된 비정규직 차별시정제도는 사용자가 기간제, 단시간, 파견근로자 등 비정규직 근로자를 임금 및 그밖의 근로조건에 있어서 합리적인 이유없이 불리하게 처우하는 것을 금지하는 제도이다. 차별적 처우에 대해서는 노동위원회를 통해 시정할 수 있는 절차가 마련되어 있다.

이것은 비정규직 근로자의 모든 근로조건을 정규직 근로자와 동일하게 하라는 것이 아니고 합리적 이유없이 불리하게 처우하는 것을 금지하는 것이다. 따라서 생산성이나 숙련도 차이 등 합리적인 이유가 있으면 차등하여 대우하는 것이 허용된다.

비정규직 차별금지제도는 그 취지에도 불구하고 몇 가지 문제점을 안고 있다. 먼저 신청인 적격성이다. 아이러니하게도 사용자는 차별시정사건에 있어서 오히려 “기간의 정함은 형식에 불과하고 실질은 무기계약근로자이다”라고 주장하여 차별시정제도의 적용을 피하는 경우가 있다.

아울러 비정규직 근로자가 개인적으로 차별시정을 신청하는 경우 사용자의 협박과 회유, 계약갱신 거절 등으로 신청을 철회하는 경우가 많아 노동조합과 같은 단체의 힘을 빌려 신청하는 방안 등이 논의되고 있다.

그리고 도급의 경우는 원청 회사에 피신청인 적격성을 인정하지 않기 때문에 실질적인 차별시정이 어려울 수 있다는 점이 있고, 이외에도 차별의 합리적인 이유의 판단, 비교대상자가 누구여야 하는가의 문제, 차별시정 신청기간이 3개월밖에 안되는 문제 등이 논의되고 있다.

어떻게 고용형태를 조합하여 운영할 것인가? 고용형태를 결정하기 위해서는 앞에서 논의한 인력의 유연성, 인건비의 문제를 비롯하여 전략적으로 인력의 형태를 어떻게 조합하여 운영할 것인지를 고민해야 한다. 즉 직접 지휘명령할 수 있는 근로자의 형태에는 정규직, 직접계약직, 파견직으로 크게 나누어지는데, 이 고용의 형대를 필요에 따라 배치하여 비즈니스에 최대의 효과를 가져오고 효율적인 인력운영을 할 수 있는 방법을 생각해 볼 필요가 있다. 물론 노동시장과 일자리의 질 문제를 생각하면 되도록 정규직으로 채용하는 것이 바람직하겠으나, 현실적인 제약이 있는 경우 전략적인 고려가 필요하다.

여러 가지 방법 중 예를 하나 들자면, 업무의 성격을 분석하여 업무의 핵심성과 기밀유지의 필요에 따라 아래 [표 3−3]과 같이 근로형태를 고려할 수 있다고 생각한다.

[표 3-3] 근로형태의 결정

구 분	기밀유지 필요	기밀유지 불필요
핵심업무	정규직	계약직
비핵심업무	계약직	파견직

핵심적인 업무는 사업에 본질적인 성격을 가지고 있는 업무로서 조직 내에서 이루어져야 하며, 업무수행에 필요한 스킬이 조직 내에 유지되어야 하는 업무이다. 따라서 정규직이 수행하는 것이 바람직하나 핵심 업무임에도 불구하고 기밀유지가 필요하지 않으면 계약직이 수행하는 것도 고려해 볼 수 있다. 또한 핵심업무인데 업무를 익히는데 시간이 오래 걸리고 일정한 수준의 업무수행이 항상 유지되어야 한다면 기밀유지가 필요하지 않더라도 정규직이 수행하는 것이 좋겠다.

비핵심업무는 기밀유지의 필요성에 따라 계약직과 파견직으로 수행하는 것을 고려해 볼 수 있다. 비핵심업무는 보통 짧은 기간 동안 업무가 단절되어도 큰 영향이 없고, 업무를 수행하는데 필요한 스킬도 쉽게 익힐 수 있기 때문에 근로기간에 제한이 있는 계약직과 파견직의 사용이 용이하다. 이러한 조합을 통해 인력의 유연성과 인건비의 최적화를 성취할 수 있다.

Reference

적절한 고용방식과 인적자원 구성

Lepak & Snellm이 1999년 정의한 HR Configuration은 아래와 같다. 인적자원의 가치(기업의 핵심역량 실행에 있어서의 중요도) 및 인적자원의 독특성(시장에서 찾기 어려운 기업만의 독특한 스킬)에 따라 적절한 고용방식과 인적자원 구성을 제안하고 있다.

인적자원 독특성 \ 인적자원의 가치	(낮음)	(높음)
(높음)	회사간 협력 혹은 아웃소싱 • 고용방식 : 외부기관과의 제휴 • 고용관계 : 파트너십 • 인적자원 특징 : 회사간 협력체계 구축을 통해서 협력회사와의 정보공유, 신뢰구축, 상호협력이 이루어짐	핵심인재 • 고용방식 : 내부인재 개발 • 고용관계 : 조직차원의 노력과 투자 • 인적자원 특징 : 조직몰입 및 조직에 대한 충성심이 요구되며, 성과에 따른 보상, 경력개발제도 등이 필요함
(낮음)	임시 고용이나 파견 • 고용방식 : 계약에 의한 단기고용 • 고용관계 : 거래적이고 직무중심의 고용관계(충성과 몰입이 어려움) • 인적자원 특징 : 업무 프로토콜, 규칙 준수를 위한 모니터링이 필요함	외부 인력의 채용 • 고용방식 : 시장에서 확보 • 고용관계 : 조직과 개인의 이해가 일치하는 공생관계 • 인적자원 특징 : 시장에 바탕을 두고 업종간 이직이 자유로움

04

퇴 직
-나간다고 끝이 아니다

퇴직에는 어떤 의미가 있는가?

모든 회사원들이 적어도 한 번은 퇴직을 한다. 예전에는 퇴직이라고 하면 정년퇴직밖에는 떠오르지 않았지만 1990년대 후반 IMF로 대변되는 경제위기를 거치면서 오륙도(오십육세까지 다니면 도둑), 사오정(사십오세가 정년), 삼팔육(삼십팔세까지 직장을 다닐 수 있으면 다행) 등의 신조어까지 유행시키며 퇴직의 체감시기를 앞당겼다.

그러나 최근에는 회사생활의 끝을 의미하는 퇴직뿐 아니라 이직을 위한 퇴직이 많아지고 있는 추세이다. 앞서 얘기한 조기퇴직에 따른 고용불안이 회사에 대한 몰입보다는 본인의 경력에 대한 몰입을 하게 만들었기 때문이다. 즉 회사에 대한 충성심을 가지고 회사에서 대우해 주는 대로 만족하며 살아가는 것보다는 언제든지 회사를 옮길 수 있다는 마음을 가지고 이직을 위한 경력 개발로써 현재의 일에 충실한 사람들이 늘어가고 있다. 또 생각해 볼 수 있는 이유로는 어차피 직장생활을 오래하지 못하기 때문에 현재가치에 집착하는 경향을 보인다는 점이다. 즉, 예전에는 젊었을 때 월급을 조금 적게 받거나 승진 기회가 능력없는 고참에게 먼저 주어져도 장기적으로 보면 시간이 지남에 따라 다 보상을 받을 수 있다는 생각이 있었다. 하지만 이제는 회사를 언제까지 다닐 수 있을지 모른다는 생각 때문에 지금 당장 받는 보상이 훨씬 중요해졌다. 따라서 조금 더 높은 연봉을 위해서, 혹은 더 높은 지위를 위해서 이직을 하는 것은 아주 자연스러운 현상이 되었다.

결론적으로 이제 퇴직은 일생에 한 번 있는 것이 아니라 서너 번씩 겪는 일이 되었다고 해도 과언이 아니다. 따라서 퇴직절차, 퇴직에 따르는 의무와 권리를 잘 알고 퇴직진행을 해야 한다. 예를 들어 중요한 자리에 있는 사람은 입사시 계약이나 퇴사시 별도 계약에 의해 일정기간 경쟁사 취업을 금지당한다. HP의 CEO였던 마크 허드가 오라클(Oracle)의 공동 CEO로 취업하자 HP가 마크 허드를 상대로 소송을 제기한 것과 같은 일이다. 의외로 이러한 조항(경쟁사 취업 금지, 경업 금지, 유인금지 등)은 일반 직원들에게도 해당되는 경우가 많다. 물론 헌법상 보장되는 직업의 자유를 침해하지 않는 범위 내에서 기업들은 이러한 제약을 가하고 있다.

퇴직 처리 전 확인사항에는 무엇이 있는가? 담당자는 직원의 퇴직 처리시 먼저 서면사직서가 제출되었는지 확인한다. 퇴직절차는 직원이 사직서를 제출하면서 시작된다. 이때 서면사직서는 매우 중요한 의미를 가진다. 따라서 직원이 구두로만 사직 의사를 밝힌 경우에는 서면사직서를 반드시 받도록 한다. 사직서를 제출한 경우에는 후에 혹시 다툼이 생기더라도 자발적인 사직임이 법적으로 인정된다. 참고로 최근 판례에는 종이로 제출된 사직서가 아니라 이메일로 제출된 사직의사도 적법한 것으로 인정한 사례가 있다. 따라서 전자결제시스템을 운영하는 회사의 경우 취업규칙이나 사규 등에 이메일 또는 전자문서를 통한 사직의사 표현이 가능하다는 것을 명기해 놓는다면 굳이 종이로 제출된 사직서가 아니더라도 적법한 사직절차가 될 것이다.

둘째, 퇴직 통보기간이 적정한지 확인한다. 「근로기준법」에 의하면 퇴직자는 퇴직일로부터 한 달 전에 퇴직의사를 회사에 통보하여야 하며, 대부분 회사의 단체협약이나 취업규칙도 이에 의거하여 한 달의 퇴직 통보기간을 설정하고 있다. 이보다 길게 설정된 규정은 법에 의해 효력이 없고 통보기간은 한 달이 된다. 다만, 퇴직자와 회사의 합의에 의해 퇴직 통보기간을 이보다 짧게 하는 것은 가능하다. 해고의 경우는 회사 측이 해당 직원에게 적어도 한 달 전에 해고 통보를 할 의무가 있으며, 통보기간이 한 달에 미치지 못하는 때에는 모자라는 기간 동안의 통상임금을 해고예고수당으로 지급하면 된다. 예를 들어 해고일로부터 열흘 전에 해고 예고를 하였다면 20일치의 통상임금을 해고예고수당으로 지급하여야 한다.

셋째, 퇴직자의 개인적 특이 계약조건이 있는지 확인한다. 흔히 있을 수 있는 사항으로는 Sign-on Bonus, Retention Bonus, 일정기간 동안 경쟁사 취업 금지, 일정기간 동안 직원 유인 금지, Stock Option, RSU (Restricted Stock Unit) 등이 있다. 이외에도 각종 인센티브, 연간 보너스, 수당이 해당되는 기간이 언제까지인지 확인한다.

• Sign-on Bonus : 입사시에 1~2년 정도 기간을 설정하고 이 기간

이상을 근속할 것을 조건으로 일정 금액을 지급한다. 설정된 기간을 근속하지 않고 퇴사할 경우 지급된 금액을 전액 혹은 근속기간에 비례하여 반환한다.

- Retention Bonus : 재직 중인 핵심인재(High Potential, Top Talent)를 대상으로 지급하는 보너스이다. 지급시점을 기준으로 일정 기간을 근속하는 조건으로 일정 금액을 지급한다. 설정된 기간을 근속하지 않고 퇴사할 경우 마찬가지로 지급된 금액을 전액 혹은 근속기간에 비례하여 반환한다.

- 경쟁사 취업 금지 : 퇴직 후 일정기간(통상 6개월~1년) 경쟁사에 취업을 금지하는 조항이다. 통상적으로 조기퇴직 프로그램인 ERP(Early Retirement Program)에 의한 위로금이 지급되었을 경우와 일정 직급 이상의 임원이 입사시에 계약서에 명시된다. 만약 경쟁사로 이직하였을 경우에는 소송의 대상이 된다. 본 조항은 「헌법」상의 직업의 자유에 위배되지 않게 적정한 보상이 행하여졌을 때에만 효과가 있으며 기간도 과도하게 길지 않아야 한다. 통상 이러한 경쟁사 취업 금지 조항은 경업금지 조항(Non-compete agreement)의 일부이며 퇴사 후에 일정 기간 동안 현재 회사의 이익에 위배되는 영업행위 등을 금지하기 위한 것이다.

- 유인 금지 조항(Non-solicitation agreement) : 유인행위(Solicitation)란 퇴사자가 자신이 이직한 회사로 현재 재직 중인 직원을 스카우트하여 가는 행위이다. 유인금지 조항은 Non-compete agreement의 일부로 포함되기도 한다.

- 기밀유지 조항(Non-disclosure agreement) : 이 조항은 회사의 기밀은 물론 회사의 업무를 통해서 취득한 정보 또는 지적자산을 이직 후에 사용하지 않겠다는 내용으로 제조업 또는 컨설팅업 등에서 상당히 민감한 조항이다. 대부분의 회사가 퇴사시에 회사의 자료를 가지고 나가지 않도록 보안정책을 가지고 있으나 이를 원천적으로 차단할 수 없기 때문에 심심치 않게 이로 인한 소송이 일어나기도 한다.
- Stock Option, RSU : Stock Option과 RSU 모두 주식을 부여한 시점(grant)에서 일정 기간이 지나면 주식을 행사(exercise)할 수 있는 권리를 의미한다. 다만, Stock Option은 부여시 주식가격보다 행사시 주식가격이 높아야 그 차액만큼을 이익으로 받을 수 있으나 RSU는 부여시 주식가격은 의미가 없고 행사시 주식가격으로 주수(shares)만큼의 금액을 받을 수 있다. 통상 행사가능한 시점(주식이 vest되었다고 함)으로부터 일정 기간(10년을 적용하는 경우가 많으나 경우에 따라 다름) 동안 가지고 있다가 아무 때나 행사할 수 있는데, 퇴직을 하게 되면 이 권리가 일정기간 내에 소멸하는 경우가 대부분이다.

퇴직 인터뷰는 왜 필요한가?

앞서 설명한 퇴직 전 확인사항의 확인이 끝나면 퇴직자로부터 각종 회사 재산의 반납을 받는다. 개인에게 지급된 컴퓨터, 사원증, 출입카드, 각종 회사비품 등을 반납받고 사원계정을 삭제하여 이메일과 회사시스템의 접근권한을 없앤다.

마지막으로는 퇴직 인터뷰를 실시한다. 퇴직 인터뷰는 해당 관리자가 실시하는 것과는 별도로 인사부에서도 실시하는 것이 좋다. 아래 [표 3-4]에서 보듯이 스카우트가 조사한 퇴직사유의 순위를 살펴보면 '상사나 동료, 후배와의 불화'로 퇴사하는 경우가 41.2%로 1위를 차지한다. 그러나 실제로 퇴직 인터뷰를 실시해 보면 이보다 더 높은 것으로 생각되는데, 이러한 사유는 직속관리자에게 얘기하기가 곤란한 경우가 많기 때문이다.

[표 3-4] 퇴직사유의 순위

"회사 내 인간관계 불화가 퇴직사유 1위"(연합뉴스, 2007.10.23.)

직장인들은 회사 내에서 인간관계의 불화 때문에 회사를 가장 그만두고 싶어하는 것으로 나타났다.
취업 및 경력관리 포털 스카우트가 자사 회원 2천439명을 대상으로 '회사, 이럴 때 그만두고 싶다'란 주제로 설문한 결과, 97.5%가 '회사를 그만두고 싶을 때가 있다'고 답했다고 23일 밝혔다.
그 이유로 '직장상사나 동료, 후배와 마찰'(41.2%)이 제1순위로 꼽혔다. 이어 '적은 임금 또는 불안정한 급여체계'(34.1%), '성과평가에 대한 심한 스트레스'(15.6%), '잦은 부서 이동, 술자리 등으로 인한 스트레스'(5.3%) 등의 순으로 조사됐다.
스카우트 민병도 대표는 "회사를 그만두고 싶은 이유로 임금이나 성과평가에 대한 스트레스가 아닌 인간관계가 1위를 차지한 것은 시사점이 크다"며 "직장문화를 보다 효율적이고 근본적으로 개선하기 위한 투자가 설비나 시설투자만큼 중요하다"고 말했다.

이 외에도 퇴사자는 재직시에 직원만족도 조사를 할 때보다 편한 마음으로 재직기간 동안 아쉬웠던 점이나 개선해야 될 사항을 지적할 수 있다. 물론 주관적인 불만인 경우도 많이 있지만 여러 사람이 지적하는 사항이라면 더 이상 주관적인 불만이 아니라 객관적인 개선점이라고 볼 수 있다.

한 가지 유의해야 할 사항은 퇴직 인터뷰 내용은 필요한 경우가 아니면 공개하지 않는 것이 좋다. 앞서 언급했듯이 퇴직 인터뷰 내용이 퇴직자들의 주관적인 불만인 경우 그 불만을 그대로 전달하는 것은 재직하는 직원의 사기와 업무의욕을 떨어뜨리고, 대인관계에 악영향을 주는 경우가 많다. 그러나 여러 사람이 같은 내용을 얘기하거나, 객관적으로 보아 타당한 내용인 경우는 적절한 조치를 취할 수 있도록 한다.

퇴직연금제도란 무엇인가?

퇴사자 입장에서 가장 중요한 것은 퇴직금이다. 과거에는 모두 퇴직일시금제도를 시행하고 있었고, 다만 회사의 단체협약이나 취업규칙에 따라 퇴직금 누진제를 시행하거나 누진제와 단수제를 병행 시행하고 있었다. 현재는 퇴직연금제도로 이동하고 있는 과정인데, 정부의 방침에 따라 대부분의 회사가 퇴직연금제도를 채택할 것으로 보인다.

퇴직연금은 근로자 입장에서는 그다지 매력적이지 않을 수 있다. 실제로 주식시장이 활황이 아닌 때에는 근로자 과반수 동의를 받아 퇴직일시금제도에서 퇴직연금제도로 전환하기가 쉽지 않으며, 전환하더라도 근로자들은 확정급여형(DB : Defined Benefit) 제도를 선호한다. 또한 많은 사람들이 현재가치를 중요하게 생각하기 때문에 일정 나이(2013년 현재는 55세로 설정되어 있음)부터 연금의 형식으로 매월 얼마간 주어지는 퇴직연금이 달갑지 않을 수 있다. 또한 대기업을 비롯하여 재정이 튼튼한 회사의 근로자들은 회사가 망해서 퇴직금을 못 받게 될 수도 있다는 생각을 하지 않는 경우가 대부분이기 때문에 반발이 있을 수 있다.

하지만 주변을 한 번 둘러 보자. 열심히 다니던 회사가 망해 간신히 법에 의해 3년치 퇴직금(3개월치 평균임금)만을 손에 쥔 채 떠밀린 사람들, 일평생 다닌 회사에서 받은 퇴직금으로 사업에 잘못 투자하거나 사기를 당해 노후대책이 막막해진 사람들을 흔히 찾아볼 수 있다. 따라서 퇴직연금은 장기적으로 근로자들의 퇴직 후 삶을 보호하고 점차 증가하고 있는 노령인구에 대한 사회 전체의 부담을 줄여 노령화 시대에 대비하기 위해 필요한 제도이다. 한편, 회사 입장에서는 퇴직충당금 적립에 대한 부담을 덜고, 퇴직연금에 대한 면세혜택을 누릴 수 있다.

이러한 취지에서 현 「근로기준법」 제34조는 "사용자가 퇴직하는 근로자에게 지급하는 퇴직급여제도에 관하여는 「근로자 퇴직급여 보장법」이 정하는 대로 따른다"라고 하여 퇴직급여제도를 정하고 있다. 또한 제36조에서는 "사용자는 근로자가 사망 또는 퇴직한 경우에는 그 지급 사유가 발생한 때부터 14일 이내에 임금, 보상금, 그밖에 일체의 금품을 지급하여야 한다. 다만, 특별한 사정이 있을 경우에는 당사자 사이의 합의에 의하여 기일을 연장할 수 있다"라고 하여 퇴직 후 14일 이내에 퇴직금을 비롯한 모든 금품청산이 이루어질 것을 규정하고 있다.

퇴직일시금제도를 설정한 경우 「근로자 퇴직급여 보장법」이 정하는 바에 따라 계속근로기간 1년에 대하여 30일분 이상의 평균임금을 퇴직금으로 지급해야 한다. 쉽게 생각하여 1년을 재직하였으면 평균임금 한 달치를 받을 수 있다고 보면 된다. 기간은 일할계산하므로 하루라도 더 근속하였으면 그만큼 퇴직금은 많아지게 된다.

'평균임금'이란 이를 산정하여야 할 사유가 발생한 날 이전 3개월 동안에 그 근로자에게 지급된 임금의 총액을 그 기간의 총일수로 나눈 금액을 말한다. 평균임금은 최근 3개월간 지급된 임금의 총액이므로 추가근로수당과 보너스 등을 모두 포함한다. 단, 평균임금을 높이기 위해 퇴직 전 3개월간 평소와 다르게 과도한 추가근로를 하는 경우에는 추가근로수당을 평균임금에 산입하지 아니한다. 연간 지급되는 성과보너스는 지급시기에 관계없이 월할계산한다. 그러나 영업인센티브와 같이 영업결과에 따라 달라지는 지급액은 평균임금 산정에서 제외하는 경우도 있다. 개인적으로는 이러한 규정은 연봉제 도입을 촉진하고 경제위기 때 어려웠던 기업의 사정을 고려해 주기 위해 법이 허용한 바람직하지 않은 관행이라고 생각한다.

한편, 「근로자 퇴직급여 보장법」은 "사용자는 근로자의 요구가 있는 경우에는 근로자가 퇴직하기 전에 당해 근로자가 계속 근로한 기간에 대한 퇴직금을 미리 정산하여 지급할 수 있다. 이 경우 미리 정산하여 지급한 후의 퇴직금 산정을 위한 계속근로기간은 정산시점부터 새로이 기산한다"라고 규정하여 퇴직금 중간정산의 길을 열어 놓았다. 퇴직금 중간정산은 근로자의 요구가 있는 경우 반드시 해줘야 하는 것이 아니므로 회사에 따라서는 퇴직금중간정산제도를 가지고 있지 않은 경우도 있다. 퇴직금의 본질은 근로의 대가를 퇴직시 지급하는 '임금후불'이라고 보는 시각이 많다. 이렇게 임금의 일부를 퇴직시 지급하게 해 놓은 취지를 살려 퇴직금 중간정산은 무제한 허용할 것이 아니라 제한적으로 운영되는 것이 바람직하다고 생각하며, 이러한 방향으로 관련 법이 개정되고 있다. 2012년 7월부터 퇴직금 중간정산은 퇴직연금 및 기존 퇴직일시금제도 모두 동일하게 무주택자가 주택마련시, 본인 혹은 부양가족이 질병 또는 부상으로 6개월 이상 요양하는 경우, 임금피크제로 인해 근로자의 임금이 줄어드는 경우, 근로자가 파산한 경우, 천재지변의 사유 발생시에만 가능하다.

퇴직금 정산은 퇴직연금제도로 변동되면 약간의 차이가 생긴다. 크게 보아 확정급여형(DB : Defined Benefit)은 이전 퇴직일시금제도와 동일한 금액을 받을 수 있다고 생각하면 되고, 확정기여형(DC : Defined Contribution)은 투자수익에 따라 금액이 상당히 달라질 수 있다.

법에 따른 용어를 설명하면 '확정급여형 퇴직연금'이라 함은 근로자가 지급받을 급여의 수준이 사전에 결정되어 있는 퇴직연금을 말한다. 따라서 연금의 운용수익에 대한 리스크는 사용자가 지게 되고, 근로자는 운용수익과 관계없이 정해진 금액을 받게 된다.

반면, '확정기여형 퇴직연금'이라 함은 급여의 지급을 위하여 사용자가 부담하여야 할 부담금의 수준이 사전에 결정되어 있는 퇴직연금을 말한다. 따라서 사용자는 매년 정해진 부담금만 지급하고 운용은 개인이 하게 되어 투자수익에 대한 리스크 및 수익은 근로자의 몫이 된다. 그러나 확정기여형의 경우에도 법적으로 40%까지만 주식에 투자할 수 있으며, 100% 원리금보장(원금과 이자 보장)을 할 수 있는 상품을 지정할 수 있게 되어 있다. 투자성향이 매우 보수적인 사람의 경우 100% 원리금 보장 상품을 선택하면 이자율이 임금인상률과 같다고 가정했을 때 수익률은 확정급여형과 동일하게 된다. 회사 입장에서는 확정기여형 퇴직연금이 회계처리상 매년 퇴직금에 대한 금액을 처리할 수 있기 때문에 선호하는 경우가 많다.

'개인퇴직계좌'(IRP, Individual Retirement Pension)라 함은 퇴직급여제도의 일시금을 수령한 자 등이 그 수령액을 적립, 운용하기 위하여 퇴직연금 사업자에게 설정한 저축계정을 말한다. 퇴직일시금제도에서는 몇 번의 이직을 거치면 이직시마다 퇴직금을 정산하게 되어 마지막 퇴직시 퇴직금의 액수는 얼마 되지 않는다. 이 경우 이직시마다 받은 퇴직금은 큰 금액도 아니고 유야무야 소비해 버리는 경우가 많아 퇴직금이 노후생활 보장의 수단이 되지 못했다. 그러나 '개인퇴직계좌'를 가지고 퇴직금을 이직시마다 넣어 두면 마지막 퇴직시에 총근로기간 내내 한 회사를 다닌 것과 같은 금액의 퇴직연금을 기대할 수 있다.

퇴직연금 도입단계는 노동부에서 제시한 자료(www.moel.go.kr/pension)를 참고하면 크게 도입준비, 제도선정, 제도설계의 3단계로 나뉜다. 도입준비에서는 제도 이해, 협의체 구성, 추진계획 수립의 활동을 하고 제도선정 단계에서는 현황진단 및 요구분석, 퇴직연금제도 선정의 활동을 한다. 마지막 제도설계단계에서는 규약 작성, 퇴직연금 사업자신청, 규약 동의 및 신고의 활동을 거친다. 말로 설명하면 간단하지만 퇴직금 누진제가 있는 사업장, 합병과 취업규칙 변경 등으로 여러 개의 퇴직금제도가 있는 사업장에서는 제도설계 자체가 복잡하며 여러 이해관계자를 만족시킬 만한 제도를 만드는 것은 쉬운 일이 아니다. 또한 노사관계가 경직되어 있는 사업장은 근로자 과반수의 동의를 받는 것도 매우 어려우므로 제도 도입에만 적어도 6개월 이상의 충분한 기간을 두고 시작하도록 한다. 여유가 있는 기업이라면 퇴직연금 도입에 대한 컨설팅을 Mercer, Towers Watson, Aon Hewitt 등과 같은 인사컨설팅회사로부터 받는 것이 좋다. 이는 객관성과 전문성을 확보할 수 있기 때문이다. 한편, 은행, 증권사, 보험사로 나뉘어지는 운용사는 그 수가 매우 많으므로 운용사 선정에 대해서도 컨설팅회사의 도움을 받을 수 있다.

PART 4

평가와 보상

01
평 가
-객관적인 평가는 없다

왜 평가를 하는가?

돌이켜 보면 초등학교 때 매 학기가 끝나고 방학이 시작되는 그 즐거운 날 아이들 손에 어김없이 '성적표'가 쥐어졌다. 성적표에는 열 개 가까운 각 과목별로 '수우미양가(秀優美良可)'라는 5단계 평점의 결과가 빼곡하게 적혀 있었고 무엇이 적혀 있는지에 따라 아이들의 반응은 매우 달랐다.

적지 않은 사람들이 성적표를 받는 일은 괴로운 일이고 '행복은 성적순'이 아니지만 어느 누구도 '시험' 그리고 '성적'의 필요성이나 중요성을 가벼이 생각하는 사람은 없을 것이다.

평가는 누구에게나 참 부담스러운 절차이다. 평가를 하는 사람이나 평가의 대상이 되는 사람이나 뒤끝이 남기 마련이기 때문이다. 평가가 끝나고 나면 "아하!" 하고 명쾌하게 끝나기보다는 "아~" 하고 한 구석이 찜찜하다. 또한 평가를 제대로 하기 위해서 평가자는 상당한 시간과 노력을 들여야 하고, 이를 뒷받침할 만한 시스템도 요구된다.

품질전문가인 W. Edwards Deming은 성과가 개인의 능력이나 노력의 결과라기보다 개인의 통제범위 밖에 있는 무작위적 요소들로부터 나오기 때문에 성과평점은 '복권'처럼 운에 맡길 수밖에 없고 따라서 '성과평가'를 미국의 경영을 망치는 7가지 치명적인 질병(deadly disease) 중의 하나로 보았다. 그리고 성과평가가 회사의 실제적인 가치향상과는 무관하다는 연구결과도 있다.

그럼에도 불구하고 거의 모든 회사들은 매년 인사평가를 시행한다. 그만큼 쓸모가 있다는 뜻이다. 아니 그냥 쓸모있는 정도가 아니라 회사에서 평가의 결과는 전가(傳家)의 보도(寶刀)처럼 아주 많은 결정사항에 결정요소 혹은 참고요소가 된다. 널리 알려진 바와 같이 인사평가 결과는 차별적인 보상(기본급, 보너스, 인센티브, Stock Option)의 기준이 되고 승진, 직무이동, 승계계획(Succession Plan) 등의 결정요소이며, 때에 따라서 이를 바탕으로 해고를 포함한 징계를 결정하기도 한다. 직원의 입장에서는 본인의 강점과 약점에 대한 피드백을 구할 수 있는 절차인 동시에 이를 통해 경력을 설계하고 개발 필요사항을 찾아내어 개발계획(individual development plan)을 수립하는 근거가 되기도 한다.

무엇을 평가하는가?

회사생활을 처음 시작할 때 소위 회사용어 중 하나로 '눈도장'이라는 말을 배운다. 연말이 가까워지면 농담처럼 누구에게 '눈도장'을 찍어야 한다거나, 평가 시즌에는 몸을 사려야 한다든지 광을 잘 팔아야 한다는 말들을 하게 된다. 단지 정도와 표현의 차이가 있을 뿐 아무리 글로벌 기업이라 하더라도 평가 시즌에는 누구나 좋은 인상, 좋은 성과를 보여주고 그것을 부각시키고 싫어하는 것은 당연지사이자 인지상정일 것이다.

대개 평가는 단지 명칭만 달리할 뿐 2가지 혹은 3가지 종류를 벗어나지 않는다. 이들 중 절대로 빠지지 않는 것은 '성과'에 대한 평가이다. 일정 기간 동안 직원이 업무목표를 성취한 정도를 평가하는 성과평가는 성과평가, 기여도평가, 업적평가 등으로 다양하게 불려지며, 인사평가의 가장 기본이다. 성과평가는 조직의 목표에 대한 기준을 제시하여 직원으로 하여금 조직의 목표를 자각하고 이에 맞게 행동하도록 하려는 목적을 가지고 있다.

'성과'에 대한 평가를 제외한 나머지 2개의 평가 종류는 기업의 문화와 특성에 따라 약간씩 차이가 있기는 하지만 본질은 대동소이하여 '능력 혹은 역량'과 '자질 혹은 태도'에 대한 평가이다. 이 두 가지를 병합하여 1개의 평가항목으로 측정하기도 한다. 예를 들면, GE(General Electric)는 해당 직원이 얼마나 GE의 가치(Value)에 따라 행동하였는지 평가를 하고 더불어 얼마나 독보적인 기술(Unique Skill)을 보유하고 있는지를 평가하고 있고, 마이크로소프트는 조금 변형된 형태로 직원의 역량과 성장가능성을 고려하여 미래의 공헌도를 측정하는 평가를 하고 있다(이 평가항목은 2011년부터 단일 Rating 1, 2, 3, 4, 5로 통합됨).

결국 평가는 'What(성과/결과)'과 'How(능력/자질)' 이 두 가지에 대한 측정을 여러 다른 명칭과 다양한 방식을 이용해 행하고 있다고 보아야 할 것이다. 성과평가의 기법은 상대적인 평가를 하여 순위를 매기는 서열법, 2명씩 비교해가는 쌍대비교법, 특정비율로 할당하는 강제할당법, 표준적 인물을 정해놓고 직원을 배분하는 표준인물비교법 등이 있다. 그리고 행동을 평가하기 위해서는 중요사건 기술법, 체크리스트법, 행동기준 고과법 등을 사용하고, 결과를 평가하기 위해서 목표관리법(MBO : Management By Object) 등을 사용하고 있다.

실제 회사의 예를 들면 성과평가로 목표관리법(MBO−Management By Objective)을 근간으로 하여 비율을 할당하는 강제할당법을 사용하고, 판단의 기준으로는 중요사건 기술법에 행동기준 고과법을 가미하는 형태로 사용하는 경우가 있다. 즉, 연초에 직원들에게 올해의 목표(objective)를 설정하도록 하고, 연말이 되면 관리자는 직원평가를 실시하여 일정 비율의 직원에게는 높은 평가점수를 주고, 일정 비율에게는 중간 점수, 그리고 나머지 직원에게는 낮은 점수를 주게 된다. 어떤 직원에게 높은 평가점수를 줄 것인가는 평가기간 동안 직원들이 보여준 직무성과에 관련된 주요한 행동을 기준으로 판단하여 결정하게 된다. 아래에서는 주로 MBO를 기준으로 성과평가에 관한 이야기를 하고자 한다.

MBO는 유효한가?

흔히 신입사원을 대상으로 하는 목표관리법 교육에 가보면 강사들이 가장 먼저 시키는 일이 바로 목표를 '쓰도록' 하는 것이다. 그만큼 '쓰는' 일은 엄청난 강제력을 가진다. 직원들의 목표도 마찬가지로 '써놔야' 한다. 눈에 보이고 손에 닿을 수 있는 목표가 있을 때 그 목표를 달성하기 위해 계획적이고 안정적으로 노력할 수 있고 또한 그 목표를 기준으로 평가도 가능하기 때문이다. 말하자면 직원과 관리자가 특정 날짜까지 달성할 목표를 설정하고 계약서를 작성하는 것과 같은 것이다.

목표를 설정할 때는 SMART의 원칙을 적용하는 것이 좋다. 첫째, 목표는 달성해야 할 성과가 구체적이어야 한다(Specific). 즉, 누가(목표주체), 무엇을(목표항목), 언제까지(달성기간), 얼마만큼(목표치 또는 달성기준) 달성하는 것인지를 구체적으로 나타내야 한다. 둘째, 목표는 측정가능한 것이어야 한다(Measurable). 즉, 계량화할 수 있는 목표들은 정량적으로 수치화하여 측정하도록 하고 측정하기 어려운 정성적인 목표들은 완료 정도, 업무결과의 질적 수준 등을 통하여 측정할 수 있도록 하여야 한다. 셋째, 목표를 실천하는데 행동지향적이어야 한다(Action－oriented). 넷째, 전체 목표와 연계되어야 한다(Relevant). 다섯째, 결과를 기대하는 구체적인 완료시점을 가지고 시간이 구체적으로 명시되어야 한다(Time－bounded).

이렇게 설정된 목표를 어떻게 실천할 것인지 작성하고, 목표달성 여부는 어떻게 측정할 것인지도 함께 제출한다. 회사에 따라 성과목표는 'Goal', 'Objective', 'Personal Commitment' 등으로 부르며, Metric이라는 이름으로 목표달성 측정수단을 설정한다. 설정된 평가기간이 끝나면 매니저는 그 성과를 평가하여 직원에게 피드백을 하게 된다.

물론 현실적으로 목표를 아무리 SMART하게 작성하려 해도 SMART하게 작성하기 어려운 요소들이 너무 많다. 그 첫번째 이유는 경영환경이 너무 빨리 바뀌어서 1년에 한 번 작성된 목표로는 급격한 변화나 유동적이고 복잡한 환경을 반영한 목표설정이 불가능하기 때문이다. 특히 MBO는 조직차원에서 위에서 내려오는 Top－Down 방식으로 조직의 전략목표가 수립된 뒤 이와 연계된 직원 개인의 목표를 수립하는 방식이므로 거대조직에서 민첩하게 변화에 대응한 목표설정은 거의 불가능하다고 보아야 할 것이다. 이러한 문제점 때문에 많은 회사들은 관리자의 승인하에 언제든지 개인의 목표를 수정이 가능하도록 여지를 남겨두었다. 예를 들면, 마이크로소프트의 경우 상반기가 끝나는 시점에서 'Check-in'이라는 공식적인 절차를 통해 설정된 목표가 합당한지 변경, 추가, 삭제해야 할 목표가 없는지 검토하고 있으며 한국 화이자제약에서는 'Mid-Year Review'라는 이름으로 같은 절차를 거치고 있다.

목표설정이 어려운 두번째 이유는 정량화하여 측정하기 어려운 업무들이 상당부분 존재한다는 것이다. 영업조직처럼 명확하게 개인실적목표가 금액 혹은 숫자로 주어지는 경우와는 달리 인사업무를 하고 있는 개인적인 입장에서 보면 매년 목표를 설정하는 것은 상당히 어려운 작업이다. Scorecard나 KPI(Key Performance Indicator) 등으로 일부 성과들이 정량화되긴 하겠지만 인사업무의 결과들은 단지 숫자로 표현되는 것 이상으로 눈에 보이지 않는 것이 많기 때문에 그것을 측정가능한 형태로 만드느라 매년 진땀을 빼고 있다.

세번째 목표설정의 어려운 점은 위에서 아래로 내려오는 목표에 대해서 직원의 의견을 반영하거나 수평적인 분담이 이루어져서 직원이 개인의 목표에 대해 책임감을 가지게 하는 것이 어려운 데 있다. 특히 한국의 회사들처럼 위계질서가 분명한 조직 내에서 주어진 목표에 대해서 수용할 수 없다고 '반기'를 드는 것은 목표에 대한 '반기'가 아니라 조직 혹은 상사에게 '반기'를 드는 것으로 오해를 받을 소지가 많다. 따라서 MBO의 취지와는 달리 일단 목표는 받되 평가할 때 다시 협의하여 조정하는 행태가 벌어지기 일쑤이다.

그럼에도 불구하고 많은 글로벌 기업들이 MBO방식을 고수하는 데는 이유가 있다. 즉, MBO가 조직구성원들이 조직의 성과를 개인의 성과와 연계하여 계량화된 목표를 자율적으로 설정하여 목표를 달성하며 달성 결과를 평가받는 일련의 관리시스템으로서 여전히 구성원의 성과를 공정하고 합리적으로 평가할 수 있는 가장 유효한 방식이라고 생각하기 때문이다.

평가는 왜 어려운가?

학교성적이 결국 점수 그리고 '수우미양가' 혹은 '123등급' 'ABCDF'와 같은 몇 개의 평가 등급으로 나오는 것처럼 인사평가도 여러 가지 방식과 절차를 거쳐 실제 마지막에 남게 되는 것은 '평점(Rating)'이다. 평점은 회사에 따라서 'S－A－B－C－D', '1－2－3－4－5'와 같이 기호형태로 구분되기도 하고 마이크로소프트나 화이자제약처럼 'Exceeded/Achieved/Underperformed(마이크로소프트, 2011년부터 1, 2, 3, 4, 5평점으로 변경)', 'Exceptional Results/Significantly Exceeded/Exceeded/Consistently Met/Partially Met/Deficient/Significantly Deficient(화이자제약)' 같은 언어표현으로 구분되기도 한다.

삼성전자는 2010년 초 평가등급을 8단계(A^+, A, B^+, B, C^+, C, D^+, D)에서 Excellent/Very Good/Good/Need Improvement/Unsatisfactory의 5단계로 축소했다.

이러한 조치를 취한 이유는 현실적으로 C 이하 등급을 받는 직원들이 많지 않은 데다 인재라고 자부하는 직원들이 B등급 이하 평가를 받을 경우 느끼는 사기저하를 고려한 것이라고 한다. '실제 C 이하의 등급이 많지 않았다'는 것은 전형적인 평가의 관대화 오류를 보여주는 것이다. 평가는 사람이 하는 것이고 사람에 대한 것이다. 또한 그 사람은 하루 중 많은 시간을 나와 같은 공간에서 얼굴 맞대고 일을 하는 동료, 부하, 상사이다. 따라서 평가의 오류는 오히려 자연스러운 일이라고 볼 수 있지만, 평가자는 이러한 오류를 최소화하고 피평가자가 이해하고 납득할 만한 객관적인 평가를 하도록 노력해야 한다.

평가의 오류는 엄밀히 표현하여 평점을 부여하는 데 있어 평가자가 흔히 경험하는 오류들이다(출처 : 『Human Resource Management』 : Ghee Soon Lim, Robert L. Mathis. John H. Jackson).

첫째, '기준의 부재'로 비슷한 성과에 대해 다른 평점을 부여하게 되는 오류가 있다.

둘째, '최근 효과(Recency Effect)'로 최근에 발생한 성과에 대해 더 높은 평점을 부여하는 오류이다. 이러한 오류 때문에 서두에 언급했던 소위 '눈도장'이나 '평가 시즌 큰 거 한방'이 효력을 발휘하는 것이다. 반대로 '초두효과(Primacy 효과)'라고 하여 평가자가 처음 받게 된 정보에 대해 가중치를 부여하는 오류도 있다.

셋째, '중심화 · 관대화 · 엄격화의 오류'로 평가자가 대다수 피평가자를 중간등급, 때로는 상위등급 혹은 하위등급으로 치우치게 평가하는 오류이다. 경험상으로 보면 한국에서 엄격화의 오류를 범하는 관리자는 거의 없고 주로 관대화를 많이 보여주고 있다. 이러한 오류는 대개 강제할당을 하는 방식으로 해결하게 되는데, 주로 Calibration이란 과정을 통해서 같은 평점에 있는 같은 비교대상의 직원들을 한 테이블에 올려놓고 해당 부서장들이 협의와 논쟁을 거쳐 평점을 강제할당하는 방식을 사용하고 있다.

넷째, '선입견의 오류'로 평가자가 피평가자에 대해 외모, 성별, 연령, 종교 등의 성과 이외의 요소가 평점에 영향을 미치는 경우이다.

다섯째는 '후광효과'로 부분적인 성과 혹은 일반적인 인상이 전체 평가에 대해 영향을 미치는 오류이고, 그 반대의 경우로 '도깨비뿔 효과(Horns Effects)'도 있다. 특히 골품제로 풍자될 만큼 한국에서는 '학력'에 대한 후광효과가 많이 발생한다.

여섯째는 '대비효과(Contrast Error)'로 평가기준에 근거해서가 아니라 다른 사람과 비교하여 평가하게 되는 오류이다.

일곱째는 '유사오류(Similar to me errors)'로 피평가자가 자신과 유사한 점이 있는 경우에 좋은 평가를 주는 오류이다. 예를 들어, 같은 학교 출신, 동향 출신 등에 대해 좋은 평가를 하게 되는 오류이다.

마지막으로 'Sampling Error'로 일부 성과에 대해 전체 평점을 부여하는 오류가 있다.

이러한 수많은 오류들을 전부 피해서 평가를 하고 평점을 부여해야 하니 관리자의 역할은 정말 만만치 않다. 그러나 이런 오류를 관리자 개인의 교육이나 역량으로 모두 피하기에는 쉽지 않기 때문에 회사는 평가의 객관성을 담보하기 위한 여러 장치들을 마련해 놓는다.

객관적인 평가가 되기 위한 가장 일반적인 시도는 성과를 계량화하는 것이다. KPI(Key Performance Index)나 Scorecard를 활용하는 것이 대표적인 예이다. 그러나 이 역시 '그 지표들이나 기준들을 어떻게 객관적으로 설정하느냐', '결과를 어떻게 해석하느냐'에 대한 객관성을 검증하다 보면 결국 객관성을 찾는 무한루프에 빠져서 평가를 불필요하게 복잡하게 만들 수 있다. 개인적으로 "결국 평가는 주관적이고 객관적인 평가는 없다"라는 전제를 인정하고 오히려 주관적인 평가에 대해 '주관'을 가지고 직원들에게 결과를 최대한 '객관적'으로 피드백해주는 것이 훨씬 더 공정한 평가가 될 것이라고 생각한다.

두번째, 객관적 평가를 위해서 평가를 1년에 한 번이 아니라 수차례로 횟수를 늘려서 객관성을 확보하는 것이다. 연중 중간평가를 시행하거나 일상적이고 정기적인 관리자와 1 : 1회의를 통해서 직원의 성과에 대하여 지속적인 업데이트를 하고 관리자는 이에 대해 조언과 방향을 제시할 수 있는 기회를 가지는 것이다. 이 과정은 매우 중요하고 여러 가지 의미를 가진다. 단순히 현재의 성과를 확인하고 향후 업무에 대한 계획을 하는 것이 아니라 상사로부터 혹은 다른 사람으로부터 어떤 도움이 필요한지, 어떤 역량을 개발해야 하는지, 앞으로 나의 경력을 어떻게 성장시켜야 하는지 그리고 개인적인 측면에서 일과 가정의 균형은 어떤지를 확인하여 업무와 조직의 몰입도를 높이고 상사와 부하직원간의 신뢰를 형성하는 과정이다.

평가를 객관화하기 위한 세번째 시도는 여러 사람이 평가에 참여하는 것이다. 채용면접 때도 한 사람의 주관적인 평가가 당락을 결정하는 것을 방지하기 위해 1차, 2차 그리고 집단토론, 프리젠테이션, 합숙면접, 심지어는 술자리 면접까지 여러 단계를 설정하고 여러 사람을 개입시켜 객관성을 확보하고자 한다. 구글의 경우는 인재를 채용하기 위해서 채용위원회를 구성하여 적어도 6차례 이상의 면접을 보는 것으로 유명하다. 평가에서 여러 사람을 참여시키는 방법은 다단계 평가(1차, 2차, 3차)를 하거나 다수의 관계자가 참여하여 평가위원회를 구성하여 평점을 확정하는 집단평가를 하거나 혹은 360도 다면평가를 통해 다양한 시각과 의견을 구하는 것이다. 잘 알려진 대로 360도 다면평가는 나를 중심으로 상사, 부하, 파트너, 고객, 동료 등의 업무상 많은 관계자들을 평가에 참여시켜서 피드백을 구하는 것이다. 그러나 360도 다면평가와 같은 자료들은 순수하게 참고자료로 활용하고 개인의 역량을 개발하는 것을 주목적으로 사용하는 것이 바람직하다. 평가에 대해서는 책임져야 할 사람이 책임을 지는 것이 맞기 때문이다.

피드백은 왜 중요한가?

결론적으로 '객관적인 인사평가'란 없기 때문에 더욱 중요해지는 것이 피드백이다. 효과적이고 건설적인 피드백은 주관적인 평가의 한계를 극복하고 직원들이 더 나은 성과를 낼 수 있도록 변화된 혹은 강화된 행동을 이끌어낸다. 효과적인 피드백을 위한 수많은 지침과 Tip들이 있다. 여기에 그것들을 구구절절이 나열하고 싶지는 않은데 사실 내용을 들여다보면 "구체적으로,

행동 중심으로, 적절한 시기에 하라"고 하는 너무나 상식적인 이야기이고 뻔한 사실이다. 그러나 역설적으로 보면 그만큼 효과적인 피드백이 잘 안되고 있고 어렵다는 뜻이다. 결국 해결책은 앞서 언급한 바 있는 1 : 1 개별면담과 같은 절차를 통해서 자꾸 연습을 해보는 것이다. 지속적인 의사소통으로 관리자와 부하직원 사이에 탄탄한 신뢰가 쌓인다면 결국 주관적인 평가도 상대방이 객관적으로 받아들일 것이다.

Reference

성과관리의 예

1. 잭 웰치(Jack Welch)의 활력곡선

경영의 귀재라고 불리는 잭 웰치 회장은 1981년부터 2001년까지 20년간 거대기업 General Electric을 이끌어 왔다. '1등 아니면 2등. 고치고 팔고 닫아라'라는 전략으로 무분별한 다각화 전략으로 비대해진 조직을 축소하였고, Work-out이나 Six Sigma 등의 문화적 혁신을 통해 관료주의를 타파하고 효율성을 제고하여 GE를 변화시켜 20년간 회사가치를 약 40배 성장시켰다. 잭 웰치의 인재전략에 있어 가장 중요하게 언급되는 것이 바로 '활력곡선(Vitality Curve)이다.

활력곡선이란 개인의 성과와 얼마나 회사의 가치에 맞게 일을 하는가 하는 2가지 평가를 조합하여 Top20%/Middle 70%/Bottom10%를 구분해 내고(현재 GE에서 사용하는 용어로 보면 Top Talent/Highly Valued/Less Effective) 상위 20%에 대해서는 핵심 정예인재로 최고의 보상과 함께 리더로 성장시키고 중간 70%는 육성의 대상으로 적절한 보상을 하고 하위 10%는 회사를 떠나도록 하는 것이 그 내용이다. 소위 'Rank & Yank(평가하고 해고한다)'라고도 불리는 이 인사시스템으로 인해 잭 웰치는 중성자탄(Neutron Jack)이란 별명을 얻기도 했다. 중성자탄은 건물은 그대로 두고 사람만 살상하는 폭탄이다.

이러한 활력곡선은 무의미한 경쟁만 확대시켜서 조직의 사기를 떨어뜨린다는 측면과 개인의 성과와 능력은 지속적으로 변경가능하다는 전제를 무시했다는 측면 그리고 인간행동학적 측면에서 지속적으로 상위 20%를 보상하고 하위 10%를 제거한다면 상당한 시간 뒤에는 20%가 많아지고 10%가 적어질 것이라는 측면에서 비판을 받고 있다.

하지만 활력곡선의 가장 큰 포인트는 10%를 해고한다라는 점보다 오히려 B－Player인 70%가 회사의 주요한 성과를 창출하므로 따라서 70%에 주목하고 육성하라는 점이라는 것을 알게 된다면 현재도 적용할 수 있는 유효한 사례라 할 것이다.

2. PIP(Performance Improvement Program)

대다수 글로벌 기업의 인사팀은 Performance Management의 역할을 수행한다. Performance Management(성과관리)란 조직구성원에게 일정한 목표를 제시하고 성과목표를 달성하도록 관리하는 것인데 실무에서는 저성과자(Low Performer)의 관리를 통해서 성과를 끌어올리거나 혹은 퇴출하는 것이 큰 몫으로 자리하고 있다. 많은 글로벌 기업들이 저성과자의 관리로 활용하고 있는 프로그램이 PIP(Performance Improvement Program)이다. PIP는 성과평가 결과 최하위등급으로 분류된 직원들을 대상으로 하고 아래와 같은 절차로 진행되는 것이 일반적이다.

① 대상자의 선정 : 성과평가 결과 최하위등급을 받은 인원 가운데서 부서장이 PIP가 필요하다고 판단한 경우 대상을 선정한다. 회사에 따라서는 최하위등급 인원 전원이 무조건 프로그램에 가입하도록 규정한 경우도 있다.

② 인사팀/상위 임원 승인 : 대상자에게 성과향상을 위한 어떤 과제를 부여할 것인지 어떻게 정량적으로 평가할 것인지 정의한 내용에 대해 인사팀과 상위 임원의 승인을 받는다. 경우에 따라서는 PIP가 해고로 이어질 수도 있으므로 대표이사의 승인을 받는 회사가 많다.

③ 대상자 통보 및 목표합의 : 대상자에게 프로그램의 취지와 목표를 통보해 주고 목표에 대한 합의를 한다. 향후 발생할 수 있는 분쟁에 대비하여 합의서를 작성하여 서명 날인하는 것이 좋다.

④ PIP 시행 : 한 프로그램의 주기를 정하는 것 역시 부서장, 인사팀이 협의해야 할 사안이지만 많은 경우 3개월 정도로 1차 프로그램을 진행한다. 프로그램 진행 중에는 주간보고와 평가를 통해 진척도를 확인

하는 것이 좋다.

⑤ 평가 : 1차 프로그램의 성과에 대해 기존에 수립한 목표를 달성했는지 여부를 부서장과 상위 임원이 평가하여 등급을 정한다. 합격/불합격으로 표시할 수도 있고 Exceeds/Fully Meets/Partially Meets/Not Meet로 평점을 하는 경우도 있다.

⑥ 평가결과 합격(통과)한 경우에는 본인에게 합격통보를 하고 일상 업무로 복귀하도록 하고 불합격한 경우에는 2차 PIP에 들어간다. 같은 순서를 통해 2차 PIP를 시행한 후 다시 불합격하는 경우 인사위원회를 개최하여 성과 부진에 따른 해고를 통보하기도 한다.

해고에 따른 분쟁의 소지를 없애기 위해서 회사는 평가의 객관성과 정당성 그리고 개선의 여지가 더 이상 없는 것에 대한 증빙과 근거를 문서로 확보하여야 한다. 많은 회사들은 이러한 분쟁을 피하기 위하여 직원과의 상호 합의에 의한 사직이 되도록 노력을 기울이고 있다.

3. Good Attrition

글로벌 기업에서 Performance Management 일환으로 관리하고 있는 또 하나의 지표가 Good Attrition이란 지수이다. Attrition은 우리말로 퇴직률을 뜻한다. 즉, 일정 기간(대개는 1년) 동안 퇴직한 직원수를 전체 직원수로 나눈 값이다. 이 Attrition은 Good Attrition과 Bad Attrition으로 나누어진다. Good Attrition은 전년도 평가결과 최하위등급을 받은 직원의 퇴직률을 뜻하고, Bad Attrition은 거꾸로 최하위등급이 아닌 등급에 있는 직원들의 퇴직률을 의미한다. 회사, 특히 인사팀의 입장에서는 Good Attrition의 비율을 높이고 Bad Attrition의 비율을 낮추는 것이 과제이다. 즉, 일을 잘하는 직원들이 회사를 떠나지 않도록 유지하고 반대로 저성과자들은 서둘러 회사를 떠나도록 하는 것이 인사팀과 리더들의 과제인 셈이다.

02
급 여
-만족스러운 급여는 없다

왜 항상 급여는 만족스럽지 않은가?

급여를 표현할 때 항상 나오는 단어가 있다. 바로 '쥐꼬리'이다. 영어 표현으로는 Chicken Feed 라고 하여 '닭 모이'이고 일본어로는 雀の涙라고 해서 '참새의 눈물' 정도로 해석이 될 듯하다. 즉 실제 내가 받는 급여가 얼마이든 상관없이 늘 내가 받는 급여는 적게 느껴지기 마련이기 때문에 이런 비유가 생겼을 것이다. 그래도 미국 '닭 모이'나 일본 '참새 눈물'에 비해 쥐꼬리는 훨씬 더 크니 한국 사람이 급여에 대해 관대하다고 해야 할까?

회사에서 매년 종업원 만족도 조사를 해보면 거의 틀림없이 가장 낮은 점수를 기록하는 항목은 바로 '본인의 보상수준에 만족하십니까?'라는 질문이다. 아마도 실제 보상수준이 낮은 경우도 있고 혹은 회사의 보상정책에 대한 이해가 부족한 탓도 있겠지만 또 한편으로 이런 설문조사의 결과를 통해 경영진들이 자극을 받아서 급여를 올려주지는 않을까 하는 기대심리가 은근히 작용한 결과일 것이다.

급여체계는 어떻게 변화해 왔는가?

예전 급여명세서는 한눈에 이해하기 어려울 만큼 복잡했다. 기본급, 기본상여, 명절상여, 직급수당, 직무수당, 직책수당, 가족수당, 근속수당, 식대, 교통비 보조, 주택수당, 시간 외 근무수당, 기술수당, 어학수당 등 열거하기조차 어려운 복잡한 수당구조는 호봉제의 기반 아래서 발생하였다. 생계비, 개인의 능력, 업무형태 등의 여러 가지 요소를 급여라는 한 항목에서 모두 소화하려다 보니 하나씩 얹어져서 결국은 누더기가 되었고 손대기조차 어려운 상태가 되어버린 것이다. 이렇게 수당이 많이 생긴 또 다른 원인은 1980년대에 정부가 물가정책 등을 위해 사기업의 임금수준까지 관여하고 통제하면서 소위 '임금인상 가이드라인'을 제공하였는데 고도성장을 하던 기업들이 이를 피하기 위해 기본급은 그대로 두고 각종 수당을 덧붙여서 '가이드라인'을 피해왔기 때문이기도 하다. 결국 당시의 급여체계는 기본급은 얼마 되지 않고 잡다하게 많은 수당들과 상여들이 기본급을 초과하는 기이한 구조를 가지는 경우가 많았다.

사실 이름은 복잡하게 다를 뿐이지만 각종 수당은 현금 형태의 급여임에는 틀림이 없고 이와 같은 복잡한 수당들은 현재는 식대와 차량운행수당과 같이 일부 세금혜택을 받을 목적으로 그 형태를 유지하는 것을 제외하고는 모두 기본급으로 통합을 한 경우가 많다.

한편, 총급여의 구성은 일반적으로 고정급과 변동급으로 구성하고 고정급은 기본급을 포함한 각종 고정적인 수당의 총합이고, 변동급은 개인과 조직의 성과와 직접적으로 연동된 금전보상의 총합이다. 특히 변동급은 인센티브라는 이름으로 존재하는 경우가 많은데, 영업의 경우는 영업인센티브라고 하여 주어진 영업목표를 얼마나 달성하느냐에 따라 금액이 달라진다. 영업인센티브는 두 달에 한 번 혹은 분기에 한 번씩 정산하여 지급하는 경우가 많다. 또한 영업이 아닌 직원은 연말인센티브 혹은 성과보너스(performance bonus)라는 이름으로 일 년에 한 번 근무평가가 끝나면 평가결과에 근거하여 지급하는 경우가 많다.

연봉제는 어떻게 도입되었는가?

성과주의 인사와 연봉제가 본격적으로 도입되기 시작한 1990년대 후반 이전의 급여체계는 대부분 호봉제였다. 호봉제는 말 그대로 각 '호'별로 급여가 정해지는 방식이고 직군·직급·호봉에 따라서 세분화된 급여 테이블을 가지고 일정 기간이 지나면 자동적으로 한 개 혹은 여러 개의 호봉을 올려주는 방식이다. 따라서 자연스럽게 오래 근무한 사람이 호봉이 높을 수밖에 없고 거기에 따라 급여가 높을 수밖에 없는 구조이다. 물론 승급·승진이라는 과정을 통해서 일부 성과가 반영된 보상체계가 있었다고 말할 수는 있겠지만 그 역시 한계가 있을 수밖에 없는 방식이다.

1990년대에 한국기업들은 IMF를 거치면서 생존을 위한 변화를 모색해 왔다. 개인과 조직의 경쟁체제를 도입하여 생산성을 향상시키고자 하였고, '과부제(課部制)'와 같은 복잡한 조직구조를 팀제(Team制)로 단순화하여 조직의 유연성과 유기적 역할을 확대하려 하였다. 또 성과주의 인사를 도입하여 차별적 보상을 이끌었고 이에 걸맞는 시스템과 제도를 적극적으로 도입하여 소위 글로벌 스탠다드에 접근하고자 하였다. 이 중 가장 큰 변화가 연봉제의 도입이라고 할 수 있으며, 국가적으로 연봉제를 권장하기도 하였다.

연봉제는 단순히 1년간 받아야 할 급여를 정하는 것이 아니라 그 정하는 요소가 개인과 조직의 성과를 바탕으로 한다는 점에서 급여의 차이를 경력이나 나이 등을 바탕으로 정하는 호봉제와 차이가 있다.

물론 연봉제는 옳고 호봉제는 무조건 잘못되었다고 말할 수는 없다. 업무특성상 오랜 경험과 숙련도에 따라 성과가 분명히 달라진다면 연공서열방식의 호봉제가 더 적절한 방식일 것이다. 예를 들어 군대는 철저한 연공서열방식이다. 소위 하루라도 짬밥을 더 먹은 사람이 상사고 더 나은 보상을 받게 된다. 군대 생활을 보면 오래 근무한 사람이 더 나은 결과를 가져오는 경우가 대부분이기 때문에 군대는 연공제가 더 적합한 보상방식일 수도 있다.

보상체제에 대한 실제 조사결과도 호봉제가 아직까지 많이 쓰이고 있다는 것을 보여준다. 한국노동연구원에서 수행한 “2008년 임금제도 실태조사”를 살펴보면 조사대상 기업들 중 성과배분제를 도입한 경우가 29.7%에 불과했고, 기본급 구성에 있어서도 호봉제가 80.8%로 압도적이었으며, 호봉급을 배제하고 직무급과 직능급을 병용하거나 어느 하나만을 기본급 구성항목으로 운용하는 경우는 8.1%에 그쳤다고 한다. 즉 한국 기업의 특성상 성과주의에 기초한 인사제도를 도입하려 했지만 개인주의 성향을 가진 서구와 다른 조직문화, 유교적인 전통, 사람 중심의 인사관행 등 때문에 여전히 많은 기업들이 완전한 형태의 연봉제라기보다는 호봉제를 보완한 형태의 연봉제로 많이 운영하고 있는 셈이다.

보상의 철학과 원칙은 어떻게 확립하는가? 대부분의 글로벌 기업들은 보상에 대한 나름의 철학과 원칙을 가지고 있다. 물론 연공서열에 따라 급여를 결정하는 것 역시 철학이자 원칙이고 성과에 따라 급여를 결정하거나 직무급이나 직능급 형태로 운영하는 것도 철학이고 원칙이다. 대개 보상의 철학과 원칙을 결정하는 데에는 외부경쟁력에 있어서 어떤 입지를 가질 것인지 그리고 내부적인 형평과 조화를 어떻게 확립할 것인지를 판단의 기준으로 삼게 된다.

내부적인 형평과 조화는 직무가치, 역량 그리고 성과를 급여수준에 얼마나 반영하고 얼마나 차별화할 것인가, 또는 개인별로 차별화할 것인가 조직별로 차별화할 것인가 등을 결정하는 것으로 그 정도에 따라 직무급, 직능급, 성과급 등의 명칭으로 구분되어 기본급에 반영되거나 더해지게 된다.

한편, 보상수준에 있어서 가장 중요한 외부경쟁력은 해당 기업과 경쟁하는 다른 조직, 시장과의 임금의 수준을 비교하는 것이다. 회사에 따라서는 우수한 인력을 적극적으로 유인하고 재직 중인 직원들을 유지하기 위해서 외부 대비 높은 임금을 제공하는 선도전략을 사용하기도 하고 반대로 외부에 일정 수준을 따라가는 추종전략을 사용하기도 한다.
외부경쟁력을 확인하는 방법은 내부 직무평가 → 외부 급여조사 → 결과분석 → 보상에 반영의 순서로 이루어진다.

먼저 직무평가는 우리 회사의 직무의 가치가 어느 정도인지 객관적인 기준으로 평가하는 것으로 다른 회사와 급여를 비교하기 위해 동등한 직무가치를 가지고 있는 직무를 결정하는 것이다. 예를 들어 직원 10만 명의 대기업 사장님이나 직원 100여 명의 중소기업 사장님이나 같은 사장님이고 직무는 비슷하다 하겠지만 이 둘의 직무가치는 상식적으로도 차이가 날 것이다. 마찬가지로 경력 5년의 변호사의 직무가치와 경력 5년의 단순생산직 직원의 직무가치 또한 다를 것이다. 직무를 평가하는 방법 중 가장 널리 알려진 Hay Group의 직무평가표 등을 참고하여 결정할 수 있다.

이렇게 직무평가가 끝나고 나면 외부 급여 조사에 참여하게 된다. 정확한 급여 조사를 위해서는 급여조사업체에서 가지고 있는 직무의 정의와 평가기준 등을 공유하는 Job Matching Meeting을 하게 되고 여기에 맞춰 회사의 급여 정보를 급여조사업체에 제공하게 된다. 글로벌 회사를 대상으로는 대표적으로 Mercer, Towers Watson, Aon Hewitt 등의 HR 컨설팅회사들이 급여 조사를 실시하고 있다.

급여 정보를 제공하고 나면 과연 어느 회사와 우리 회사의 급여를 비교할 것인가 혹은 어떤 산업과 비교할 것인가를 결정해야 한다. 이런 비교대상이 되는 회사들을 Peer Company라고 하는데 Peer Company를 결정할 때는 우리 회사에 필요한 우수인력들이 현재 근무하고 있는 회사, 반대로 우리 회사 우수인력들이 유출되어 옮겨가는 회사, 해당 산업의 대표기업, 우리 회사 제품과 경쟁하는 기업 등을 고려하여 선정하게 된다.

마이크로소프트의 예를 들면 Peer Company로 IBM, HP, Oracle, Cisco, Apple, Google 등의 다국적 IT기업들과 Motorola, Sony, Nintendo와 같은

유수의 전자업체(High Tech Industry) 그리고 다우존스 30대 기업들을 선정하여 급여를 비교한다. 이 경우 마이크로소프트와 같은 다국적 IT기업들의 많은 직원들이 이직을 하는 국내 대기업(삼성, LG 등)은 왜 Peer Company로 포함하지 않는지 의문이 생긴다. 안타깝게도 해당 기업들은 외부 급여조사에 적극적으로 참여하지 않고 별도의 기관 또는 자체 조사를 통해 급여의 외부경쟁력을 유지하고 있기 때문에 Peer Company로 포함되지 않고 있다. 한편, 한국 화이자제약의 경우는 Pharmaceutical Industry라고 하여 노바티스, GSK, MSD, 아스트라제네카, 릴리 등과 같은 세계적인 제약회사와 비교를 한다. 급여경쟁력은 같은 산업군(industry)에 있는 회사를 비교하는 것이 중요하므로 마이크로소프트가 한국 화이자제약과 급여를 비교하는 것은 무의미하다. 그러나 인재전쟁이 일어날 수 있는 직무라면 산업군이 달라도 급여 비교를 할 수 있다. 예를 들어 인사팀은 산업별 특성이 절대적이지 않으므로 마이크로소프트에 근무하는 인사팀 직원이 한국 화이자제약으로 이직을 하는 경우도 가능하다. 이러한 일이 빈번하게 발생한다면 인사팀은 특정 산업군의 급여수준뿐만 아니라 전체 산업(general industry)의 급여수준을 비교하는 경우도 있다.

이렇게 비교할 회사들이 결정되면 실제 급여데이터에 대한 분석작업이 시작된다. 이때 필요한 것이 급여에 대한 회사의 철학과 원칙이다. 우리 회사와 비교하는 다른 회사 혹은 시장의 급여수준에 비하여 어느 수준을 목표로 할 것인가는 오로지 회사의 결정이다. 앞서 말한 대로 회사가 선도전략으로 시장보다 높은 임금을 목표로 하겠다고 한다면 90 percentile, 75percentile과 같은 수준으로 목표를 정할 수 있겠고 시장 수준을 유지하겠다라고 한다면 시장중간값(Market Median)이나 시장평균값(Average) 정도의 목표를 정할 수 있겠다. 잠깐 Percentile에 대한 설명을 하자면, 값들의 절대적 수치와는 관계없이 높은 값에서 낮은 값으로 정렬했을 때 위에서부터 등수를 말한다. 즉, 100개의 값이 있다면 위에서부터 25번째로 높은 값이 75percentile이 된다.

취합된 데이터들은 우리 회사의 위치가 목표로 하고 있는 수준 대비 얼마나 높은지 혹은 낮은지를 분석하게 되는데 직군별, 직무별, 직급별, 제품별 등의 다양한 분석이 가능하다. 만약 특정 비즈니스 그룹이 우리가 목표로 하고 있는 수준 대비 많이 떨어져 있다면 해당 비즈니스 그룹에 대해서는 별도의 급여 조정이 필요할 것이다.

마찬가지로 취합된 데이터들을 직무가치에 따라 Grouping을 하여 각 Group별로 Median값을 결정한 뒤 일정 범위의 Pay Range을 만들 수 있다. 이에 따라 Pay Structure가 완성되는데 근래에는 이 Group의 숫자는 줄이고 Pay Range의 범위는 넓게 하는 Broad Banding 방식의 Pay Structure를 만드는 방법이 많이 사용된다. 일례로 GE의 경우 1990년대 초반에 14개 단계이던 비임원의 직급을 4개의 Career Band(Senior Professional/Lead Professional/Professional/Associate Professional)로 묶은 급여체계를 가지고 있다. Broad Banding을 실시하면 먼저 직무를 너무 세분화하여 나눌 필요가 없으며, 한 Band당 상대적으로 넓은 Salary Range를 가지므로 임금 인상을 위해 꼭 승진을 해야 하는 부담이 없다. 또한 Band간 역전현상을 일으키지 않고도 능력있는 사람이 선배보다 먼저 승진하는 것이 용이해지며, 부서간 이동시에도 Band 책정의 어려움을 겪을 필요가 없다.

한편, Pay Structure상 각 직급의 Mid Point와 개인의 실제 연봉의 비율을 Compa−Ratio라고 하고 이 Compa−Ratio가 1보다 낮다면 회사가 목표로 하는 시장의 수준에 비해 낮다고 할 수 있고, 반대로 1보다 크다면 외부시장의 목표값보다 해당 개인은 더 높은 급여를 받고 있다고 볼 수 있겠다. 예를 들어 현재 나의 직무가 Recruiting Manager이고, Benchmark Salary가 5천만원인데 나의 급여가 5천5백만원이라면 Compa−Ratio는 1.1이 된다. 따라서 매년 연봉조정시에 Compa−Ratio가 낮은 직원에게 더 높은 급여인상률(Merit)의 기준이 적용되는 것이 일반적이라고 할 수 있겠다.

$$\text{Compa}-\text{Ratio}=\frac{\text{본인의 급여}}{\text{Benchmark Salary}}$$

결국 개인의 기본연봉이 인상되는 경우는 다른 직급으로 승진하게 되면서 받게 되는 승진인상, 급여조사 결과 시장에 대비하여 떨어졌기 때문에 특별히 주어지는 조정인상 그리고 특정기간(보통은 1년) 동안의 성과평가에 따라 차등하게 결정되는 정기 임금인상(Merit) 이렇게 3가지 경우가 있을 것이고, 이것은 모두 회사의 운영계획상의 인건비 예산책정으로 계획된다.

정기 임금인상은 어떻게 이루어질까?

대부분 회사는 1년에 한 번 정기적으로 임금인상을 실시한다. 많은 직원들이 임금인상 시기를 손꼽아 기다리는 만큼, 공정하고 경쟁력 있는 임금인상이 이루어지지 않으면 실망하는 직원이 늘어나게 된다.

평균 임금인상률은 노조가 있는 경우 노조와의 합의가 있어야 하겠으나, 회사의 재무능력이 가장 중요한 결정요인이 된다. 그리고 시장에서의 임금경쟁력, 경쟁사들의 인상률, 물가인상률도 매우 중요한 요소이다. 따라서 앞서 설명한 급여 Benchmark Survey를 실시하여 임금인상률에 중요한 결정근거로 삼는다.

회사에 따라서는 전체 조직에 임금인상률을 동일하게 적용하기도 하고, 각 사업부서별로 임금경쟁력을 따로 측정하여 임금인상률을 다르게 적용하기도 한다. 회사 내에 다양한 사업부가 있다면 각 사업부는 경영성과와 임금경쟁력이 다르므로 매년 다른 임금인상률을 적용받을 수 있다. 그리고 내부 Band가 동일하더라도 직무에 따라 다른 임금 범위를 가지게 된다. 반면 한국 화이자제약의 경우는 직무에 따라 다른 임금 범위를 가지고 있으나, 사업부에 관계없이 매년 동일한 임금인상률을 적용한다. 따라서 입사시 급여수준 결정, 승진시 급여인상률 조정 등으로 외부경쟁력을 유지한다.

평균 임금인상률이 결정되면 직원별로 어떻게 분배하는가가 매우 중요한 문제이다. 호봉제의 경우 성과에 따른 직원차별화(differentiation)는 거의 적용되지 않고 모두가 같은 인상률로 임금인상이 이루어지는 경우가 대부분이다. 그러나 성과주의 문화(performance driven culture)를 지향하는 회사에서는 개인의 성과에 따른 차별화를 매우 중요하게 생각한다. 따라서 성과가 높을수록 높은 임금인상률을 적용받는다. 한편, 개인별 차별화의 또 다른 중요한 축은 직무가치 대비 현재 임금수준이다. 즉, Compa－Ratio라는 개념으로 현재 하고 있는 일에 비해 얼마나 높은 수준의 임금을 받고 있느냐가 중요한데, 현재 하고 있는 일에 비해 높은 수준의 임금을 받고 있을수록 정기 임금인상률은 낮아진다. 이것을 표로 표시하면 아래와 같은 가이드라인이 만들어진다. 이러한 가이드라인을 바탕으로 매니저의 재량이 보태져서 개개 직원의 최종인상률이 각각 다르게 결정된다. 정기 임금인상률의 가이드라인은 아래 [표 4-1]을 참조하여 만들 수 있다. 물론 회사에 따라 각 셀의 차이가 다를 수 있으며 현재 구성원이 위치하고 있는 임금수준에 따라 여러 가지 방법으로 가이드라인을 구성할 수 있다.

[표 4-1] 정기 임금인상률(Merit Increase) 매트릭스 예시

Performance / Compa-Ratio	높음	보통	낮음
높음	기준인상률	기준인상률-@	기준인상률-2@
보통	기준인상률+@	기준인상률	기준인상률-@
낮음	기준인상률+2@	기준인상률+@	기준인상률

직원차별화는 일종의 제로섬 게임(zero sum game)이다. 따라서 어떤 직원을 평균보다 높게 인상률을 주었다면, 다른 직원은 평균보다 낮게 주어야 예산을 맞출 수 있게 되는데, 개별 직원의 기본급에 따라 그 효과는 다르다. 예를 들어 평균인상률이 5%인 경우 기본급 1억원인 직원을 4%만 적용했다면 1억원의 1%에 해당하는 1백만원이 예산에서 남게 되고, 이것은 기본급 5천만원인 직원을 평균인상률보다 2% 더 높게 인상해 줄 수 있는 예산이 된다. 따라서 평균인상률은 5%가 되더라도 개인별로

는 4%와 7%의 인상률을 적용받아 단순 산술평균은 5.5% 인상이 된다.

성과주의 문화가 매우 발달한 조직에서는 필연적으로 차별화를 강조하게 된다. 따라서 임금인상시 잘하는 직원과 못하는 직원에 대한 임금인상률 적용의 차이는 매우 심하며 경우에 따라서는 스킵(0% 적용)이 적용되는 직원도 생겨난다. 이렇게 생긴 재원으로 고성과자에게 더 높은 인상률을 적용한다.

조정인상은 어떻게 이루어지는가?

Compa－Ratio가 지나치게 낮은 직원, 즉 본인이 하고 있는 직무의 가치에 비해 지나치게 적은 급여를 받고 있는 직원에게는 정기 임금인상시 Catch－up Budget을 따로 배분하는 경우가 있다. 아까 언급했듯이 임금인상은 제로섬이므로 이와 같은 직원에게 따로 예산을 배분하지 않으면 그 조직에 있는 다른 직원들이 손해를 보게 되기 때문이다.

예를 들어 임금철학이 마켓의 50percentile을 지향하는 회사가 있다면 Benchmark Data의 중간값과 개별 직원의 연봉을 비교한 Compa－Ratio가 1.0이 되어야 한다. 예를 들어, High－Tech industry(market)에서 senior sales representative(job position)의 마켓 Median이 7천만원이라고 가정하자. 이 중 50percentile을 지향하는 회사의 어떤 senior sales representive의 연봉이 5천6백만원이라면 이 직원의 Compa－Ratio는 0.8이 된다(5천6백만원/7천만원). 만약 이 직원의 성과가 보통 수준이 된다면 Compa－Ratio가 정상적인 범위라고 보기는 어렵다. 이런 경우 Catch－up Budget을 따로 배분하지 않으면 이 직원을 정상적인 범위로 올려 주기 위해 많은 예산이 소요되고, 그에 따라 다른 직원들은 그만큼 인상을 적게 해줘야 한다. 한편, 통상적으로 Compa-Ratio가 1.0이 되지 않더라도 정상적인 범위로 볼 수 있는 경우가 있다. 예를 들어 승진해서 그 직무로 들어온 지 얼마 되지 않은 직원의 경우 처음에는 Compa-Ratio가 1.0보다 낮을 것이다. 마찬가지로 한 자리에 오래 있었던 직원은 일정 수준까지는 Compa-Ratio가 1보다 높아도 정상적인 범위라고 볼 수 있다. 그러나 통상적으로 Compa-Ratio가 1.2 수준이 넘어가면 아무리 오래 한 자리에 있었다고 하더라도 정상적인 범위로 보기가 어렵다.

이처럼 급여는 여러 가지 요소를 복합적으로 고려해서 결정한다. 따라서 인사담당자는 한 가지 사실만을 생각해서 급여의 높고 낮음을 결정해서는 안 된다. 급여는 인사에서 중요한 세 가지인 attract, motivate, retain talent에 직접적으로 영향을 미치는 요인이므로 균형있는 시각으로 판단해야 한다.

03

인센티브

–당근과 채찍

동기부여를 어떻게 하는가?

아마도 당근과 채찍이란 말은 잘 알 것이다. 고집 센 당나귀를 잘 부리기 위해서 당나귀가 제일 좋아하는 당근을 입에 닿을 듯 말 듯 매달아 놓고 채찍으로 엉덩이를 때리면서 당나귀를 몰고 가는 것을 말한다. 이때 마부가 당근과 채찍을 사용하는 이유는 자명하다. 원하는 방향과 속도로 당나귀를 움직이게 하기 위해서 마부는 당근과 채찍을 '인센티브'로 사용한 것이다.

우리 주위에도 당근과 채찍은 도처에 널려 있다. 우리 아이들이 어린이 집에서 매일 손등에 받아오는 '참 잘했어요' 도장도, 파파라치들이 노리는 신고보상금도, 김연아 선수가 올림픽에서 금메달을 따고 와서 받게 되는 연금도, 경유차량에 붙는 환경부담금도 모두 당근과 채찍이고 인센티브이다.

시카고 대학의 스티븐 레빗 교수는 저서인 『괴짜경제학』에서 인센티브(incentive)는 현대의 삶을 지탱하는 초석이며 일상의 모든 수수께끼를 푸는 열쇠로 설명하고 있다. 즉, 이기적이고 합리적인 인간에게 어떤 특정한 행동을 이끌어내기 위해서 그 행동이 나타났을 때 보상(당근)을 하거나 혹은 거꾸로 반대되는 행동을 했을 때 불이익(채찍)을 주는 방법으로 의도한 행동을 유도하는 것이다.

인센티브는 왜 필요한가?

연말이 되면 '기업 32%, 연말 보너스 준다' 혹은 'ㅇㅇ그룹, 2조원대 통 큰 성과급 푼다'와 같은 기사들이 나오고 이를 통해 금년 한 해 기업들의 성과가 어떠했는지 가늠해볼 수 있다. 많은 회사원들은 연말이 되면 자기 회사에서는 보너스가 얼마나 나오는지 궁금해 하고 그 금액에 따라 희비가 엇갈리게 된다.

기본적으로 회사는 급여를 통해 노동에 대한 보상을 한다. 그런데 왜 대부분의 회사들이 급여(기본급)와 별개의 인센티브 제도를 운영하는 것일까? 인센티브는 기본적으로 개인들간의 다른 성과에 대해서는 다른 보상을 하기 위해서 운영된다. 즉 성과와 보상은 직접적으로 연결되어 있어야 한다는 것이다. 인센티브는 더 높은 성과, 즉 그것이 매출이 되었든 순이익이 되었든 고객만족도가 되었든 회사가 창출하고자 하는 성과를 향상하기 위한 것이고 이러한 비즈니스 전략목표를 직원 개인 혹은 조직의 성과와 연결하여 보상하고 인정(Recognition)하고자 하는 것이다.

개인의 입장에서는 나의 성과에 대한 결과물과 보상을 내가 가져가고 그를 통해 다른 사람들과 차별될 수 있는 합리성을 보장받는 것이다. 이를 통해 더 나은 성과를 위한 행동을 하게 되는 선순환이 일어난다. 결국 보상과 인정은 직원의 충성도(Loyalty)를 높이고 유능한 직원을 유지(Retention)하고 이탈(Turnover)을 줄이는 결과를 가져오게 된다.

우리 속담에 '김 매는 주인이 노비 일꾼 아흔 아홉 몫 한다'는 속담이 있다. 개인의 성과가 보상으로 직결되는 경우가 그렇지 않은 경우에 비해 훨씬 높은 성과를 낸다는 것이다. 아마도 이 집 노비에게는 인센티브가 없었던 모양이다. 만일 노비 일꾼들에게 적절한 인센티브가 있었더라면 그 격차는 훨씬 줄일 수 있었을 것이다.

성공적인 인센티브 플랜은 무엇인가? 인센티브 제도가 성공하려면 우선 이 제도가 조직의 문화와 잘 맞아야 한다. 집단적인 협동이 필요한 조직에서 개인의 성과에 따른 차별적인 보상은 조직의 균열을 가져오고 오히려 역효과를 가져올 수밖에 없다. 예를 들어 공장에서 근로하는 기능직의 경우 인센티브와 연봉제를 도입하는 것보다 호봉제를 유지하는 것이 보다 좋은 결과를 가져올 수도 있다. 또한 원하는 행동을 유인하도록 잘 설계된 인센티브 제도가 아니라면 효과를 기대하기 어렵거나 때로 반대의 결과를 나타내기도 한다. 또한 무조건 형평에 맞고 정교하게 만드는 것이 능사가 아니라서 상황에 따라 잘 운용할 수 있는 인센티브 제도라야 성공할 수 있다.

성공적인 인센티브 플랜은 첫째 간결하고 명확해야 하며 직원들이 충분히 이해할 수 있도록 지속적으로 커뮤니케이션(Communication)이 되어야 한다. 즉, 개인의 성과가 보상과 어떻게 연결되어 있는지 한 눈에 이해할 수 있어야 한다. 내가 하나를 팔면 내 손에 얼마가 떨어진다는 쉽고 명확한 플랜이라야 정확하게 원하는 성과를 유인해낼 수 있다. 논리의 함정에 빠져 수많은 요소와 산식으로 구성된 복잡한 인센티브 제도를 만들게 된다면 이론적으로 그럴 듯해 보일 수 있어도 구성원들은 결국 회사가 어떤 행동 그리고 그로 인해 어떤 성과를 원하는지 알 수 없게 되어 인센티브의 효과가 발휘되지 못할 것이다. 간결하게 설계된 제도는 직원들이 충분히 이해할 수 있도록 지속적으로 커뮤니케이션되어 직원들이 추가적인 노력이 어떻게 보상으로 돌아올 것인지에 대한 인식이 머리 속에 있어야 한다.

두번째 성공요소는 정확한 성과의 측정이다. 인센티브와 직결된 지표가 누가 보아도 객관적인 결과로 측정되어야 한다. 만약 그렇지 않다면 인센티브의 효과는 반감될 수밖에 없고 구성원들의 신뢰를 얻기는 어려울 것이다. 이런 이유로 많은 회사들이 KPI(Key Performance Indicator)나 스코어카드(Scorecard) 등을 활용하여 성과를 객관화하려는 노력을 하는 것이다.

셋째, 인센티브는 구성원의 행동이 성과에 영향을 줄 수 있는 충분한 권한과 책임이 동반될 수 있어야 한다. 즉, 개인의 통제범위 밖에 있는 외재 변수가 많거나 개인의 권한과 책임이 없어서 아무리 노력해도 성과를 창출할 수 없다면 인센티브는 성공적일 수 없다. 한편, 아무리 플랜을 잘 해도 개인의 통제범위 밖에 있는 일은 일어나기 마련이다. 예를 들면 IT기업의 경우 갑작스럽게 미국의 경제위기에 따라 기업이 IT 투자를 줄인다거나, 제약회사의 경우 정부가 약가를 인하하는 경우 목표매출을 달성하는 것이 힘들어진다. 이러한 경우 그 정도에 따라 그냥 충격을 흡수하거나 또는 목표를 조정해 주는 작업을 하기도 한다.

넷째, 인센티브는 현재 조직의 목표와 연결되어 있어야 한다. 간단히 말해 A라는 제품에 많은 인센티브를 부여했는데 실제 조직의 목표달성을 위해 B라는 제품에 더욱 중점을 둬야 하는 경우라면 잘못 설계된 인센티브라 할 수 있겠다. 예를 들어, 코카콜라와 암바사를 생산하는 회사가 있는데, 암바사는 재고가 쌓여가고 코카콜라는 날개 돋힌 듯 팔리고 있다면 암바사 한 병을 팔 때 더 많은 인센티브가 영업사원에게 돌아갈 수 있도록 설계를 해야 한다.

인센티브의 부작용은 무엇인가?

어떤 자동차 정비소에서는 자동차 소음기 교환작업에 대해 좀더 많은 노임을 지불했다. 그랬더니 갑작스럽게 소음기 교체작업이 늘었다. 정비공들이 웬만하면 소음기를 교환하도록 고객들에게 권유한 것이다. 이로 인해 그 회사는 사기죄로 고소당해 1천5백만달러를 지불하게 되었다.

모토롤라에서는 '누구나 숨만 쉬고 있으면 6개월마다 임금이 인상되는' 제도를 버리고 팀 작업과 능력향상을 유도하는 제도를 도입했다. 그 결과 회사업무가 타이트해졌다. 그런데 회사 내에 연줄이 있는 직원들은 어느 틈엔가 교육지원제도를 이용해 6개월 교육과정에 등록해 학교를 다니고 있었던 것이다. 힘 없는 직원들이 그들의 일까지 떠맡는 사태가 벌어졌다. 미국 코넬대학의 밀코비치(Milkovich) 교수와 뉴욕주립대학의 뉴만(Newman) 교수가 쓴 책 『보상관리(compensation)』 서문에 나오는 이야기이다.

많은 기업들이 너도 나도 인센티브 제도를 도입하고 있지만 인센티브

제도가 기업의 모든 문제를 해결해 주는 만병통치약은 아니다. 최근 들어서는 인센티브 제도의 효과에 대해 회의적인 시각이 점점 늘고 있다. 또한 인센티브 제도는 팀워크를 해치는 부작용을 낳기도 한다. 자신의 이익과 직결되지 않는 행동에는 관심을 가지지 않게 되기 때문이다. 개인성과를 중심으로 보상을 차등화하면 구성원들은 서로 경쟁하면서 협조하지 않게 된다. 더구나 인센티브 금액을 한정시키면 직원간에 서로 뺏고 뺏기는 전쟁이 일어난다. 인사권을 쥔 상사와 부하직원 사이에도 불신이 생기는 것은 마찬가지다. 인센티브를 받기 위해 직원들이 평가에 불리한 내용을 은폐하는 것은 회사에서 비일비재하게 일어나는 일이다.

인센티브는 오히려 조직 내 창의성을 갉아먹는 작용을 하기도 한다. 직원이 창의성을 발휘하거나 새로운 시도를 하다가 실패하면 보상이 줄어들기 때문에 새로운 시도를 하지 않는 경향이 나타난다. 설혹 부하직원이 시도를 한다 하더라도 상사가 반대할 가능성이 높다. 이는 인센티브가 실적과 연계되면 직원들은 안전한 비즈니스만 하게 될 가능성이 높아진다는 얘기이다. 특히 영업인센티브는 종종 직원들의 도덕적, 법적 문제를 일으키곤 한다. 즉, 더 많은 제품을 판매하기 위해서 구매담당자에게 뇌물을 제공하거나 리베이트를 약속하는 범죄의 유혹에도 쉽게 노출되기도 한다.

인센티브 종류에는 무엇이 있는가?

이러한 부작용이나 우려에도 불구하고 인센티브는 그 효용가치나 장점이 두드러진다고 보이므로 대다수 회사에서 도입하여 활용하고 있다. 사실 광범위한 의미에서 회사에서 활용하는 인센티브의 종류는 무궁무진하다. 금전적인 보상뿐만 아니라 축하여행, 상품, 주차공간, 식사 등 물질적인 것과 칭찬, 이 달의 직원 선정, 승진과 같은 것들도 인센티브로 활용할 수 있다. 또한 개인별로 주어지는 인센티브와 팀 혹은 조직으로 주어지는 집단 인센티브로도 구별할 수 있다. 개인 인센티브는 개인성과 측정이 명확하고 개인간 경쟁이 필요한 경우 그리고 개인주의적인 문화에 적절한 제도이고, 집단 인센티브는 성과가 개인적이지 않고 상호 의존성이 높은 직무들이 결합된 경우 그리고 조직문화가 집단주의 성향이 강한 경우에 더욱 효과적인 제도이다.

개인 인센티브의 대표적인 형태는 성과비율제(Piece-Rate System)로 생산량에 따라 임금비율을 곱하여 결정하는 단순성과급(Straight Piece-rate System)이나 목표 이상의 생산에 대해서는 초과비율을 곱하는 차등성과비율급(Differential Piece Rate)이 있다. 또 다른 대표적 개인 인센티브는 '보너스'이다. 보너스는 기본급과 별개로 일시적으로 주어지는 보상의 형태이고 성과에 따라 비례하여 지급되는 변동적인 형태가 일반적이다. 그 이외에 상품, 상품권, 여행과 같은 '상'과 판매왕, 이 달의 직원과 같은 '인정(Recognition)'도 개인 인센티브에 해당된다.

집단 인센티브는 집단구성원이 이윤 혹은 생산성에서 기준 이상의 결과를 가져왔을 때 그 결과를 배분하는 형태(Gainsharing 혹은 Profit Sharing)가 일반적이고 전체 조직의 경우 스톡옵션이나 Restricted Stock Units과 같은 주식제도를 이용한 인센티브도 많이 활용되는 집단 인센티브의 하나이다.

영업인센티브는 어떻게 설계하는가?

인센티브가 활용되는 가장 흔한 직군은 영업이다. 더 많은 제품을 판매할수록 더 많은 인센티브를 받는 간단한 논리이다.

인센티브 설계의 첫 단계는 철학과 원칙을 정하는 일이다. 영업성과를 측정하는 지표가 회사의 목표와 잘 연계되어 있는지 회사의 목표수준은 현실적으로 달성할 만한 수준인지 그리고 가장 최소한의 달성수준(Threshold)은 어느 정도인지 등을 결정해야 한다. 예를 들어 Threshold를 90%로 정해 놓은 경우 목표량의 90% 미만을 달성했으면 인센티브는 전혀 지급되지 않는다.

두번째 단계는 대상이 되는 직군, 직무를 결정하는 것이다. 직접영업만 포함할 것인지 간접영업 혹은 영업지원 그리고 마케팅이나 고객서비스와 같은 순수지원 업무자들까지 포함할 것인지 혹은 제외할 것인지를 결정해야 한다. 대개는 '해당 직무자들이 영업목표를 가지고 있는지?', '고객과 연계된 업무수준이 어느 정도인지?', '성과측정을 영업결과로 하는지?', '해당 직무자들이 영업에 대한 책임이 있는지?', '고객을 창출하거나 유지, 확장하는 역할인지?', '인재를 유지하고 유인하기 위해 적절한지?' 등을 고려하여 결정한다.

세번째 단계는 각 영업직의 총목표보상수준(Total Target Pay Level)을 결정하는 것이다. 대개는 회사의 보상철학과 맞물려서 결정되고 외부 경쟁력을 어느 정도로 유지할 것인가를 가지고 결정하게 된다. 물론 총금액이 회사가 부담가능한 수준이어야 한다.

네번째 단계는 각 Pay Mix를 결정하는 것이다. Pay Mix란 기본급과 목표 인센티브 사이의 비율이다. 즉, 가령 80 : 20의 Pay Mix라고 하는 것은 기본급의 비율이 80%이고 해당 직원이 목표한 수준의 영업성과를 이루었을 때 받아갈 수 있는 총인센티브의 비율이 20%라는 것이다. 가령 기본급이 4천만원이면 총목표인센티브는 1천만원이 될 것이다. Pay Mix는 해당 직무가 영업성과에 미치는 영향 그리고 외부 경쟁분석이나 산업의 특성, 회사의 보상철학이나 문화 등을 가지고 결정한다. 보다 공격적으로 영업활동을 장려하거나 경쟁을 권장하는 문화를 가지고 있다면 80 : 20과 같은 High Pay Mix보다는 60 : 40 혹은 50 : 50의 Low Pay Mix를 취하는 것이 바람직할 것이다.

다섯번째 단계는 고성과자를 위한 상한선 혹은 초과달성 조건을 설계하는 일이다. 즉, 목표한 수준 이상의 영업성과를 창출한 경우 추가적인 보상을 할 것인지 그리고 그 상한선을 어떻게 결정할 것인지를 정하는 일인데, 이때 상한선이 있는 이유를 의아하게 생각할 수 있다. 목표를 많이 하면 많이 할수록 많은 보상을 받아야 하는데 일정 수준에서 더 이상 보상을 하지 않는 이유는 뭘까? 상한선을 넘는 금액을 달성하는 경우는 개인이 엄청나게 노력을 했다기보다는 대부분 Windfall이라고 부를 수 있는 행운이 따랐기 때문이다. 예를 들어 국민은행을 담당하는 서버영업직 직원이 있다고 가정했을 때 올해 목표는 50억원을 파는 것인데 국민은행에서 갑자기 전산혁신화 계획을 실시하여 전격적으로 서버를 500억원 어치 교체하는 경우 10배의 실적달성은 전적으로 담당자의 노력에 의한 것은 아니기 때문에 일정 수준까지만 보상하는 것이다.

여섯번째 단계는 인센티브를 지급하기 위한 성과지표와 가중치를 결정하는 일이다. 매출이 가장 대표적이고 흔한 지표이지만 때에 따라서 이윤, 신규고객, 제품 믹스 등도 지표로 사용되기도 한다. 당연히 이런 지표들은 개인별로 정확하게 측정가능하고 현실적이어야 하고 회사의 목표와도 연계되어야 한다.

일곱번째 단계는 인센티브를 커미션(Commission)이나 보너스(Bonus)와 혼합할 것인지 결정하는 것이다. 즉, MBO(Management by Object)방식의 평가를 하는 회사에서 연말에 목표대비 달성률에 따른 보너스를 지급하는 경우가 많은데 이 보너스와 영업성과급을 어떻게 Mix할 것인지를 결정하는 것이다. 이 두 가지 다른 목적·목표를 가진 인센티브의 비율을 Incentive Mix라고 하며 해당 영업직무의 고객접촉 정도, 직접영업활동 범위 등으로 비율을 결정하곤 한다. 커미션은 본인이 만들어낸 매출액의 일정 %를 지급하는 것인데, 예를 들어 커미션이 2%인 영업직원이 10억원의 매출을 달성했다면 2천만원을 커미션으로 받게 된다.

여덟번째 단계는 상세한 인센티브의 요소들을 결정하는 것이다. 최소지급지점(Threshold), 추가 가중치 부여, 상한선 등을 결정하는 것이다.

마지막 단계는 인센티브를 얼마나 자주 계산하여 지급할 것이며, 퇴사자, 휴직자 처리, 매출 측정, 과다지급분 회수 등의 기타 운영상의 규정을 정의하는 것이다.

Reference

인센티브 Scheme의 예

아래 Pay Curve는 목표대비 영업성과가 최소 60%(Threshold)가 되어야 영업인센티브가 발생하게 되고 100%가 되는 시점부터 전략적으로 설정한 3개의 지표목표 중 몇 개를 달성했는지에 따라 가중치가 부여되고 있으며 140%를 Excellent Point로 하여 그 이상 초과달성한 경우에는 오히려 가중치가 다시 사라지는 형태의 인센티브 Scheme이다. 인센티브 상한선(Cap)은 제시되지 않았지만 대개의 경우는 상한선을 두고 운영하게 된다.

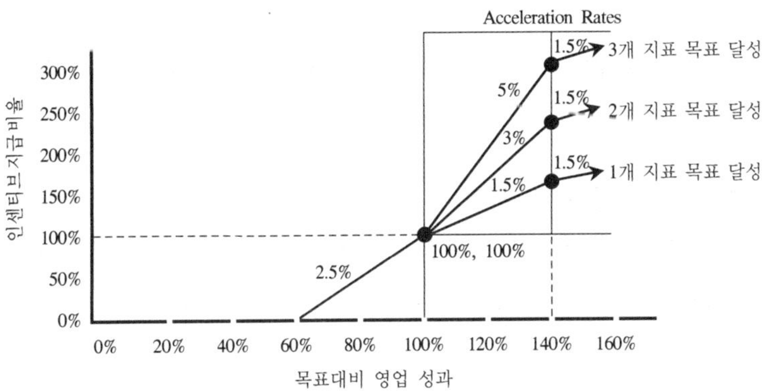

04

Stock

-주식으로 벼락부자가 될 수 있을까?

주식으로 인재를 유인할 수 있는가?

아침 8시 30분 회사에 도착하면 향이 좋은 핸드 드립 원두커피 한 잔을 머그컵에 내려받아 자리에 앉는다. 테이블에 놓여진 경제신문을 뒤적거리다가 컴퓨터 부팅이 끝나고 인터넷 창이 열리면 전일의 미국 나스닥 주가지수를 확인하고 바로 'MSFT'라는 주식코드를 입력하여 마이크로소프트 주가를 확인한다.

얼핏 듣긴 마치 뉴욕의 어느 펀드매니저의 일상 같지만 사실은 한국 마이크로소프트의 많은 직원들이 하루의 시작을 이렇게 하고 있다. 왜냐하면 그들의 자산의 상당량이 회사 주식으로 구성되어 있기 때문이다.

마이크로소프트 직원들이 회사 주식을 가지게 된 경로는 두 가지이다. 하나는 입사 때 그리고 매년 인사평가가 끝나고 받게 되는 주식(Stock Award-RSU)이고, 다른 한 가지는 일정 금액만큼 회사 주식을 구입할 수 있는 ESPP(Employee Stock Purchase Plan)라는 제도를 통해 생긴 주식이다.

2010년 11월에 유명한 인터넷 검색회사인 구글은 전 직원 대상으로 10%의 임금인상을 단행했고 연말 휴가 시즌에 맞춰 현금보너스도 추가 지급하기로 했다. 뻔한 이야기지만 어느 기업도 아무 이유없이 직원들의 임금을 인상하지는 않는다. 구글의 경우는 2010년 무렵에 인터넷 신생기업인 페이스북에 약 10%의 연구인력을 빼앗겼고 이를 막기 위한 방지책으로 임금인상과 추가보너스를 지급하기로 한 것이다.

실제 이러한 임금인상과 보너스가 페이스북으로 향하던 많은 인력 가운데 과연 얼마나 그들의 발길을 막았는지는 알 수 없지만 추측하건대 그다지 커다란 효과를 가져오지는 못했을 것이다. 왜냐하면 그들의 목적은 단순한 임금인상이나 보너스와 같은 단기적인 현금이득이 아니었기 때문이다. 그리고 페이스북의 임금이나 보너스 수준이 구글이나 여타 IT 대기업의 수준보다 낮으면 낮았지 높을 리는 없을 것이라 생각된다. 하지만 페이스북이 2012년 초에 기업공개(IPO)를 한다는 것이 알려지면서 주식벼락부자를 꿈꾸는 수많은 젊은 엔지니어들이 너도 나도 페이스북으로 입사하려고 줄을 섰다. 단순히 10%의 임금인상보다는 수십 배, 수백 배로 상승할 수 있는 주식을 받아 미래에 확보할 수 있는 부가 훨씬 더 매력적이었기 때문이다.

실제로 마이크로소프트의 초창기 멤버들 아니 심지어 한국지사 설립 당시 멤버들만 하더라도 주식으로 인해 상당한 부를 챙긴 것으로 알려져 있다. 마이크로소프트의 경우 1987년부터 지금까지 자그마치 9번의 주식분할을 했다. 9번 주식분할을 하면서 당시의 100주가 지금은 약 28,800주가 되었다. 만약 당시에 1,000주를 받아 아직 팔지 않고 가지고 있다면 지금 약 80억대 부자가 되어 있을 것이다. 거기에 매 분기마다 꼬박꼬박 나오는 배당까지 포함한다면 충분히 100억대 부자가 되었을 것이다. 우리나라에도 이런 예는 많은데, 일례로 NHN이 설립되고 얼마 되지 않아서 합류한 사람들은 이런 신화의 주인공이 되었다.

사실 이러한 일확천금의 환상 때문에 성장가능성이 있는 스타트업(Start-up) 기업들은 훌륭한 외부 인재를 유인하는 데 주식을 좋은 수단으로 활용한다. 한국에서도 한참 닷컴 버블이 있던 2000년 무렵에 수많은 대기업 직원들이 벤처행을 택했다.

멀쩡히 다니던 대기업을 그만 두고 무슨 특허기술이 하나 있다는 듣도 보도 못한 벤처행을 택했던 후배가 했던 충고가 아직도 귀가에 생생하다. "선배, 월급쟁이가 돈 버는 유일한 길은 주식뿐이에요" 그러나 다들 알다시피 일확천금의 꿈을 이룬 사람은 그들 중 극히 일부분에 불과했다.

주식을 지급하는 방식에는 무엇이 있는가? 회사에서 회사 주식이 생기는 방법은 대략 4가지 정도이다.

첫번째, 우리 사주로 직원의 복리를 목적으로 하여 현금 대신 자사주를 지급하는 것으로서 실적이나 성과에 연동하지 않고 대개 근속연수나 직급을 기준으로 수량을 정하곤 한다. 급여 또는 상여에서 차감하는 형식으로 주식을 저가에 구입하게 되며, 일정 기간의 보유기간을 가진다. 보통은 1년 이후에는 원하는 시점에 판매할 수 있다.

두번째는 Stock Option(주식매수선택권)으로 말 그대로 Option(선택권)을 부여하는 것이다. Stock Option과 관련되어서는 3가지 중요한 날짜가 있다. Grant Date, Vesting Date, Expire Date이다. Grant Date는 선택권을 회사가 직원에게 부여한 날짜이고, Vesting Date는 일정 시간이 지나고 그 선택권을 행사해도 되는 시점을 의미하고, Expire Date는 행사를 더 이상 할 수 없는 완료시점이다.

예를 들어 2005년 1월 1일에 어떤 회사 주가가 30불이었는데 이때 Vesting date가 2008년 1월 1일, Expire Date가 2014년 12월 31일인 25불짜리 Stock Option 1,000주를 받았다고 하자. 보통 기업에서는 Grant Date의 시장가를 기준으로 Stock Option을 부여한다. 현재 주가가 30불인데 30불이 넘는 Option을 주는 기업은 매우 드물다. 왜냐하면 그럴 바에야 현재 시장에서 내 돈 내고 지금 주식을 사면 되기 때문이다.

스톡옵션을 받은 시점은 2005년 1월 1일이지만 실제 돈이 될 수 있는 시점은 2008년 1월 1일부터이므로 이 시점에 시장 주가가 20불이라면 이 선택권을 행사할 사람은 아무도 없을 것이다. 당연히 시장에서 20불에 구입할 수 있으니 바보가 아닌 다음에야 25불에 주식을 살 필요는 없다. 그런데 2010년 1월에 주가가 50불이 되었다고 가정하면 직원 입장에서는 충분히 이 옵션(매수 선택권)을 행사할 만한 가치가 있다. 즉, 시장에서 50불 하는 주식을 25불에 살 수 있기 때문에 약 25,000불[(50불−25불)×1000주]의 순이익을 얻을 수 있기 때문이다. 따라서 직원의 입장에서는 주가가 최정점에 올랐다고 판단되는 순간 그리고 그 주가가 옵션가격보다 높다라는 전제하에서 옵션을 행사하면 차액만큼 이득을 볼 수 있다.

실제 매우 드물기는 하지만 이론적으로는 Exercise & Hold, Exercise & Sell, Exercise& Sell to cover의 3가지 형태로 행사를 할 수 있다. Exercise & Hold는 현금으로 받는 것이 아니라 실제 주식을 모두 구입하는 것이다. 위의 경우라면 25,000불을 주식 브로커에 송금하고 회사주식 1,000주를 내 주식계좌로 가져오는 것으로서 이 주식은 당연히 기한에 제한이 없이 내가 원하는 시점에 판매하면 된다. 만약 Expire Date가 가까워 오거나 퇴직일이 가까워 오는데 향후 주가가 더 오를 것이라 확신한다면 굳이 행사시점에 판매하지 않고 주식으로 보유하여 미래에 판매할 수도 있을 것이다.

Exercise & Sell은 대표적인 형태인데 보통 Stock Option의 행사라고 말하는 형태로 내 돈 25,000불을 내는 대신에 동시에 1,000주를 시장에 판매하여 50,000불 중 구입료 25,000불을 내고 차액 25,000불만큼만 내 계좌로 송금하는 것이다. 개인의 주머니에서 나가는 돈없이 단지 차액만 이익으로 얻는 것이기 때문에 대부분 이 형태를 선호하게 된다.

Exercise & Sell to cover는 중간 형태로 주식구입액인 25,000불만큼만 주식을 판매하고 나머지는 주식으로 받는 것이다. 즉, 1,000주 중 500주는 판매하여 25,000불을 현금화하여 바로 브로커에게 송금하고 나머지 500주는 주식으로 받아오는 형태이다. Stock Option은 직원들로 하여금 주가에 대한 책임감과 주인의식을 느껴서 높은 성과를 창출하고 자연스럽게 주식가격이 올라가서 부가의 수익을 얻을 수 있도록 하는 제도인 만큼 퇴직한 이후에는 행사를 할 수 없게 된다.

세번째 형태는 소위 RSU(Restricted Stock Unit)라는 형태로 IT기업들이 예전만큼 주가가 가파르게 성장하지 않고 거꾸로 주가가 내려가는 경우도 있고 실제 직원들의 성과와 주가의 상관관계에 대한 의구심이 생기면서 Stock Option이 아니라 몇 가지 제한이 있는 주식을 그냥 부여하는 형태이다. 즉, 한창 IT기업이 성장하던 시점에는 주가가 하루가 다르게 올라갔으므로 Stock Option이 상당히 매력적인 인센티브였으나, 성장이 둔화되고 오히려 주가가 떨어지면서 수많은 Stock Option이 행사가 불가능한 휴지로 전락해 버렸다. 이에 대해 직원들은 주식수를 적게 주더라도 최소한의 수익을 얻을 수 있는 형태의 인센티브를 선호하게 되었고 지금 대다수 IT기업들은 Stock Option보다는 RSU를 장기인센티브로 활용하고 있다.

RSU는 말 그대로 제한(Restricted)이 있는 주식이다. 그 제한은 일정기간 보유해야 판매할 수 있다는 조건이다. Stock Option과는 달리 판매할 수 있는 시점이 되면 해당 주식을 내 계좌로 받게 되는 것이기 때문에 주가가 떨어진다 하여도 수익을 얻을 수 있는 장점이 있으며 주가가 오른다면 시세 차익까지 더 많은 수익을 얻을 수 있을 것이다. 마이크로소프트의 RSU는 Stock Award라는 이름을 가지고 있고 해마다 직원의 평가에 따라 부여 숫자를 결정하게 된다. 이렇게 부여(Grant)된 주식은 일정기간이 지나면 개인의 계좌로 넘어가게 되는데 이것을 Vesting이라고 한다. 마이크로소프트의 경우 5년간에 걸쳐 20%씩 Vesting이 된다. 즉, 2005년에 내가 1,000주를 부여(Grant)받았다면 2006년에 200주, 2007년에 200주, 2008년에 200주, 2009년에 200주 그리고 2010년에 200주가 내 계좌로 들어오게 되는(Vesting) 것이다. 당연히 내 계좌로 들어온 주식은 내

임의대로 언제든 매도할 수 있다. 회사마다 스케줄은 다르게 설정되어 있는데 2년에 50%씩 4년 후에 100%가 Vesting되는 방식, 중간에 Vesting 없이 3년 후에 100% Vesting되는 방식 등 다양한 방식이 존재한다.

만약 중간에 퇴사한다면 과거에 부여되었던 주식 중에 Vesting되지 않은 주식은 Vesting이 중단되고 소멸된다. 위의 경우에 내가 2008년에 퇴직했다면 2009년과 2010년에 계좌로 들어오는 400주는 포기하게 되는 셈이다.

RSU는 장기인센티브로 직원들의 Retention을 유도하고 오랜 기간 동안 공헌할 수 있도록 하는 목적을 가지고 있으므로 Long Term Incentive라는 이름으로도 불린다. 따라서 성과가 좋거나 역량이 높은 직원에게 많은 주식을 부여(Grant)하여 퇴직을 방지할 수 있게 하는 것이다.

네번째 형태가 ESPP(Employee Stock Purchase Program)이다. 이것은 직원이 자사주를 할인된 가격으로 구입할 수 있도록 하는 복리후생제도의 하나이다. 일반적으로 매월 혹은 분기별로 월급여의 10~15% 한도 내에서 구입시점의 주식가격의 10~15% 정도 할인된 가격으로 구입할 수 있으며, 당연히 구입시점 이후부터 판매할 수 있다. 참고로 10~15% 할인된 금액은 회사에서 제공한 소득으로 인식되어 근로소득세를 납부해야 한다. 대개는 회사에서 일괄처리하지만 회사에 따라서는 개인이 종합소득세 신고시에 개별 신고납부해야 하는 경우도 있다.

주식에는 세금이 어떻게 부과되는가?

"마이크로소프트, IBM, 야후, GE 등 외국기업 국내 자회사 임직원들이 외국의 모(母)회사로부터 받은 스톡옵션의 행사이익도 소득세 과세대상이라는 법원판결이 나왔다" 이는 2004년 1월 12일자 기사이고 과세 취소의 소를 제기한 시점은 2002년이다.

많은 외국계 기업에서 위의 얘기는 믿거나 말거나 상당한 전설로 전해지는 얘기인데, 1990년대말 2000년대초 한참 IT기업들의 주가가 폭등하고 IMF를 맞이하여 환율이 폭등하던 시점에 외국 모회사로부터 받은 스톡옵션은 말 그대로 황금알을 낳는 거위와 같았다고 한다. 그런데 더 좋은 것은 세금당국도 이러한 스톡옵션에 대한 정확한 이해가 없어서 과세에 대한 명확한 지침을 가지고 있지 않았고 그래서 당시 직원들은 그냥 옵션행사 차익을 그대로 세금 한 푼 내지 않고 수익으로 챙길 수 있었다고 한다. 세금도 안 내고 주가노 좋고 환율은 높고 그야말로 황금 같은 시기였을 것이다.

그런데 서울시 어느 구 세무서의 직원이 스톡옵션에 대해 심도있게 공부하게 되었고, '소득 있는 곳에 세금 있다'는 과세철학을 바탕으로 이런 경우를 찾아내어 과세를 하였다. 과세를 받은 직원은 무방비로 있다가 몇 년 전 행사해서 지금은 어디 있는지도 모르는 주식판매대금에 대한 상당한 세금을 납부하기 위해 집을 팔아야 하는 경우도 발생하였다. 그리고 높은 직급에 있어서 많은 스톡옵션을 행사하여 세금이 억 단위로 나온 어느 임원은 그 세금 때문에 이민을 떠났다는 설도 있다. 물론 과장된 측면은 있겠지만 당시의 스톡옵션의 수익률이나 몇 년 동안 밀린 세금과 과태료까지 실제 세금폭탄을 맞은 경우가 있을 것이라 추측할 수 있다.

주식으로 인한 세금은 스톡옵션의 행사차익과 RSU가 Vesting되는 시점의 주가×주식수는 을종근로소득이고 RSU나 ESPP의 판매차익은 양도소득세로 매년 5월에 종합소득세를 통해 신고납부를 하여야 한다. 만약 미국 주식이라면 미국 시민권자가 아니라는 것을 증명하는 W-8 Ben이란 양식을 작성하여 제출하여야 미국에서 원천징수를 면제받을 수 있다는 점도 반드시 알아둘 필요가 있다.

05

복리후생

–만병통치약 같은 복리후생제도는 없다

복리후생제도는 과연 필요한가?

"구글 같은 구내식당 바라지도 않아 우리가 무슨 초식동물입니까"

위의 말은 2011년 4월 4일 한국경제신문에 게재된 기사의 제목이다. 구글이 많은 사람들의 머리 속에 각인시킨 여러 가지 긍정적 이미지 중에 가장 유명한 것은 이미도 구글의 '식당'인 것 같다. 구글은 독특한 복리후생으로 유명하다. 그 중 하나가 150여 명의 호텔 주방장들이 제공하는 최고급의 유기농 요리로 구성된 식사 제공이다. 물론 무료이고 아침 · 점심 · 저녁 모두 제공한다. 그 이외에도 세탁, 이발소, 마사지 등 독특하고 다양한 복리후생을 제공하는 것 때문에 소위 '신(神)의 직장'으로 불리기도 한다.

구글의 회장인 에릭 슈미츠는 "직원들이 가는 길의 모든 장애물을 없애는 것이 우리의 목표이다. [중략] 회사는 프로그래머들이 Programming을 하기를 원한다. 프로그래머들이 세탁물을 걱정하는 것을 원하지 않는다"라고 구글의 복리후생에 대한 철학을 표명한 바 있다. 즉, 직원들의 몰입도(Engagement)를 높이기 위해서 업무 이외의 직원들의 모든 고민거리는 회사가 책임지고 해결하겠다는 의지를 보여주고 있다. 구글이 이렇게 직원의 복리후생에 막대한 투자를 하는 것은 구글이 가장 중요하게 여기는 혁신과 창의성이 직원들의 근무환경에서 비롯된다고 믿기 때문이다.

예전에 글로벌 본사 인사담당자에게 한국의 복리후생을 설명하는 데 경조금 제도를 보더니 "왜 회사가 직원 삼촌이 죽었는데 돈을 주냐?"며 나에게 물어본 적이 있다. "어? 다른 회사도 다 주는데……"라고 답변은 했지만 곰곰이 따져보면 한국 사람이 아닌 다음에야 쉽게 이해할 만한 일은 아니다. 회사는 노동의 대가로 임금을 지급한다. 그런데 이것 말고도 여러 가지 복리후생을 제공한다. 게다가 복리후생은 대개 급여나 인센티브와 달리 직원의 성과와 관계없이 평등하게 주어진다. 이처럼 직원의 성과향상을 직접적으로 유인하는 수단도 아닌데 왜 성과에 따른 차별화를 강조하는 회사에서도 빠짐없이 복리후생제도가 있을까?

복리후생은 기업의 초기형태인 가족기업의 '부정주의(Paternalism)'에서 유래한다. 즉, 가족을 돌보듯이 기업주가 종업원들과 그 가족들에게 임금 이외에 생활수준의 향상을 위해 건강, 안전, 여가 등을 목적으로 부가적으로 복리후생제도를 제공해 왔고, 이후에 노동자의 보호와 권익을 위해 법적으로 일정 수준 이상의 복리후생을 보장하도록 하는 법정복리후생제도가 도입되었다. 산업이 점차 지식기반으로 변화하고 사람(인재)에 대한 중요성이 커지면서 좋은 복리후생제도는 우수한 인력을 유인하고 유지하는 중요한 요소로 자리잡게 되었다.

이에 따라 과거 보상의 중심이 금전적이고 직접적인 Compensation의 개념이었다면 현재는 금전보상 이외에 각종 복리후생 그리고 재택근무나 유연근로시간제로 대표되는 Work & Life Balance나 조직문화 그리고 경력 기회 등과 같이 눈에 보이지 않는 Intangible Rewards를 포괄하는 Total Rewards의 개념으로 접근하고 있다. 즉, Total Rewards는 단지 지금 내가 얼마를 받고 있느냐가 아니라 내가 이 조직에서 일하면서 얻게 되는 것은 전체적으로 무엇인가라는 관점에서 모든 가치를 보상의 총합으로 보는 것이다. 또한 Total Rewards는 구직자 혹은 직원들이 해당 회사에 대해 제공할 수 있는 Value Proposition으로도 인식될 수 있으므로 요즘 기업들은 이를 적극적으로 공표 혹은 광고하거나 활용하고 있다.

법정 복리후생제도는 어떤 것이 있는가? 복리후생의 가장 단순한 구분은 법정 복리후생과 법정 외 복리후생이다. 대한민국 근로기준법을 비롯한 노동법에서 정하고 있는 법정 복리후생은 소위 4대 보험이라고 하는 국민건강보험, 산업재해보험, 고용보험, 국민연금이 있고, 퇴직금제도(혹은 퇴직연금제도) 및 유급휴가제도(연차, 산전 후 휴가, 육아휴직 등)가 있다.

4대 보험에 대한 보험료는 산업재해보험을 제외하고 기본적으로 근로자 부담분과 사업주 부담분이 있다. 산업재해보험 보험료는 근로자 부담분 없이 사업주만 부담한다. 나머지 3대 사회보험은 예전에는 국민연금공단, 국민건강보험공단, 근로복지공단에서 각각 보험료를 징수하여 인사담당자가 불편을 겪었으나 지금은 국민건강보험공단에서 통합하여 징수하고 있다.

국민연금은 기준소득월액의 9%를 근로자와 사업주가 각각 절반씩 부담하는데 기준소득월액이 389만원을 초과하면 389만원으로 계산한다. 국민건강보험은 5.89%를 근로자와 사업주가 각각 절반씩 부담하는데, 보수월액 상한이 7,810만원이므로 웬만한 직장인 연봉이라면 국민연금과 달리 한도가 없다고 봐야 한다. 그리고 산정된 건강보험료의 6.55%가 장기요양보험료로 추가된다. 기본적으로 같은 사회보험이지만 국민연금은 본인이 적립한 돈으로 노후(노령연금), 장애(장애연금)를 대비하고 남겨진 유족(유족연금)의 생활을 보장하기 위함이므로 자신이 낸 돈과 비례하여 연금을 수령하게 된다. 실제로는 현재 세대에서 보험료를 거두어 은퇴한 세대에게 지급하는 방식이므로 현재 보험료를 내는 세대는 미래 세대에서 부양을 받게 된다. 국민연금은 복지국가 개념이 한참 도입되던 시기에 설계되었으므로 처음에는 낸 돈에 비해 받는 돈이 턱없이 많도록 설계되어 있었다. 출산율이 높은 시대에는 큰 문제가 되지 않았으나 현대에는 문제가 커져 국민연금 급여도 낮아지고 노령연금의 지급시기도 점점 늦춰지고 있다.

국민건강보험은 소득재분배 기능도 있으므로 돈을 많이 버는 사람이 많이 내게 되어 있다. 즉, 본인이 받는 의료서비스의 질과 양에는 관계없이 보험료를 내는 방식이므로 형평성의 문제가 있어 종종 미국식의 개인보험 도입이 거론된다. 미국식 개인보험의 장단점이 있겠지만 한국의 건강보험제도를 부러워하는 나라도 많이 있다. 고용보험은 근로자에게는 실업급여, 육아휴직급여, 출산전후휴가급여를 지원하며, 기업에게는 고용유지 및 촉진 지원금, 직장보육시설 지원 등의 혜택을 제공한다. 고용보험료는 근로자의 경우 보수총액의 0.55%를 부담하며, 사업주는 기업 크기에 따라 다르지만 최소 0.8%에서 최대 1.4%를 부담한다. 모든 보험료는 2012년 기준이며, 매년 변경될 수 있다.

한편, 유급휴가제도에 대해서 간략히 설명하자면 2005년에 '주40시간 근무제'가 단계적으로 시행되면서 많은 변화가 있었다. 즉, 기존에 주44시간 근무제가 시행될 때는 토요일 근무가 있었고, 매월 1일의 월차와 매년 10일의 연차가 주어졌다. 그리고 계속근로 1년당 1일의 가산휴가가 주어졌으며, 연차가 20일이 넘어가면 초과되는 휴가에 대해서 휴가를 부여하지 않고 금전보상이 가능하였다. 주40시간 근무제가 실시되면서 토요일 근무가 없어지는 대신 기존의 월차는 없어지고 연차는 매년 15일이 발생하게 되었다. 그리고 가산연차가 계속근로 2년에 하나씩 주어지며, 연차 한도로 25일이 설정되었다. 한편, 여성의 생리휴가가 유급에서 무급으로 변경되었다.

이외에 근속연수 1년당 평균임금 1달치의 금액을 지급하는 퇴직금(퇴직연금) 제도가 법적으로 보장되는 복리후생제도이다.

법정 외 복리후생제도에는 어떤 것이 있는가?

당연히 상기 법정 복리후생을 제외하고는 모두 법정 외 복리후생으로 법적 구속력이 없고 회사가 자발적으로 제공하는 복리후생이다. 이에 대한 구분으로는 항목의 종류에 따라서 저축과 투자, 건강과 안전, 휴식과 휴가 그리고 기타 생활에 도움이 되는 복리후생으로 구분할 수 있다.

[표 4-2] 복리후생의 구분

구분	내용
저축과 투자	각종 수당, 주식구입제도, 각종 융자, 퇴직금, 사내 물품할인 구입, 휴가비 등 금전적인 지원 또는 할인을 통해 직원에게 경제적 보조를 제공함
건강과 복지	각종 보험, 건강검진, 의료비 지원, 헬스클럽 지원, 의료서비스, 휴양시설 등 직원의 건강과 안전을 도모하고 레저생활에 대한 도움을 주기 위함
휴식과 휴가	법정휴가 이외에 병가, 경조휴가, 유급·무급휴직 등을 제공함
기타 생활	각종 편의시설, 육아지원, 식사 제공, 자기계발 지원, 학비지원, 자녀학자금 지원, 생일 또는 결혼기념일 선물제공, 명절선물 제공, EAP(Employee Assistance Program), 호프데이, 상조서비스, 동호회 활동 지원, 가족 피크닉, 여름 캠프 지원, 교통·통신비 지원 등 기타 직원이 안정되고 윤택한 삶을 누릴 수 있도록 회사가 제공하는 혜택임

위에 언급한 복리후생들은 비교적 일반적인 회사들에서 많이 도입을 하고 있는 항목들이지만 요즘은 구글의 세탁소, 미용실, 마사지 서비스

등과 같이 점차 직원들의 개성과 필요를 충족하는 독특하고 다양한 복리후생 항목이 많이 소개되고 있다. 독특하고 창의적인 복리후생 몇 가지를 소개하자면 샤워 타올 및 스타벅스 커피 제공(마이크로소프트 본사), 휴일대체휴무(한국 마이크로소프트), 사내카페 및 마사지 서비스 제공(한국 IBM), 도서구입 포인트 지급(NHN), 독서여행(룩옵틱스), 퇴사시 가맹점 오픈 지원(파리크라상), 회사차량을 허니문카로 제공(LG CNS), 결혼정보업체 제휴(SK텔레콤) 등이 있다.

하지만 회사의 입장에서는 무작정 다양하고 화려한 복리후생제도를 제공할 수는 없다. 비용문제가 가장 큰 이유이겠지만 설령 같은 비용을 집행한다 하여도 이를 임금이나 인센티브와 같은 직접적 보상을 제공했을 때 직원들이 느끼는 만족도나 회사의 가치를 제고하는 데 더 큰 효과를 낼 수 있다면 회사는 당연히 복리후생보다는 직접 보상에 비용을 더 쓰려고 할 것이기 때문이다.

복리후생제도는 어떻게 설계하고 운영하는가?

복리후생의 설계에는 몇 가지 원칙이 필요하다. 마이크로소프트는 복리후생의 설계시에 4가지의 원칙(4C)을 고려한다. 첫번째 고려요소는 Competitiveness(경쟁력)이다. 이는 회사가 시장에서 인재를 유인하고 재직 중인 직원을 유지하기 위하여 복리후생 수준을 어느 정도 위치로 포지셔닝(positioning)할 것인지를 결정하는 것이다. 즉, 구글과 같이 업체 최고 수준의 복리후생을 제공하여 공격적이고 적극적으로 시장을 선도할 수도 있고, 거꾸로 복리후생의 중요성이 적어서 가장 기본적인 수준의 복리후생을 제공할 수도 있다. 이를 위해 회사들은 시장조사를 통해 경쟁사 혹은 비교회사들의 복리후생 수준을 꾸준히 파악하고 목표하는 위치의 복리후생을 제공하기 위해 노력하고 있다.

두번째 고려요소는 Compliance(법규 준수)이다. 너무나 당연한 고려 요소이기는 하지만 복리후생이 노동법이나 기타 관련 법규를 준수해야 한다는 것이다. 하지만 법으로 규정하고 있다 하여도 강행규정이 아니면 모든 회사가 준수하는 것은 아니다. 실례로 「영유아보육법」 제14조에 따르면 직원 500명 이상 혹은 여성직원 300명 이상인 회사는 육아시설을 제공하거나 혹은 정부보육료의 50% 이상의 보육수당을 제공해야 한다. 하지만 대상이 되는 기업의 절반 가까이는 해당 조항이 강제조항이 아니라는 이유로 복리후생을 제공하지 않고 있다. 실제 육아시설이나 보육수당의 규모가 워낙 크기 때문에 벌금을 부과하는 것이 실효성이 없기 때문에 이 조항은 강제조항이 아니라 권장조항이기는 하지만 법규를 준수하는 것도 중요한 원칙 중에 하나이다.

셋째는 Cost(비용)로 어찌 보면 가장 중요한 고려요소이다. 당연히 회사는 부담할 수 있는 수준의 복리후생을 제공해야 하고 같은 비용으로 가장 큰 효과를 낼 수 있는 최적의 프로그램으로 구성하여야 한다. 가령 순수 복리후생비용 이외에 운영비용이 많이 소요되는 프로그램이나 고비용인데 매우 제한적인 소수만 혜택을 볼 수 있는 복리후생 등은 비용 측면에서 적합하지 않다고 하겠다. 비용-편익분석은 직원들을 상대로 정기적인 만족도 조사나 프로그램 활용 정도, 생산성 향상 등을 통해 측정이 가능하다.

넷째는 Culture(문화)로 해당 국가나 조직의 문화와 적합한 복리후생을 설계해야 한다는 것이다. 사실 이 부분은 글로벌 기업의 인사담당자로 상당히 어려움이 많은 부분이기도 하다. 즉, 우리나라에서는 당연하게 혹은 익숙하게 여겨지는 복리후생 항목들이 문화적 차이로 인해 납득시키는 데 긴 설명과 이해를 요구하게 된다.

앞서 말한 경조사비 지원 이외에 경험상 문화적 차이가 있었던 복리후생들을 언급해 보면 '콘도 지원'과 '임원 차량' 그리고 '상조 지원' 같은 복리후생들이다. 우선 '콘도(Condo)'라는 용어 자체부터 한국 사람들을 제외하고는 낯선 영어단어이다. 콘도(Condo)는 Condominium의 축약된 형태인데 사실 Condominium은 우리가 말하는 '아파트'에 가까운 주거형태라고 봐야겠고 관광지에서 단기간 빌려 쓰는 목적의 '콘도'는 영어로 'timeshare나 resort hotel' 정도가 엇비슷한 개념일 듯하다. 용어부터 이렇게 혼란이 생기는 데다가 '콘도'와 같은 관광지의 숙박을 복리후생으로 제공하는 나라는 찾아보기 어렵기 때문에 본사나 지역 복리후생 담당자에게 왜 '콘도 지원' 같은 복리후생이 필요한지 설명하기란 참으로 멀고도 험한 길이다. '경조사'나 '상조 지원' 같은 프로그램들도 다른 나라에서는 찾아보기 힘든 한국의 독특한 복리후생이므로 'Culture'를 고려한 복리후생이라고 봐야겠다.

또 한 가지는 '임원 차량'이다. 한번은 아시아지역 인사담당자가 회사 주차장에 주차된 차량들을 보고 상당히 놀랐던 적이 있다. 왜냐하면 모든 차량이 중대형 검은색 세단이었기 때문이다. 한국에서 차가 가지는 상징성 때문에 임원 차량은 여지없이 검은색 중대형 세단일 수밖에 없고, 이 사실은 본사나 지역 담당자들의 합리적인 접근으로는 쉽게 납득하기 어려운 사실이기도 하다. 기본적으로 회사에서 차량을 제공하는 대상자가 다른 나라에서 최고경영진에 한정하는 것에 비해 한국에서 소위 평균적으로 '상무' 이상 되는 임원들까지 범위가 넓은 것도 역시 'Culture'를 고려하지 않고서는 인정하기 쉽지 않은 부분이기도 하다.

실무담당자로 복리후생의 설계와 운영의 가장 큰 어려운 점은 직원들로부터 '이거 되나요?'라는 질문을 받아 다양한 케이스에 대한 유권해석을 내려야 하고 이러한 결정이 향후에도 계속 일관성을 유지해야 하는 점일 것이다. 예전에 직원들의 건강증진을 위해서 '자기개발비' 안에 건강목적의 활동이 가능하다는 문구를 포함시킨 적이 있다. 응당 헬스클럽이나 수영과 같은 흔히 생각하기 쉬운 항목들을 활용할 것이라는 기대와는 다르게 정말 상상한 것 이상의 항목들에 대한 문의가 쏟아진 바 있다. 골프, 권투, 검도, 탁구와 같은 종목들은 그나마 양반이었고 당구, 바둑, 단전호흡, 수지침(건강목적이란 이유로)도 문의가 있었던 항목이었다. 물론 그 이외에도 본인은 자전거로 출퇴근을 하니 자전거를 구입하는데 해당 복리후생을 사용하겠다는 문의까지도 이어졌다. 하나 하나 들어보면 그럴 듯해 보이기도 하지만 프로그램을 운영하고 관리해야 하는 담당자의 입장에서는 논리를 가지고 선을 긋는 수밖에 없게 된다.

프로그램의 수혜자를 선정하는 경우에도 실무담당자는 여러 고충을 겪을 수밖에 없다. 복리후생의 성격과 필요에 따라 최적의 집단을 직급 구분, 연령 등의 구분에 따라 수혜자를 선정하게 되는데 항상 그 수혜자의 영역 바로 바깥에 있어서 혜택을 받지 못하는 사람들이 생기게 마련이고 이들의 불만을 처리하고 관리하는 것 또한 실무담당자의 업무이고 역량이 필요한 부분이라 하겠다.

카페테리아 플랜은 무엇인가?

이렇게 일방적으로 회사가 수혜자를 결정하는 복리후생 프로그램들은 해당 조건에 맞으면 필요에 관계없이 일괄적이고 평등하게 혜택이 주어진다. 예를 들어 전 사원이 대상인 영어학원 수강료 지원 프로그램은 영어 실력과 관계없이 학원만 수강하면 지원을 해주게 된다. 말하자면 원어민(Native Speaker) 수준의 영어를 구사하여 영어학원 수강이 필요없다 하더라도 지원대상자인 셈이다. 이렇게 평등하고 일괄적인 프로그램이다 보니 매우 건강해서 굳이 매년 건강검진을 받지 않아도 되는 직원도 의례적으로 건강검진을 받게 되고 영어학원이나 헬스클럽도 회사에서 지원해 주니 별로 필요하지 않아도 등록해 놓고 출석률이 낮은 경우가 발생하는 등 차등없이 필요에 따라 제공하다 보니 개인당 소요되는 복리후생비용이 천양지차가 되는 경우가 생기기도 한다. 즉, 어떤 사람은 건강검진도 하고 영어학원도 다니고 헬스클럽도 다니고 자녀학자금도 지원받고 의료비도 환급받고 꼬박꼬박 콘도도 이용해서 연간 1,000여 만원의 복리후생 혜택을 받은 반면, 같은 조건의 다른 사람은 프로그램을 적극적으로 이용하지 않아서 100만원도 못 되는 혜택을 받았다면 직원 입장에서는 오히려 이런 것이 불공평하게 느껴질 수도 있을 것이다. 따라서 회사는 점점 커지는 직원 개개인의 요구를 충족하면서도 비용 측면에서 통제가 가능한 복리후생 프로그램들을 고민하기 시작했고 그 해결책으로 광범위하게 활용되고 있는 것이 바로 선택적 복리후생(카페테리아 플랜)이다.

카페테리아 플랜이란 제한된 예산범위 내에서 본인의 필요에 따라서 원하는 항목들을 선택·추가하여 복리후생 프로그램들을 이용하는 것으로 국내에서는 1997년에 한국IBM이 처음 도입한 이래 수많은 회사, 공기업, 기관들이 도입하여 활용하는 복리후생이다. 대개 직급·연령·가족 구성 등에 따라 차등의 예산(포인트 혹은 Credit)을 제공한 후 원하는 항목들을 선택하여 예산만큼 활용하고 남는 포인트는 이월, 금전 반환 혹은 소멸시키고 예산범위를 초과하는 부분은 직원 개인이 부담하는 방식을 사용한다. 카페테리아 플랜에 많이 포함되는 항목으로는 의료비, 치과보상, 생명보험, 교육, 자기개발, 콘도이용, 도서구입, 자녀교육비, 생일·기념일 꽃다발 등이다.

카페테리아 플랜은 본인 스스로 항목을 선택할 수 있도록 하여 직원 만족도를 높일 수 있고 기존의 복리후생에 비해 예산의 계획과 통제가 가능한 장점이 있다. 그러나 항목들과 선택사항들을 관리해야 하는 관리비용이 발생하고 직원의 건강과 안전, 향상된 생활 등을 위해 반드시 필요한 항목인 데도 직원이 선택하지 않아서 추가적인 비용이 발생할 수 도 있으며 직원들의 기대 수준이 높아져서 더 높은 예산의 책정이나 추가적인 프로그램의 도입 등을 요구할 수도 있게 된다. 그리고 도입시점에는 기존 복리후생을 활용하던 직원의 경우 일부를 제한받거나 아예 사용하지 못할 수도 있기 때문에 오히려 불만요소가 발생할 수도 있다.

관리의 어려움을 해소하기 위해 신용카드와 연계하여 복지카드의 형태로 운영하거나 복리후생 전문 운영업체를 활용하는 방법이 있고 직원들이 연령이나 가족 구성에 따라 꼭 선택해야 하는 항목들을 '핵심 항목'으로 구성하거나 해당 연령 · 직급 · 가족 등을 고려한 모듈을 만들어서 직원의 선택권 일부를 제한하는 방법이 있다.

카페테리아 플랜을 운영하는 경우에는 예산 책정과 각 항목의 금액 책정이 중요하다. 예를 들어 의료비 실비보상 항목이 20만원에 선택 가능하였는데, 직원의 연령이 높아지면서 의료비가 점점 많이 들게 되었다면, 예산을 늘리던지 의료비 실비보상 선택의 금액을 높여야 할 것이다. 따라서 2~3년마다 한 번씩 금액 재검토 작업을 통해 각 선택항목별로 적절한 금액을 산정해야 예상한 복리후생비를 지출할 수 있다.

복리후생제도는 계속될 것인가?

앞으로도 복리후생의 중요성은 더욱 더 커질 것이다. 직원이 일과 생활의 균형 속에서 업무를 하게 될 때 최상의 성과를 낼 수 있다는 것은 주지의 사실이다. 따라서 향후에 복리후생은 단순히 회사가 직원에게 시혜적인 차원에서 베푸는 혜택이 아니라 직원이 가장 높은 성과를 낼 수 있도록 앞에 놓인 모든 장애요인이 되는 것들을 제거해 주는 수단의 역할을 하게 되어 조직과 직원 모두 Win-Win할 수 있도록 할 것이다. 또한 지속가능한 경영을 위해서는 미래가 건강한 조직을 만들어야 하고 건강한 조직은 직원의 건강 그리고 조직의 건강에서 비롯된다는 점을 인지한다면 앞으로도 복리후생은 끊임없이 진화하고 발전하게 될 것이다.

Reference

선택적 복리후생제도 설계 예시

선택적 복리후생제도를 설계할 때는 먼저 가용한 예산을 파악한다. 그리고 직원들의 필요와 요구사항을 감안하여 어떤 항목을 선택적 복리후생제도로 구성할 것인지를 결정한다. 또한 직원구성과 직원의 가족구성을 분석하여 각 항목에 어떤 선택안을 줄 것인지 결정하고, 각 선택안의 금액을 결정한다. 아래는 선택적 복리후생제도 구성안의 하나의 예이다.

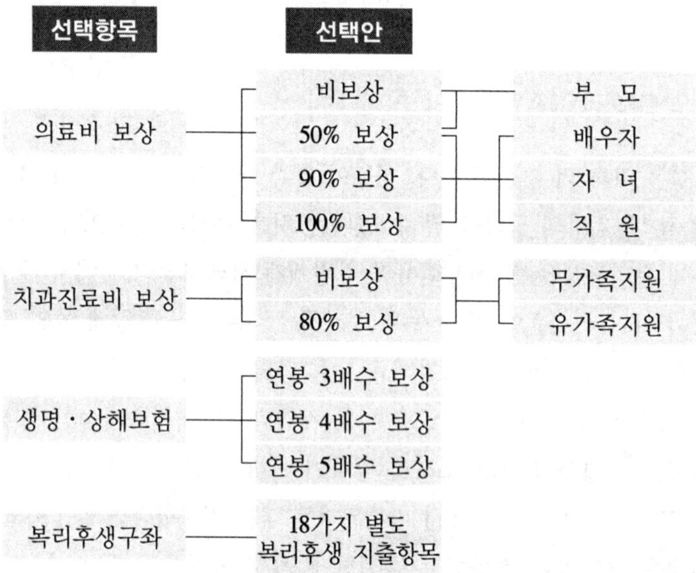

06 Relocation
-Globalization, Localization, Glocalization

해외주재원을 파견하는 이유는 무엇인가? 나의 첫 직장은 종합상사였다. 종합상사의 직원들은 대부분 언젠가 해외주재원을 한번 경험하리라는 꿈을 가지고 있었다. 본인과 가족이 외국생활을 경험해 볼 수 있다는 커다란 장점 외에도 실질적으로 금전적인 이익이 많이 있었다. 즉, 국내에서의 급여는 급여대로 나오고 주재원 수당이란 이름으로 생활비가 나올 뿐 아니라 집과 자녀학자금 등이 대부분 지원되기 때문에 복귀할 때는 국내 급여를 고스란히 저축할 수 있는 효과까지 있었다. 또한 소위 '급지'에 따라 위험지역이나 생활이 어려운 등급의 지역은 위험수당이나 위로수당 같은 것이 포함되기도 했다. 이처럼 주재원은 종합상사의 '꽃'이었고 '꿈'이었다. 현재는 해외주재원을 파견하고 있는 대부분의 회사들이 'No Loss, No Gain'의 원칙 아래 해외에 주재함으로 인해 금전적 손해나 이익이 없도록 하는 원칙을 가지고 있으니 앞서 언급한 얘기는 과거지사가 되긴 했지만 여전히 회사 입장에서 주재원은 어마어마한 투자인 셈이다.

주재원은 말 그대로 다른 나라로 파견된 직원이다. 그렇다면 회사에서 엄청난 비용을 감수하면서 주재원을 파견하는 이유는 무엇일까?

다른 나라로 주재원을 파견하는 이유는 첫째, 파견직원이 현지직원들이 가지지 않은 특정 기술·능력이 요구되는 직무를 담당할 수 있고, 둘째, 해외파견으로 직원들에게 국제경험을 얻게 하여 경력개발에 도움을 줄 수 있으며, 셋째, 본사에서 지사로 파견되는 주재원의 경우 지사에 대한 조정과 통제가 가능하기 때문이다. 또한 본사 주재원은 본사의 기업 문화를 지사로 전달하는 역할과 본사로부터 지원과 자원을 얻어내는 교량역할을 하기도 한다.

글로벌 HR의 발전단계는 무엇인가?

Perlmutter & Heenan의 Global HR의 발전단계로 보면 국제화의 단계에 따라 자국 중심(Ethnocentric), 현지 중심(Polycentric), 지역 중심(Regiocentric), 전세계 중심(Geocentric)으로 구분되는데 국제 경영전략과 국제 경영의 중요성 그리고 언어, 인프라, 문화 등 기타 제반 환경요인에 따라 일반적으로는 자국 중심에서 전세계 중심으로 발전해간다.

이러한 맥락에서 많은 기업들이 Localization과 Globalization을 넘어 2가지 장점을 모두 채택하는 Glocalization을 지향하여 제품과 기업의 정체성은 Global Standard를 유지하되 지역 고유의 특징을 이해하고 받아들이는 전략을 도입하고 있다.

이러한 발전단계 내에서 각각 HR 관련 Issue의 해결점은 아래에서 확인할 수 있다.

[표 4-3] 글로벌 HR 발전단계 비교

구 분	자국 중심 Ethnocentric	현지 중심 Polycentric	지역 중심 Regiocentric	전세계 중심 Geocentric
인원모집, 개발	본사에서 인원을 선발, 요직에 임명	현지인을 개발 육성하여 주요 지위 임명	지역 내에서 능력있는 개인을 선발하여 최적 지역에 배치	전세계적으로 최적의 인물을 선정하여 배치
의사소통 및 정보 흐름	본사의 강압적이거나 일방적인 체계	본사와 자회사간 의사소통 적음	본사와 자회사간은 낮고, 지역별·국가별은 높음	쌍방의 의사소통과 정보교환이 활발
보상, 처벌, 동기부여	본사 기준	자회사의 성과 기준	지역별 독자적 기준	전세계적 동일한 기준
평가 및 통제	본사 기준	현지 평가기준	각 지역별 기준	범세계적 기준
조직구조의 복잡성	본사는 복잡하고 자회사는 단순	서로 독립적	각 지역별 기준 상호의존성 높음	상호의존성 복잡성 증가
의사결정 권한	중앙집권적	본사 의사결정권 약함	지역본부 집중	자회사 책임자와 본사 협력결정

주재원과 현지채용의 차이점은 무엇인가?

한국의 많은 글로벌 기업(혹은 Multi-National Company)의 경우 언어적 · 문화적 특수성으로 인해 외국인이 채용되는 것은 대개 본사나 지역본부의 인원이 전략적 배치에 의해 요직(임원)에 임명되는 경우이다. 즉, 글로벌 기업 입장에서 보면 본사가 의도를 가지고 파견한 주재원인 Expat이 되는 셈이다. 참고로 Expat은 Expatriate의 약자로 보통 본국에서 파견되어 다른 나라(지사)에서 근무하는 주재원을 뜻하고 요즘은 IA(International Assignee)라고도 한다. 물론 한국의 경제적 중요성이 커지고 언어적 · 문화적 장벽이 낮아짐에 따라 점차 공개된 채용을 통해 한국에서 자체채용되는 외국인 인원이 늘어나고 있긴 하지만 홍콩이나 싱가포르 등과 비교해 보면 아직 자회사에서 채용되는 '현지채용(Local Hire)'은 상대적으로 소수이다.

Expat들은 현지채용과 달리 다양한 보상과 복리후생 프로그램을 제공받는데 그 기준을 여러 조건에 따라 본국(Home country)에 두기도 하고 파견국(Host Country)에 두기도 한다. 본국에 근거한 보상체계에 있는 Expat의 경우 본국 기준으로 급여, 인센티브, 복리후생을 제공받게 된다. 나라별로 상이하겠지만 Expat이 파견되는 나라를 보면 본국에 비해 급여수준이 낮은 나라들이 많기 때문에 자연스럽게 Expat의 급여수준은 파견국 수준에 비해 매우 높은 수준이 되기 마련이다. 예컨대 미국의 Expat이 개발도상국으로 파견되어 미국의 급여수준을 유지해서 간다면 해당 급여체계를 완전히 벗어나게 된다는 것이다.

앞서 말한 것과 같이 Expat의 보상정책과 관련해서는 파견으로 인해 추가적인 이익이나 손실이 없도록 하는 것이 기본원칙이기는 하지만 주거비용, 이사비용, 세금 보전비용, 가족 관련 비용 등 상당 비용이 추가적으로 발생하기 때문에 많은 글로벌 기업들이 점차 Expat의 규모는 줄이고 현지채용(Local Hire)을 권장하는 추세에 있다. 즉, 미국에 근무하던 본사 직원이 다른 나라에 근무하게 됨에 따라 해당 직원과 가족이 최소한의 불편함이 없는 수준에서 보상을 해주려면 실제 해당 국가에서는 매우 사치스러운 수준이 되기도 한다는 것이다. 가령 미국에서 5 bed room/2 bath room에 앞뒷마당이 있는 집에 거주했던 직원이 있다고 하면 미국에서는 5명 가족에게 해당 주택이 일반적 수준이라고 할 수도 있겠으나 서울에서 비슷한 규모와 수준의 집은 훨씬 많은 비용을 지불하지 않는다면 구하기 어려울 것이다.

주재원은 어떻게 처우하는가?

Expat들에게 현지채용 인원들에게는 제공되지 않는 특별한 보상과 복리후생 항목들은 대개 다음과 같은 것들이다.

- 비자, 여권 등 Immigration 관련 행정처리 : Expat들이 직접 처리할 수 없기 때문에 비자, 여권 등 외국인 채용에 따른 행정처리를 Expat을 관리하는 부서(HR)에서 하게 된다. 단순히 비자, 여권뿐 아니라 경우에 따라서는 입국 후 신용카드 발급, 은행 통장 발급, 운전면허증 발급 등의 처리도 수행해야 한다. 이러한 업무들은 Relocation 서비스를 전문적으로 제공하는 회사를 통해 진행하는 경우가 많다.

- House Hunting Trip : 파견이 확정된 후에 전근을 위한 집을 구하기 위하여 1~2일 동안 Relocation Agency(부동산)가 미리 찾아둔 집을 보는 여행(항공, 숙박, 식사 등)을 제공하는 경우가 많다. 이 경우에는 배우자 혹은 자녀까지 포함하기도 한다.

- Housing : 주택의 경우 동반가족의 수와 직급, 지역 등에 따라 일정 예산이 주어진다. 보통 Expat들의 근무기간이 불명확한 경우가 많기 때문에 선지급 월세 계약을 많이 하게 되고 일정 기간 거주 이후 Pre-notice를 통해 계약 종료를 할 수 있도록 하게 된다. 회사명의로 직접 집을 계약하기도 하고, 정해진 주택수당(Housing allowance)을 Expat에게 현금으로 제공하기도 한다. 하지만 주택수당은 소득으로 세금부담이 커질 수 있으므로 유념해야 한다.

- COLA(Cost of Living Allowance) : 본국과 파견국 사이의 생활수준의 차이가 극명하여 일정 수준의 보상이 필요한 경우에 COLA를 지급하게 된다.

- 항공권 : 동반가족을 포함한 항공비용을 제공하며, 파견 및 본국으로의 귀국을 모두 포함한다.

- Home Leave : 많은 경우 1년에 1차례 본국을 방문할 수 있는 Home leave를 주게 되는데 휴가뿐 아니라 가족을 포함한 항공권, 호텔, 렌터카 등의 내용이 포함되기도 한다.

- Shipment : 이사비용은 가족수에 따라 CBM(Cubic Meter)나 컨테이너를 기준으로 규모를 제한하며 차량, 피아노 등 거대 물품은 금지하는 것이 일반적이다. 파견 후 즉시 필요한 물품들은 항공편으로 이

사하고 나머지 물품들은 배편으로 이사하도록 한다.

• 창고 비용 : 집에서 이사를 나와야 하는 날짜, 배에 싣는 날짜, 배에서 내리는 날짜, 이사 들어가는 날짜들이 에누리없이 잘 맞아떨어지면 창고비용이 불필요하겠지만 경우에 따라서는 일정 기간 이사짐을 창고에 보관해야 하는 경우가 발생하기 때문에 조건부로 창고비용을 허락하기도 한다.

• 정착 비용 : 파견되어 생활을 하기 위해서 주방도구, 소형가전, 일상용품 등 어느 정도의 비용이 발생하기 마련이다. 이러한 비용을 보전하기 위해 지급하는 수당으로 한달 정도의 급여를 지급하는 경우가 많다.

• 도착지 서비스(Destination Service) : 파견국 내에서 생활하기 위한 소개과정을 제공하여 병원, 학교, 쇼핑, 은행계좌, 전기, 인터넷 등의 신청 등에 대한 정보를 제공하고 간단한 Tour 등을 제공하기도 한다.

• Cross Cultural Training : 급격한 문화적 차이가 있는 나라로 파견되는 경우 가족들에게 문화적 충격을 완화하기 위한 교육을 제공하기도 한다.

• Language Training : 직원과 그 가족에게 개인 교습을 통해 파견국의 언어교육을 제공하기도 한다. 한국, 일본, 중국과 같이 현지 언어를 모르면 생활의 불편이 높은 경우에는 필수로 제공한다.

• 자녀학자금 : 언어와 문화의 차이 때문에 Expat의 자녀가 파견국 현지 학교에 수학하기 어려워 '국제학교'를 가야 하는 경우 자녀학자

금을 지원하는 항목을 추가할 수 있는데 대개 유아~18세 고등학교 까지로 대상을 한정한다.

- Benefits Premium : 추가적으로 가족의 건강과 안전을 위한 보험, 건강검진, Fitness club 등 파견국에서 지원하지 않거나 제한된 복리후생 프로그램을 보완하기 위하여 추가적인 복리후생을 제공하기도 한다.
- 차량 처분 보전(Automobile Disposition Allowance) : 본국에서 부득이하게 차량을 처분해야 하는 경우 발생가능한 손실을 보전하기도 한다.
- Vacant Property Management(Home Owner) or Lease Cancellation(renter) : 본국 주택이 자가 혹은 임대인지에 따라 추가로 발생하는 관리비용 혹은 중도해약 비용 등을 보전하기도 한다.
- Car : 직위에 따라 차량, 기사를 제공한다.
- 기타 Tax consulting, Club Membership(고위 임원의 경우), Pet 항공비용, Maid 지원비용 등의 복리후생을 제공하기도 한다.

사실 위의 Expat Package는 Expat의 본국, 직급, 생활수준, 가족, 파견의 중요성 그리고 파견국, 파견국의 언어, 문화, 주어진 예산 등의 수많은 요인에 따라 달라질 수 있기 때문에 일반화하여 규정하기는 매우 어렵다. 따라서 많은 경우 Case by Case로 합리성과 예산, 형평성 등을 고려하여 결정할 수밖에 없는데 그렇다면 결국 상당 항목을 대상자와 협상을 통해서 결정해야 하므로 인사담당자의 입장에서는 여러모로 전문성이나 경험이 많이 요구된다. 물론 항목과 수준이 결정되고 난 뒤 실제 실행(이사, Housing, 학교 등)에는 Relocation을 전문적으로 처리해 주는 업체들의 도움을 받는 것이 현명한 방법이겠다.

주재원의 세금 처리는 어떻게 할 것인가? 해외 근무에 있어 또 한 가지 골칫거리가 바로 세금 문제이다. 나라마다 세금 수준도 과세항목도 상이해서 해외주재원이 모두 이해하고 감당하기는 사실상 불가능하다. 또한 위의 Expat의 독특한 Package에 따라서 세금이 발생하기도 하므로 어떤 항목은 회사가 부담하고 어떤 항목은 주재원이 부담할 것인지에 대한 규명이 필요하다.

일반적으로 세금 관련하여 현지 채용된 외국인(Local Hire)의 경우는 현지의 세금 법령을 그대로 적용받으므로 특별히 회사가 세금을 별도 처리하지 않는 경우가 많지만 전략적 목적으로 파견된 Expat의 경우는 파견에 따른 손실이나 이익이 없도록 하기 위하여 일정 정도 보전을 하게 된다.

가령 Expat의 자녀가 국제중학교 학비를 지원받았다고 한다면 이 부분은 근로소득으로 인정되어 개인이 소득세를 부담해야 한다. 그렇다면 Expat의 입장에서는 소득세 부담분에 대한 이의를 제기할 수 있을 것이다. 이렇게 해외 근무로 인해 추가로 발생하여 소득으로 인식되는 항목에 대해서는 'Tax Gross－up'을 하여 세금분을 보전해 주게 된다. 예를 들어 위의 경우 학비가 100만원이고 이 직원의 세율이 16.5%라 한다면 세금을 공제한 후에 100만원을 손에 쥘 수 있도록 회사가 약 120만원을 지급하면 16.5%의 세금인 약 20만원을 제외하고 순잔액 100만원을 학비로 사용하게 된다.

또 한 가지 세금 보전과 관련된 조정이 Tax Equalization이란 방법으로 직원이 받는 급여나 인센티브의 기준이 본국에 있는 경우 많이 적용하는 조정방법이다. 가령 미국이 본국인 직원이 미국 기준에 따라 연봉이 $200,000을 받는 직원이라면 회사는 이 직원이 미국에 근무하고 있다는 가정하에 미국 세율에 따라 세금을 공제하고 파견국에서 발생하는 세금은 모두 회사가 부담하는 방식인데 직원이 파견으로 인해 세금 손실 혹은 이익을 최소화하기 위한 조치로 직원한테는 '파견되지 않은 것'처럼 세금을 떼고 실제 발생하는 세금은 모두 회사가 부담하는 것이다.

당연히 급여나 인센티브를 파견국 기준으로 받는 직원은 해당 사항이 없는 조치이다.

Reference

Cost of Living Analysis

파견에 대한 비용은 파견국의 생활수준에 따라 상당부분 좌우되는데, 위에서 언급한 COLA(Cost of Living Allowance)와 Housing Allowance가 특히 관련이 많다. 하지만 파견국가별로 생활수준과 물가의 차이가 얼마나 되는지를 기업에서 자체 조사하기란 쉽지 않다. 그래서 AIRINC과 같이 Mobility Solution과 Data를 제공하는 업체를 활용하는 경우가 많다. 이러한 업체에서는 아래 예시처럼 결혼 여부 및 가족수, 파견국과 본국의 물가수준에 따라 적절한 Allowance 수준을 제시해 주며, 회사는 객관적인 데이터에 근거하여 COLA 및 Housing Allowance를 지급할 수 있다. 이러한 업체에서는 파견직원이 주로 소비하는 항목을 중심으로 파견국의 물가를 조사한 후 Cost-of-Living Analysis를 통해 파견국과 본국의 조합에 따라 적절한 Allowance를 책정한다. 그리고 문화나 사회·정치적 환경에 따른 Hardship evaluation을 통해서 위험수당 등도 제시한다.

COLA TABLE

SAMPLE PAGE

Annual Commodities and Services Allowances *

Home Location-Ireland   Foreign Location-Bangkok, Thailand

EUR - THB 49.3   January 2008

Euro per Year

IRELAND ANNUAL BASE SALARY				FAMILY SIZE				
AT LEAST	LESS THAN	SINGLE	MARRIED	M + 1	M + 2	M + 3	M + 4	M + 5
29,500	30,500	6,077	7,129	7,690	8,251	8,812	9,373	9,934
30,500	31,500	6,149	7,214	7,781	8,349	8,917	9,485	10,052
31,500	32,500	6,221	7,298	7,873	8,447	9,022	9,596	10,170
32,500	33,500	6,294	7,383	7,964	8,545	9,126	9,707	10,289
33,500	34,500	6,366	7,468	8,056	8,643	9,231	9,819	10,407
34,500	35,500	6,438	7,553	8,147	8,742	9,336	9,931	10,525
35,500	36,500	6,510	7,637	8,238	8,840	9,441	10,042	10,643
36,500	37,500	6,582	7,722	8,330	8,938	9,546	10,154	10,761
37,500	38,500	6,654	7,807	8,421	9,036	9,650	10,265	10,880
38,500	39,500	6,726	7,891	8,513	9,134	9,755	10,377	10,998

* Partial List

출처 : http://www.air-inc.com/

07

한글호칭
-완벽한 한글호칭제도는 없다

한글호칭은 왜 있는가?

아직도 그런지는 모르겠지만 군대에 들어가 훈련소를 마치고 자대에 배치받으면 가장 먼저 하게 되는 것이 바로 고참 서열을 외우는 일이다. 나의 경우에는 자대에 배치받자마자 부대에 있는 약 200명의 고참 서열을 3일 안에 외우라는 지시를 받았고 정확하게 3일 뒤에 이름을 부르면 몇 년 몇 월 군번인지 답변을 해야 하는 시험을 치른 경험이 있다.

군대에서 서열을 외우는 것이 중요한 이유는 바른 높임말을 사용하기 위해서가 첫번째이고 지시가 이루어졌을 때 우선순위를 두기 위함이 두 번째이다. 즉, 나에게는 나보다 1년 먼저 들어온 선임이나 2년 먼저 들어온 선임이나 똑같은 선임이지만 2년 선임에게 말할 때 1년 선임을 높여서 부르는 것은 존댓말 어법에 잘못되었다는 것이고, 두 명의 선임이 동시에 명령을 했을 때 혹은 엇갈리는 명령을 했을 때는 자동적으로 더 높은 사람의 명령을 우선해서 따르기 위해서 전체 200명의 서열을 1등부터 200등까지 알고 있어야 한다는 것이다.

한국 사람들만큼 서열을 중시하는 사람들은 없을 것 같다. 무엇이든 서열을 따지는 데에는 탁월한 능력을 가지고 있다. 사람에 대해서는 기본적으로 나이로 서열이 매겨지고 학교에는 학번이 있고 군대에는 군번이 있고 조직에는 기수가 있다. 술자리에서도 상석과 말석이 있고 심지어는 왼쪽 오른쪽도 서열이 있다. 이처럼 일정 규모 이상의 사람들이 만나면 어김없이 나이든 직급이든 학번이든 서열을 매겨보려는 시도를 하고 소위 줄 세우기가 모두 끝나고 자기 자리를 찾고 난 뒤에야 모두들 편안해지는 것 같다.

예전에는 매월 인사부에서 인사발령을 일괄적으로 발표한 적이 있다. 이때 가장 중요한 것이 서열을 잘 지켜서 발표하는 것이다. 당연히 직급이 높은 사람이 우선이고 직급이 같다면 조직 건제(建制) 순서에 따르고 조직도 같다면 이름의 가나다순에 따라 인사발령을 했다.

이러한 서열문화는 사실상 연공주의에 근간하고 있다. 즉, 오래 근무한 사람이 혹은 나이가 많은 사람이 먼저 승진하여 높은 직급을 차지하는 것이 당연한 전통적인 조직에서 서열문화는 더 두드러진다. 연공주의는 이직을 줄이고 조직구조를 안정적으로 만들고 구성원의 애사심을 일으키는 데 장점이 있어서 과거에는 적합한 인사철학이었다. 그런데 1990년대 초중반부터 한국에 도입되기 시작한 성과주의 인사가 정착되면서 점차 연공주의는 현대기업의 인사에는 적합하지 않게 되었다. 조직구조도 과거 서열이 중시되던 과부제 모델에서 조직의 효율을 중시하는 팀제로 변경되었고 이에 따라 과거 사용하던 과장, 부장 같은 직급은 사실상 유효하지 않은 개념이 되었다.

과장은 과(課)라는 하나의 조직 단위의 우두머리를 뜻하고 부장은 부(部)라는 상위 조직의 우두머리를 뜻한다. 그 사이에 과장을 대리하는 '대리'와 부장을 대리하는 '차장(次長)'이 있어서 대개 사원－대리－과장－차장－부장의 순서로 직급이 정해졌고 서열에 따라서 아랫사람에게 업무를 지시하거나 업무평가를 할 수 있는 권한까지 가지고 있었다. 따라서 부장은 차장에게 지시를 하고 차장은 과장에게 그리고 과장은 대리, 사원에게 지시와 명령을 하였다. 이렇게 층층시하 많은 단계의 의사소통을 하다보면 각 직급간에 자연스럽게 격차와 벽이 생겨서 원활한 커뮤니케이션에 어려움이 있을 수밖에 없고 최초 지시와 다르게 의도가 왜곡되는 경우가 생기기 마련이다. 또 실제로 일을 하는 사람보다 일을 지시하거나 중간에서 전달하는 인력이 많아져서 조직의 효율성이 떨어질 수밖에 없다.

이러한 구조는 업무의 모든 것이 수동으로 이루어져서 도제(徒弟)식으로 사수・부사수를 두고 상급자에게 하나씩 익히고 배워서 처리해야 했던 과거에는 유효했을 수 있으나, 지금과 같이 상당한 업무들이 시스템화 되어 있고 기록들이 체계적으로 정리되어 있는 현재에는 적절하지 않은 조직구조라고 하겠다. 따라서 지금은 인력관리와 팀 운영을 담당하는 팀장 1인과 실무를 담당하는 나머지 팀원으로 구성된 팀제가 효율적인 조직구조로 많이 사용되고 있다.

한글호칭은 왜 글로벌 조직체계에 부합하지 않는가?

팀제하에서 팀원은 사실상 동등한 위치이다. 물론 위치가 동등하다고 하여 소위 부장급 실무자가 대리, 사원급 실무자와 보상, 경력개발 등의 여러 인사제도하에서 동등하다고 말하는 것은 아니다. 틀림없이 소위 부장급 실무자와 갓 입사한 사원급 실무자간에는 업무의 숙련도나 경험 그리고 역량수준의 차이가 확연할 것이고 이에 따라 개인별 업무역할과 책임의 크기가 달라진다. 이것은 보상의 크기 그리고 경력상의 위치 등에서도 상하를 구분할 수 있다. 하지만 조직구조상에서 보면 다른 사람을 관리하는 관리자(People Manager)가 아닌 실무자(Individual Contributor)로 본인 담당업무를 수행하고 이를 팀장에게 보고한다는 점에서 부장이나 사원이나 조직 내에서는 같은 선상에 있다고 할 것이다. 그런데 사실상 많은 한국회사들이 아직도 조직의 구조는 팀제를 가지고 있으나 여전히 부장이 과장에게 지시하여 보고를 받거나 과장의 업무를 대리 사원이 일부 나눠서 하는 방식의 과거 과부제 형태를 버리지 못하는 것도 현실이다.

글로벌 기업들은 HR의 Scorecard에 Span of Control을 측정하여 관리하고 있다. Span of Control이란 1명의 관리자(People Manager)가 관리하는 부하직원(팀원)의 숫자를 말하고, 이 숫자가 너무 작다는 것은 조직 내에 사람 관리를 하는 관리자가 너무 많다는 것을 의미하고 거꾸로 숫자가 너무 큰 것은 한 관리자가 통솔해야 하는 부하직원의 숫자가 너무 많아서 효과적인 관리가 어려울 수 있다는 것을 의미한다.

과거에는 한 명의 관리자가 관리하는 직원이 4~5명에 불과한 경우가 많았다. 즉, Span of Control이 4~5에 불과했다. 그런데 현대 사회에서는 업무가 표준화·자동화되고 컴퓨터·네트워크 그리고 교육훈련 등을 통해 업무숙련도가 높아지면서 관리자가 보다 많은 일을 업무위임할 수 있게 되고 관리 감독해야 하는 요소가 많이 감소해서 Span of Control의 숫자가 점점 늘어나는 추세이다. 일반적으로 경영학에서는 7~9명의 Span of Control을 가지는 것이 가장 효과적인 구조라고도 하지만 Span of Control은 각 회사의 인력 특성이나 업무 특성에 따라 줄어들 수도 늘어날 수도 있기 때문에 정답이 있다고 보기는 어려울 것이다. 즉, 각 팀원들의 업무가 유사하고 단순할수록 그리고 숙련도가 높고 관리자의 업무 위임이 커질수록 Span of Control은 늘어날 수 있다. 반대로 개별 업무가 상이하고 복잡할수록 그리고 담당자의 숙련도가 낮아서 관리자가 개입해야 할 여지가 많아지면 Span of Control은 줄어들 수밖에 없을 것이다.

Span of Control과 연계되어 Org(Organization) Depth라는 개념이 있다. Org Depth는 조직 피라미드의 정점에 있는 최상위 관리자로부터 최하위 담당직원까지의 계층의 숫자를 의미한다. 즉, 어떤 조직이 회장(1)－사장(2)－부문(3)－본부(4)－사업부(5)－팀(6)－팀원(7)과 같은 피라미드를 가지고 있다면 이 조직의 Org Depth는 7이다. 미루어 짐작할 수 있겠지만 Org Depth가 깊어질수록, 즉 숫자가 커질수록 조직은 비대해지고 의사결정과 커뮤니케이션의 단계가 많아지기 때문에 최고경영진의 전략에 따라 민첩하게 움직이기 어려워질 수밖에 없다. 따라서 많은 조직들은 조직의 단계를 축소하는 Delayer 작업을 통해서 보고체계를 단순화하고 있다. 당연히 Delayer를 하기 위해서는 앞서 언급된 Span of Control의 숫자가 늘어나야 가능한 일이고 그러기 위해서는 담당업무가 보다 체계화되어야 한다.

아래 기사는 2010년 8월 6일 신문기사로 조직의 Layer를 축소하여 최고경영진의 전략을 빠르게 전파하고 의사결정을 빠르게 하여 경쟁력을 확보하겠다는 전형적인 'Delayer' 작업의 예라고 하겠다.

> SK텔레콤은 6일 글로벌 기업과의 무한경쟁에서 생존을 넘어 'Global ICT Leader'가 되기 위해서는 조직혁신이 필요하다는 판단 아래, '가볍고 빠르고 실행력 있는 조직'을 만들기 위한 조직 개편을 단행하여 임원 조직단계를 현행 최대 6단계에서 4단계 이내로 축소했다. 기존 CEO－CIC사장－부문－실/본부－그룹－담당의 최대 6단계 조직체계를 그룹－담당조직을 폐지하여 CEO－CIC사장－부문/사업단－실/본부의 4단계로 축소한 것으로, 이를 통해 12개의 그룹/담당조직이 폐지됐다.

이렇게 팀제하에서 팀원들은 수평적인 위치에서 근무를 하게 되므로 과거의 '부장－차장－과장－대리'와 같은 직급은 사실상 의미가 없다. 글로벌 기업에서는 오히려 팀원들간의 또 다른 수직의 층(layer)을 만들어 커뮤니케이션의 장벽을 만들어서 협업이 어려워지게 하고 창의적인 발상을 제한하는 부작용이 있다. 또한 성과주의 조직하에서는 직급이 역전되는 일이 빈번하게 있어나기 때문에 현재와 같은 한글호칭은 의미가 없는 수준이 아니라 오히려 조직효율성을 저해하는 제도가 되기도 한다. 특히 직급구조에 따르거나 연계된 호칭을 가진다는 것은 연봉제와 같은 보상체계에서 가장 기본이 되는 기밀성(Confidentiality)을 지키기 어려운 점이 있다. 또 한 가지의 부작용은 우수인재를 확보하는 데에도 한글호칭은 여러 모로 걸림돌로 작용한다. 즉, 경력 직원을 채용하는데 후보자가 보상수준이나 직무와 같은 실질적인 조건을 만족하여도 소위 한글호칭을 만족하지 못하여 입사제안을 거절하는 경우가 상당수 발생한다. 그리고 직무수준이나 보상수준이 부장급이라서 부장으로 우수인력을 채용하려고 하는데 팀 내에 나이나 경력이 더 많은 과장 또는 차장이 있다면 그 인력이 아무리 우수한 인력이고 필요한 인력이어도 채용이 망설여질 수 있다.

이러한 수많은 부작용과 불합리함 때문에 실제로 적지 않은 회사들이 한글호칭제도를 개선하거나 혹은 폐지하고 있다. 대표적인 예로 CJ의 경우에 이미 2000년부터 기존 한글호칭을 모두 없애고 '○○님'이란 호칭을 사용하도록 하여 조직의 유연성을 도모한 바 있고 SK텔레콤의 '○○○ 매니저' 호칭이나 제일기획의 '○○○ 프로'와 같은 호칭도 소위 관리자가 아닌 실무자(Individual Contributor) 호칭도 수평화하여 눈에 보이지 않는 계층구조를 폐지하려는 노력의 일환이라고 하겠다.

한글호칭은 폐지할 수 있는가?

한국을 충분히 이해하지 못하는 외국인 경영자나 외국인 인사담당자들은 그렇게 불합리하고 부작용이 많은 제도를 왜 그대로 두냐고 반문하면서 '일단 없애라. 없애면 해결된다'는 식의 접근을 한다. 아니면 CJ나 SK텔레콤처럼 없애고 '~님'으로 부르는 것으로 변경하자는 제안을 하기도 한다. 또는 일본의 경우처럼 누구나 '~상(さん)'으로 존대하는 호칭을 사용한다는 것을 인지하고 있는

경우에는 더 아무렇지도 않게 호칭을 '~님'으로 바꾸기를 종용한다. 마치 한글호칭제도의 변경이 경영진의 확고한 의지만 있으면 순식간에 바뀔 수 있는 제도라고 판단하는 것처럼 보인다. 그런데 과연 그럴까?

왜 한글호칭은 여전히 많은 회사에서 사라지지 않고 남아 있는 것일까?

첫번째 이유는 말 그대로 '호칭'으로 기능을 하기 때문이다. 업무상 외국(특히 미국) 사람들과 이야기할 때 처음에 공식적으로 Mr.나 Ms.를 성 앞에 붙이는 경우가 있긴 하지만 대부분 상하를 막론하고 이름을 직접적으로 부른다. Steve, James, John 서로 이름을 부르는 것에 전혀 거리낌이 없고 이름 뒤에 특별히 Title이나 지위를 표현하는 단어가 없다. 누구도 'Boss James'라거나 'Director John'이라고 하는 경우는 없다.

그런데 우리는 다른 사람을 부를 때 이름만 부르는 경우는 나보다 아주 낮은 사람인 경우에 게다가 서로 매우 친분이 있다는 전제 아래서만 가능하다. 회사에서 한국 사람 중 아무도 나의 이름을 부르는 사람은 없다. 심지어 나의 상사도 나의 이름을 부르지 않고 한글 호칭을 붙여서 부른다. 그리고 신입사원이 내 이름에 '씨'를 붙여 부른다면 난 기분이 썩 좋을 것 같지 않다.

이는 비단 회사에서만 일어나는 일은 아니다. 가끔 방송에서 보면 은퇴한 국회의원인데 여전히 의원님이라고 하거나 혹은 별로 하는 일 없는 것 같은 단체를 만들어놓고 '소장님' 혹은 '단장님'이라고 서로 칭하는 것으로 볼 때 한국에서 호칭은 상대를 존대하는 주요한 기능을 하게 된다. 그래서 이름만 부르거나 혹은 이름 뒤에 '~씨'라고 하는 것은 어감상 상대를 존대하지 않는 것 같고 공적인 호칭으로 부적절하다는 인식이 분명한 것 같다. 따라서 내부적으로 동료들끼리 서로를 칭할 때 그리고 외부 고객과 파트너 등과의 호칭을 위해서 '부장', '차장' 등의 한글호칭이 여전히 필요하다.

사실 이러한 이유 때문에 한글호칭이 조직이 지향하는 조직구조나 인사철학에 걸맞지 않은 제도이고 여러 부작용이 있지만 많은 회사들이 어쩔 수 없이 폐지하지 못하고 유지하고 있다. 일부 회사에서는 한글호칭을 폐지하고 '~님'과 같은 호칭으로 통일했다가 오히려 서로 호칭이 어색해진 나머지 소통이 어려워지는 사태가 발생해서 다시 호칭제도를 부활한 경우도 있었다. 또한 회사 공식적으로는 한글호칭이 없지만 부서 내부(특히 영업부서)에서 자체적으로 호칭을 만들어 명함에 넣고 다니면서 결국 회사 전체적으로 제도 아닌 제도로 운영되는 사례들도 발생하고 있다.

한글호칭을 폐지하지 못하는 두번째 이유는 한글호칭에 대한 사회적인 인식과 일정 수준의 직무적합도로 인해서 채용을 하거나 다른 회사와 제도를 비교할 때 상당히 유효한 기준으로 사용되고 있기 때문이다. 즉 외부에서 사람을 채용할 때 '어느 정도의 업무 책임과 규모, 경험 그리고 보상수준을 가진 사람'이라고 구구절절이 설명할 필요없이 '과장급 혹은 차장급'이라고 표현하면 위에 언급하고자 했던 설명이 훨씬 쉽고 간단하게 표현될 수 있다. 또한 회사가 가진 복리후생을 비교한다고 했을 때 '우리 회사는 상무부터 차량을 제공한다'고 하면 받아들이는 쪽에서도 대략 어느 정도의 업무를 하는 사람들이 차량 제공의 복리후생대상이 된다는 인식을 쉽게 가질 수 있기 때문에 한글호칭은 쉽게 폐기하기 어려운 제도가 된다.

사실 비슷한 이유 때문에 외부와 업무를 해야 할 필요성이 많은 직원들은 대외용 한글호칭을 요구하는 경우가 많다. 즉, '부장'이란 호칭으로 고객이나 업무파트너를 만날 때와 '이사' 호칭을 가지고 업무를 할 때 두 호칭의 커다란 인식의 차이로 인해서 실질적으로 상대방의 반응이 확연하게 달라지는 일이 빈번하기 때문에 특히 영업부서와 같이 외부 사람들과 접촉이 많은 곳에서는 연봉은 올려주지 않아도 좋고 실제 승진이 되지 않아도 좋으니 호칭만 바꿔달라고 요청하는 경우도 다반사이다. 그래서 거꾸로 호칭변경의 조건을 맞추기 위해서 Band나 Level의 승진을 시키는 주객전도의 일들도 일어나곤 한다.

한글호칭을 쉽게 폐기하지 못하는 세번째 이유는 완전히 수평적인 조직이 아니라면 조직 내에서의 위계질서를 위해서도 상당히 필요하기 때문이다. 앞서 언급한 것처럼 형식적으로 팀제를 운영하고 있지만 실제 팀 내에 엄연히 상하가 존재하고 일을 지시하는 사람과 수행하는 사람의 구분이 있다면 호칭을 없애놓고 억지로 수평적인 소통을 하라고 하는 것이 오히려 업무효율을 떨어뜨릴 가능성도 높기 때문이다.

이런 이유로 인해서 많은 회사들은 한글호칭제도를 그대로 유지하거나 혹은 변형된 형태로 사용한다. 가령 회사 내부 직급체계(혹은 Band)와 연동하여 한글호칭을 운영한다거나 혹은 일부 연동해 놓고 해당 호칭 체류연한 혹은 근속연수를 조건으로 변경하는 경우도 있다. 혹은 연구소나 컨설팅 조직 같은 경우 '부장－차장…' 대신에 '수석－책임…'과 같은 대체호칭으로 사용하는 경우도 있다.

수평적 조직문화를 위해 호칭파괴가 필요한가?

HR을 하는 사람이라면 한글호칭이라는 제도가 팀제의 수평적 조직과 상호 소통이 중시되는 문화와 배치되는 불합리한 제도라는 것에 모두 공감하고 많은 부작용이 있는 것도 잘 알고 있다. 그러한 이유로 앞서 말한 것처럼 수많은 회사들이 소위 인사제도 개선을 내세울 때 '호칭파괴'는 단골메뉴이기도 하다. 그래서 많은 회사들이 '～님', '～프로', '～매니저', '～선생님', '～대표'와 같은 획기적인 호칭을 도입하기도 하고 '수석, 책임'과 같은 변형된 호칭을 도입하기도 한다.

'닭이 먼저냐 달걀이 먼저냐'의 논쟁이겠지만 하루 아침에 호칭만 변경하는 것이 실제 조직을 수평적으로 만들고 상호 소통이 가능하도록 만들어서 상호 존중하고 창의력이 샘솟는 조직으로 변경될 것이냐 하는 것에는 상당히 의문이 든다. 오히려 처음에 의기양양하게 제도를 시행했던 것과는 달리 몸에 맞지 않는 옷을 걸친 것처럼 조직과 제도가 따로 돌아가서 결국 이도저도 아닌 형태로 표류하다가 울며 겨자 먹기로 다시 예전 호칭을 슬그머니 사용하는 실패의 사례가 수도 없이 많기 때문이다.

따라서 아무리 그럴듯하고 최고경영자의 의지가 확고하다 하여도 속해 있는 조직의 성숙도와 문화가 새로운 호칭을 받아들일 만큼 수평적인 조직인지 적어도 최소한의 의사소통이 가능한 조직인지를 먼저 짚어보고 제도를 시행하는 것이 실패를 줄일 수 있는 길이라고 생각한다.

Reference

Band와 연동된 한글호칭제도 vs Tenure와 연동된 한글호칭제도

직급과 한글호칭이 연동되어 있는 경우에는 대졸 신입으로 입사한 Starting band는 '사원', 그 다음 Band별로 '대리', '과장', '차장', '부장'의 순서로 한글호칭이 부여되는 것이 보통이다. 승진시에 한글호칭이 함께 변경되며, 한글호칭으로 직급의 높낮이를 알 수 있다. 이처럼 Band와 연동된 한글호칭제도는 운용이 명확하게 될 수 있으며, 예외적으로 직급보다 높은 한글호칭을 적용시켜 줘야 하는 경우가 쉽게 발생하지 않는다.

한편, 많은 회사들이 근무연수에 기반하여 한글호칭제도를 운용하고 있다. 예를 들어 처음 입사하면 '사원', 사원에서 3년 지나면 '대리', 대리에서 4년 지나면 '과장', 과장에서 4년 지나면 '차장', 차장에서 4년 지나면 '부장'으로 한글호칭을 변경해 주는 경우이다. 이 경우 실제 직급은 부장보다 높은 차장이나 과장이 생겨나서 '과장' 밑에서 '부장'이 일을 하는 경우가 종종 발생한다. 한국적인 맥락에서 실제 경력보다 높은 직급을 줘야 하는 포지션이 생겨나서 예외적으로 원칙보다 높은 한글호칭을 부여하는 경우가 발생하기 쉽다.

PART 5

Learning & Development

01
경력개발제도
-어른이 되어도 계속 성장한다

경력개발제도는 왜 필요할까?

직장인 중에서 커리어에 대해서 고민하지 않는 사람은 별로 없을 것이다. 샐러던트(샐러리맨과 스튜던트를 합친 말)라는 신조어가 양산될 정도로 낮에는 열심히 일하고 밤에는 야간 대학원을 찾아 스스로를 개발하는 한편, 석사학위라는 스펙을 갖추기 위해 노력하는 사람을 주변에서 흔히 찾아볼 수 있다.

과거에 평생 직장의 개념이 있을 때는 개인은 조직을 위해서 일하고 조직에서의 성공이 곧 개인에게도 성공이었다. 개인이 개인이 아니라 조직인 이라고 불리던 시절의 일이다. 아직 몇몇 공기업이나 안정적인 대기업에는 이런 개념이 남아 있겠으나, 대부분의 회사에서는 평생 직장의 개념이 없어지고 개인의 직업관도 변화하게 되었다. 이직을 생각하고 있는 직장인의 수가 많아졌을 뿐만 아니라 경력관리를 위해서 이직해야 한다고 생각하는 직장인이 많아졌다. 현재의 업무에 만족하고 있더라도 더 좋은 경력 기회를 잡기 위해 현재 다니고 있는 회사를 떠나는 것이다. 이제 과거와 달리 한 조직에서의 성공보다는 자신의 생애 전체에 걸친 경력 및 일과 삶의 의미를 중요시하는 경향이 많아지면서 커리어 개발에 대한 관심과 욕구가 더 높아지고 있다.

누구나 돈을 벌기 위해서 일을 하지만 동시에 일을 통해서 삶의 의미를 찾는다. 기업은 그런 개인의 욕구를 만족시키고 직원에게 성취감과 동기부여를 하기 위해서 경력개발제도를 도입하게 되었다. 좋은 경력개발제도는 그 자체로서 좋은 인재를 확보할 수 있는 기업의 경쟁력이 될 뿐만 아니라 직원을 육성함으로써 기업의 경쟁력을 높여주는 방안이 되고 있다. 뿐만 아니라 대부분의 조직은 위로 올라갈수록 자리가 제한되는 피라미드 형태를 띠고 있으므로 모든 사람에게 최고경영자 또는 임원이 될 것이라는 비전을 심어주기 어렵다. 그 대신 자신의 분야에서 전문가가 될 수 있다는 경력목표를 제시해 준다면 이를 통해서 비전을 발견하고 보람을 느끼면서 업무 전문성을 쌓아나갈 직원들이 생길 것이다. 이러한 측면에서 경력개발제도는 회사와 직원 모두에게 윈윈 게임이라 할 수 있다.

경력개발제도는 회사에서 직원이 어떠한 경력목표를 가질 수 있으며, 어떻게 목표를 달성할 수 있는지에 대한 비전을 제시하고 지원하는 제도이다. 조직 내의 업무분야가 다양하고 업무의 단계가 세분화되어 있을수록 경력개발제도가 필요하다. 복잡한 조직일수록 담당업무 이외에 회사 전체의 사업내용을 파악하기 어렵고 내가 5년 후, 10년 후에 조직 내에서 어떤 역할을 할 수 있을지에 대한 답을 찾기가 어렵기 때문이다. 그러한 질문에 체계적인 답을 제시하는 것이 바로 경력개발제도(Career Development Program)이다.

경력개발 유형에는 무엇이 있을까?

경력경로란 조직구성원을 어떠한 경로를 통해 육성시킬 것인가를 제시하는 것이다. 조직에서 활용하는 일반적인 경력경로의 유형을 몇 가지 형태로 분류해 볼 수 있는데 이를 경력개발 유형 또는 경력경로 유형이라고 한다. 어떠한 시점에 어떤 폭의 업무경험을 하게 할 것인가에 따라 [표 5－1]과 같은 유형이 있을 수 있으며, 어떤 유형으로 가져갈 것이냐는 정답이 있는 것이 아니라 기업의 인재육성 방향에 따라 결정을 해야 한다. 하지만 회사에서 권장하는 경력경로 유형이 있을 뿐 실제로는 수천 수만 가지의 Career Path가 있게 마련이다.

[표 5－1] 경력경로 유형의 예시

유형	내 용
T 형 (▽형)	하위직급에서는 Rotation없이 전문화하고 상위직급에서 폭넓은 Rotation을 통해 넓은 시야를 갖게 함
⊥형 (△형)	하위직급에서의 폭넓은 Rotation을 통해 많은 직무를 경험하게 하고 상위직급에서 전문화함
工형 (모래시계형)	상 · 하위직급에서의 어느 정도 Rotation을 실시하고 중간직급에서 전문화함
↑ 형 (일자형)	입사 이래로 전문분야만 종사하고 Rotation은 없음

경력성장모형을 어떻게 제시할 수 있는가?

경력성장모형을 제시하기 위해서는 우선 어떤 경력목표를 지향할 것인지를 정한 후 어떤 직무 또는 어떤 단계를 통해 그 경력목표에 도달할 것인지에 대한 경력경로를 설계한다. 경력단계는 경력출발 지점부터 경력목표를 달성하는 순서(stage)를 구분해 놓은 것이며, 경력개발가이드는 경력단계를 올라가기 위해서 자기개발을 할 수 있는 방법에 대한 안내이다.

- 경력목표(Career Goal) : 경력목표는 직무체계에 근거해서 직군별 또는 직종별 최고전문가를 설정할 수도 있고, 조직 내의 주요 직책을 기준으로 선정할 수도 있다. 직원이 Individual Development Plan(IDP) 또는 별도의 Career Plan을 통해서 장기목표와 단기목표를 구분해서 설정한다.
- 경력단계(Career Level) : 경력단계를 별도로 정하기도 하지만 경력단계를 별도로 정하지 않고 역량 Level이나 직무단계(직급)의 의미로 사용한다. 직무단계(직급) - 역량단계 - 경력단계가 연계되도록 하면 육성프로그램과 경력개발제도를 연계하기가 좋다.
- 경력경로(Career Path) : 특정한 경력목표에 어떻게 도달할 것인지에 대한 로드맵을 보여주는 것이다. 가장 일반적인 로드맵은 한 직군에서 계속 커리어를 성장시켜 나가는 것이겠지만, 직무별로 어떤 직무와 연관성이 높고 확장이 가능한지, 그리고 어떤 단계에서 다른 직무로의 이동을 권장하는지 등을 정의하여 커리어의 이동이나 확장시에 도움이 되도록 가이드할 수 있다.

• 경력개발가이드(Career Development Guide) : 경력경로를 설정한 후에는 경력목표 및 경력단계별로 경험해야 하는 업무, 교육과정 등을 구체화한다. 이러한 경력개발가이드를 직원이 접근하기 쉽고 이해하기 쉽게 구성하는 것이 중요하다. 경력목표를 최종적으로 이루는 것 못지않게 경력개발의 과정이 중요하기 때문이다.

이러한 경력개발의 과정은 장기간에 걸쳐 이루어지고 계획, 실행, 점검단계의 지속적인 관리가 이루어져야 한다. 또한 경력개발에 필요한 정보도 직무, 역량, 교육 프로그램 등 광범위하다. 이러한 이유로 IT시스템의 지원을 활용하면 직원이 원하는 정보를 쉽게 얻을 수 있고 운영하는 입장에서도 정보를 통합, 관리하기가 수월하다.

일례로 IBM에서는 경력개발제도를 통해서 직원이 경력목표를 설정하고(Plan), 스킬과 전문성을 개발하기 위한 활동을 수행하고(Gain), 활동결과를 확인 및 점검하는(Track) 3단계를 반복적으로 수행하게 된다. 목표설정단계(Plan)에서는 목표로 하는 직무에 필요한 역량진단표를 제공해서 개발해야 할 역량을 구체적으로 볼 수 있도록 하고 스스로 어떤 역량 단계에 있는지를 진단할 수 있도록 한다. 진단 후에는 역량개발에 필요한 교육과정, 소셜 러닝 등 모든 육성자원(Learning Resources)을 한 곳에서 조회하고 진행상황을 한 눈에 볼 수 있도록 사내 시스템을 운영하고 있다.

경력개발을 지원하는 제도에는 어떤 것이 있는가?

경력개발제도를 효과적으로 운영하기 위해서는 직원에게 동기부여를 하고 개인이 수립한 경력목표에 한 발짝씩 가까워질 수 있도록 회사가 적절한 시점에 개입하고(Intervention) 지원하는 제도가 필요하다. 아래 제도들은 경력개발을 지원하기 위해서 이미 많은 회사에서 운영하고 있는 제도이다. 회사는 개인의 경력개발단계에 따라 적절한 제도를 활용할 수 있도록 지원하여야 한다.

자기개발계획(IDP : Individual Development Plan)제도

직원이 스스로 자기개발목표를 설정하고 목표를 이루기 위한 자기개발계획을 수립하는 제도이다. Plan－Do－See의 단계로 자기개발계획 수립－계획 실행－개발한 결과를 정리하고 관리자로부터 조언 또는 피드백을 받는 단계를 반복적으로 진행한다. 자기개발계획은 업무성과평가와 유사한 시점에 또는 함께 진행하게 되면 자연스럽게 본인의 성과목표와 결과를 정리하는 단계에서 어떠한 개발활동을 할 것인가를 연계하는 효과를 가져올 수 있다.

듀얼래더(Dual Ladder)제도

승진경로를 매니저 트랙(Management Track)과 전문가 트랙(Professional Track)으로 구분하여 꼭 조직에서 관리자가 되지 않더라도 전문가로서의 승진의 기회를 보장해 주는 제도이다. 많은 조직에서 일정한 직무단계를 넘어가면 특정한 직책 위주로 승진을 시키기 때문에 듀얼래더를 실행하기 위해서는 이러한 인력운영방식의 전환이 필요하다. 개인의 성향에 따라 팀의 성과를 책임지기보다는 개인의 전문성을 키워서 본연의 업무에 충실하기를 원하는 사람이 있게 마련이다. 이러한 사람들이 듀얼래더에서 전문가(Professional) 경로를 가게 된다. 기업에 따라 특정한 직군 또는 직무에 제한해서 이러한 전문가(Professional) 경로를 운영할 수도 있다.

3M은 듀얼래더 시스템을 운영하고 있어 기술부문 및 영업부문의 전문직과 관리직 중 어느 쪽으로 승진할지를 개인이 선택하도록 한다. 전문직을 택한 사람은 좋아하는 일을 계속하면서도 관리직인 사업부장과 마찬가지로 지위나 보수면에서 관리직과 동등한 대우를 받을 수 있다.

직무인증제도(Certified Profession)

직무전문가제도라고도 하며 일정 수준 이상의 역량과 경험을 가진 직원을 일종의 '장인'으로 인정(Certification)하는 제도이다. 인증심사는 각 분야 직무전문가가 진행하며, 업무성과, 역량평가 결과, 해당 직무의 경력연수, 프로젝트 경험, 업무성과 이외의 직무 커뮤니티에의 공헌도 등 여러 가지 요소를 다각적으로 평가한다. 직무인증제도는 승진과 연계하여 운영할 수 있다. 직무인증제도를 승진을 위해 필요한 자격 중 하나로 정하면 업무성과뿐 아니라 역량개발 및 업무전문성을 확보하도록 동기부여를 할 수 있다.

직무순환제(Job Rotation)

경력목표를 위해서 필요한 직무를 경험하도록 하는 제도이다. 이때 직무의 이동은 수평적인 이동과 수직적인 이동을 모두 포함한다. 여러 가지 업무를 경험하면서 경력을 개발하기 위한 지식과 역량을 습득할 뿐만 아니라 보다 업무적으로 넓은 시야를 가지게 된다. 직무순환제는 조직 전체적으로 실시할 수도 있으나, 조직에서 전략적으로 중요한 직무 및 발전가능성이 높은 직원에 대해서만 실시할 수도 있다. 핵심인재 또는 핵심 직책에 대한 후보자들을 대상으로 범위를 좁혀서 운영하기도 한다.

GE에서는 글로벌 감사조직(CAS : Corporate Audit Staff) 프로그램을 통해서 핵심인재에게 2년 동안 매년 3번의 업무 로테이션을 하면서 회사 내 여러 비즈니스 모델과 문화에 대해서 배우고 도전적인 업무과제를 수행하도록 한다. 이러한 핵심인재는 엄격한 선발과정을 통해서 회사 내외부에서 선발되며 프로그램이 끝나면 감사팀 내의 감사 리더로 일하거나 다른 핵심 직책을 맡을 수 있는 기회를 갖게 된다. 뿐만 아니라 GE 재무리더십 프로그램(FMP : Financial Management Program), GE 인사리더십 프로그램(HRLP : Human Resources Leadership Program) 등을 통해서 잠재력이 있는 직원을 선발한 뒤 2년간 4개의 조직에서 다양한 인사업무를 경험하게 하는 프로그램을 운영하고 있다. 여러 프로그램의 공통적인 특징은 리더를 양성하기 위해서 업무순환의 방식을 사용하고 있다는 것이다.

직무공모제(Job posting)

직무순환제가 회사가 주도적으로 직원을 성장을 위해서 개인에게 필요한 직무를 부여하는 의미라면 직무공모제는 기존 직원의 퇴사나 직무

이동으로 인해서 공석이 된 직책(Position)과 필요자격 등을 회사 전체적으로 공개해서 지원받고 선발하는 제도이다. 직무공모제를 통해서 직원은 원하는 직무를 스스로 선택하고 지원할 수 있는 기회를 가지게 된다.

직무공모제를 성공적으로 운영하려면 회사는 주기적으로 직원의 경력개발계획을 점검하고 코칭함으로써 직원이 즉흥적으로 업무를 변경하는 것이 아니라 장기적인 경력목표에 일치하는 업무를 선택할 수 있도록 가이드해야 한다. 또한 개인의 경력개발을 존중하고 자유로운 부서이동을 보장하는 문화와 제도가 정착되어 있어야 한다. 특히 부서에서 탁월한 성과를 내는 고성과자일수록 부서에서 직무 이동을 독려하는 것보다는 다른 부서로 이동을 제한하려는 경향이 높은데 이러한 현상을 줄이기 위해서는 팀원의 이동에 대한 의사결정을 하는 관리자들에게 개인의 경력개발의 중요성을 인식시켜야 하며, 회사의 경영진이나 인사담당자가 직무 이동으로 인한 갈등을 조율할 때 합리적인 수준에서 개인의 경력개발을 존중하는 입상을 견지할 필요가 있다.

멘토링(Mentoring)

멘토링은 더 경험이 많고 경력단계에서 앞서 있는 개인(멘토, Mentor)이 경험이 적은 개인(멘티, Mentee)과 개인적인 후원관계를 맺고 지식과 전문성을 전수해 주며 경력과 관련된 상담이나 조언을 해주는 제도이다. 멘토는 반드시 멘티와 같은 부서에 있거나 관리자일 필요가 없으며, 회사 밖에 있는 사람일 수도 있다. 필요한 분야에 대한 조언을 해줄 수 있는 사람이면 누구나 멘토 역할을 할 수 있다. 멘토쉽(Mentorship) 관계를 생산적으로 지속하려면 멘토는 개인적인 책임감과 사명감을 가지고 있어야 하며, 멘티는 받기만 하는 수동적인 역할이 아니라 적극적인 태도로 멘토링에 임해야 한다.

멘토링을 통해서 회사는 직무순환제나 교육프로그램 등 공식적인 활동을 통해서는 채울 수 없는 경력개발의 효과를 얻을 수 있다. 회사가 멘토링 제도를 도입하고 있다면 회사 주도적인 멘토링과 개인 주도적인 멘토링을 모두 고려해 볼 수 있다. 원하는 경력개발 방향성에 따라서 회사가 여성 등 특정 그룹을 대상으로 멘토링 매칭(Matching)을 실시할 수 있고, 개인의 필요성에 따라 멘토링을 독려함으로써 자율적인 멘토링이 이루어지게 할 수도 있다. 어떠한 멘토링이건 직원은 멘토링을 위해서 업무 외적인 시간과 노력을 투자해야 하므로 회사는 이를 지원하는 제도를 고려해 볼 필요가 있다. 예를 들어 멘토링에 필요한 서적이나 식사 등 비용을 지원하는 제도, 효과적인 멘토링 방법에 대한 교육 등을 제공함으로써 멘토링을 활성화할 수 있다.

한국 화이자제약은 멘토매치(Mentor-match) 프로그램을 통해 멘토링을 원하는 직원과 멘토가 되기를 원하는 직원이 등록하면 프로파일 매치를 통해 멘토링 관계를 만들어 주고 있다. 이를 통해 한국뿐 아니라 다른 나라의 멘토로부터 멘토링을 받을 수 있다. 시작하기에 앞서 멘토링을 할 기간과 횟수를 정하고 어느 정도 수준의 정보를 다룰 것인지 합의하게 된다.

현실적 직무 소개(RJP; Realistic Job Preview)

이미 조직의 구성원이 된 직원뿐만 아니라 구직자에게 어떤 경력과 회사, 업무를 선택할 것인지를 판단할 때 도움을 주는 것은 경력개발제도의 시작이라고 할 수 있다. 회사의 사업내용, 회사 내에서 가능한 경력 분야, 직무별 업무내용과 필요한 역량 등을 가능한 구체적으로 생생하게 전달함으로써 구직자에게 회사의 이미지를 제고할 뿐만 아니라 동시에 구직자가 개인적인 경력목표에 맞는 직장과 직무를 스스로 선택하게 하는 효과를 거둘 수 있다. 현실적 직무 소개는 채용박람회 또는 채용설명회 등의 오프라인 행사를 통해서 제공할 수도 있지만 웹사이트 또는 홍보지를 통해서 상시 제공하거나, 구조화된 지원서 양식을 활용하여 지원단계 또는 면접단계에서 구직자가 접하게 할 수도 있다. 또한 인턴십(Internship) 프로그램을 통해 아직 사회에 진출하지 않은 구직자를 대상으로 일정 기간 동안 회사와 업무를 직접 경험하게 하는 것도 넓은 의미의 경력개발제도로 볼 수 있다.

전직지원제도(Outplacement)

퇴직을 앞두거나 퇴직한 직원에게 재취업이나 창업 등 일자리를 찾는데 필요한 교육과 제반 여건을 마련해 주는 제도이다. 비핵심사업 정리나 구조조정 등의 이유로 대규모 명예퇴직을 예정하고 있는 조직에서 많이 활용하며, 정년퇴직을 앞두고 있는 직원을 대상으로 상시 운영하기도 한다. 국내에서는 대기업들이 비주력사업 정리와 글로벌 소싱 등으로 인해 인력감축을 해야 하는 상황에서 전직지원제도를 도입하게 되었다. 좁은 의미의 전직지원제도가 구인정보 검색방법, 이력서 작성법,

인터뷰 기술 등에 대한 교육을 제공하는 것이었다면, 넓게는 퇴직자들의 경제적·심리적 충격을 덜고, 퇴직 이후에도 질 높은 삶을 유지할 수 있는 심리 및 재무상담, 창업컨설팅 등 종합적인 컨설팅서비스를 포함하고 있다. 회사가 직접 서비스를 하기보다는 전문적인 전직지원 서비스를 제공하는 회사와 계약을 맺고 제도를 운영하는 경우가 많다.

경력개발제도는 어떻게 성공적으로 운영할 수 있는가?

여러 가지의 좋은 제도와 의도에도 불구하고 경력개발제도를 효과적으로 운영하기란 쉬운 일이 아니다. 특히 잘 운영되고 있는지에 대한 정량적인 지표를 얻기가 어렵기 때문에 지속적으로 피드백을 듣고 노력을 기울이지 않으면 기업이 의욕적으로 경력개발제도를 도입하더라도 유명무실한 제도로 남는 경우가 많다.

경력개발제도를 잘 정착시키기 위해서는 우선 직원 개인이 경력개발에 대한 책임을 가질 필요가 있다. 회사가 모든 개인에 대해서 경력목표를 관리하고 적절한 시점에 개입하기란 쉽지 않을 뿐만 아니라 개인이 스스로 정한 목표를 가지고 주도적으로 경력개발 활동을 할 때 참여도와 몰입도가 높아지기 때문이다.

직원의 경력개발을 존중하고 지원하는 관리자의 마인드와 회사의 문화가 정착되어야 한다. 위의 직무공모제 부분에서 언급했듯이 직원의 경력에 관심을 가지고 조언하고 지원하는 관리자가 없다면 당장의 업무를 우선시하여 장기적인 경력개발은 뒷전이 되기 십상이다. 회사는 경력개발과 인재양성에 대한 원칙을 강조하고 장기적인 안목에서 인재를 키워내는 관리자를 양성해야 한다. 좋은 리더가 좋은 리더를 배출할 수 있기 때문이다.

마지막으로 관련된 인사제도의 정비가 중요하다. 경력개발제도가 잘 지어진 건물이라면 벽돌, 골조와 같이 재료가 되는 것이 바로 직무 및 역량체계이다. 교육과 육성제도가 잘 갖추어져 있어야만 직원이 다음 경력단계에 필요한 역량을 앞서 쌓아 나아갈 수 있다. 핵심인재 또는 승계계획(Succession Plan)의 대상이 되는 직원은 차별화된 경력관리가 필요하다. 이때 회사는 이들을 위해 별도로 설계된 경력경로에 따라 특정한 직무를 미리 경험하게 하고, 도전적인 과제를 부여하거나 교육을 수강하게 하는 등 회사가 주도적으로 경력개발 활동을 관리하여 효과성을 높일 수 있다.

02 직무교육 -선택과 집중하기

비즈니스가 어려워도 교육은 계속해야 하는가?

내가 처음 취업시장에 뛰어들었을 때를 생각해 보면 급여가 높으면서 인지도가 높은 회사에 들어가려고 노력했었다. 그러나 이후 이직을 하게 되었을 때는 그것보다는 내가 여기서 인사전문가나 리더로 성장할 수 있는가가 더 중요했다. 이처럼 많은 구직자들이 성장의 기회를 주는 회사, 교육의 기회가 많은 회사에서 일하기를 원한다. 한편, 기업의 관점에서는 교육을 통해 개인의 전문성과 업무몰입도를 높일 뿐만 아니라 조직의 성과도 높일 수가 있다. 이렇게 직원과 회사 모두의 관점에서 필요한 것이 교육이지만 교육에 드는 비용은 만만치 않다. 교육을 제공하는 비용 자체도 있지만 교육을 받는 직원뿐만 아니라 다른 직원의 시간 등 보이지 않는 비용이 발생하기 때문이다.

안타깝게도 교육비용은 많은 기업에서 사정이 안 좋아지면 가장 먼저 비용삭감을 검토하는 대상이다. 당장 일을 해도 회사가 어려운 상황에 교육에 시간과 비용을 투자하는 것은 사치라고 생각하기 때문이다. 교육은 ROI(Return－on－investment)를 입증하기 어렵기 때문에 쉽게 반박하기가 어렵다. 즉, "많은 비용을 들여서 교육을 했는데 그래서 결과가 뭐지?"라는 질문에 답하기가 쉽지 않다. 특히 비즈니스 관점에서 교육과 비즈니스 성과와의 인과관계를 보여주기가 어렵다. 물론 필립스의 ROI 평가모형 등 이를 객관적으로 규명하려는 노력이 있지만 일반적으로 받아들여졌다고 보기는 힘들다. 그래서 교육담당자는 교육의 목적과 필요성에 대해서 명확히 이해하고 있어야 한다. 그리고 제한된 재원 안에서 누구에게 어떤 교육을 제공할 것인지에 대한 우선순위도 정할 수 있어야 한다.

어떠한 교육부터 시작할 것인가? 회사의 모든 직무와 직책에 대해서 교육을 운영하기는 쉽지 않다. 따라서 먼저 누구를 대상으로 교육을 제공해야 하는지를 결정해야 하는데 결정할 때는 다음 몇 가지 요소를 고려하여 선택한다.

① 직무 및 직책 중요도 : 직무 또는 직책이 비즈니스에 기여하는 정도에 대해서 직무평가가 이루어졌다면 그 결과를 사용할 수 있다. 이것은 조직구성원에게 민감한 사항이므로 세부기준을 정하거나 경영진으로부터 의견을 구하는 것이 좋다.

② 대상자의 숫자 : 직무별, 직급별, 주요 직책별 인력현황 정보로 개별 직무 또는 유사 직무 수행자의 숫자를 사용할 수 있으며 교육대상자 산정에 사용된다.

③ 인력의 현재 역량수준과 요구 역량수준의 차이(Skill Gap) : 직무별 역량을 정의할 때 요구 역량수준을 같이 정하고, 직원의 역량수준을 진단하여 그 차이에 대한 평균값을 구한다.

④ 역량 중요도 및 개발 시급성 : 역량이 해당 직무수행에 얼마나 중요한 것인지를 평가하며, 경영진의 의견을 듣거나 해당 직무전문가(SME : Subject Matter Expert)를 통해서 파악하도록 한다.

위의 항목을 점수화하여 교육의 대상이 되는 직무와 역량을 모두 도출한다. 그리고 개발의 시급성을 감안하여 어떤 교육을 먼저 실행할 것인지 우선순위를 정한다. 그리고 위의 요소들을 점수화하였더라도 각 직무를 대표하는 의사결정자가 참여하여 합의를 이루는 과정이 반드시 필요하다. 위의 요소를 고려하는 것은 교육에 대한 필요를 체계적으로 파악하기 위한 방법이다. 또한 도출된 결과가 체감하고 있는 교육 니즈와 일치하는지를 정성적으로 검토하는 단계가 필요하다.

직무를 어떻게 활용할 것인가?

직무 또는 직무역할(Job Role)은 한 사람이 수행하는 업무의 묶음이라고 말할 수 있다. 보통은 직무에 따른 역할과 책임(Role & Responsibility), 업무(Task) 그리고 직무수행에 필요한 직무역량(지식, 기술 등)을 정의해 놓고, 채용 및 배치, 평가, 보상, 경력개발 등에 활용한다.

직무체계는 일련의 업무를 유사성과 책임 등을 근거로 그룹화하여 직군(Job family), 직무역할(Job Role) 등의 단위로 체계화한 것이다. 활용분야에 따라 적용단위를 달리할 수 있는데, 예를 들면 채용 및 배치에는 직무단위를 적용하고, 보상에는 직군단위를 적용하는 등 활용목적에 맞는 단위를 사용할 수 있다.

직무체계가 잘 정립되어 있다면 교육체계 설계도 쉽게 접근할 수 있다. 만약 직무체계가 잘 정립되어 있지 않다면 기본적인 직무 및 역량체계 수립부터 시작해서 인력의 역량진단까지 진행한 다음, 교육설계를 시작하는 것이 바람직하다. 직무와 역량에 대한 분석이 되어 있지 않은 채로 직무교육을 설계하는 것은 재료가 없는데 음식을 만들겠다고 하는 것과 같다.

기존 교육체계가 갖추어져 있는 경우라면 직무전문가 대상 인터뷰 또는 직원 설문조사 등을 통해서 기존 교육의 부족한 부분이 무엇인지 파악하여 이를 보완하고 기존의 교육에 투자하던 비용을 다른 교육에 투자할 필요가 없는지를 진단해 보아야 한다.

교육체계를 어떻게 설계할 것인가? 교육대상자와 역량이 결정이 되었다면 요리의 재료가 정해진 것이고 이제 어떻게 요리할 것인지 계획할 차례이다. 다만, 모든 역량을 '교육과정'을 통해서 개발할 필요는 없다. 역량에 따라 교육과정을 통해서 개발하는 것보다는 관리자의 성과에 대한 피드백이나 Self-Study 등 다른 방법을 통해서 개발이 더 용이한 역량이 있을 수 있음을 염두에 두어야 한다.

교육체계를 설계할 때는 교육체계도를 그려보는 것이 도움이 된다.

교육체계도는 대상직무 및 역량, 직급 또는 역량수준 등 교육의 대상과 교육과정을 매핑(Mapping)해 놓은 큰 그림이다. 이런 시각적으로 표현된 교육체계도는 여러 교육과정을 한 눈에 보기 좋고, 추후 완성된 교육체계를 직원에게 커뮤니케이션하기에도 유용하다.

[표 5-2] 영업직무 교육체계도의 예시

Level	교육과정			
Consulting Sales Professional	Sales Manager Training			
Advisory Sales Professional	Sales Leader Training			Advanced Presentation
Associate Sales Professional				
Sales Professional	New Seller Introduction			
역량	분석적 사고	조직인식과 관계형성	성취지향성	설득

위의 교육체계도를 그리기에 앞서 직무와 역량별로 어떤 육성방법이 가장 적절할지 먼저 생각해 보도록 하자. 예를 들면 '분석적 사고'와 '성취지향성'을 개발하는 데 효과적인 방법이 다를 것이고, 같은 '분석적 사고' 역량이라도 영업과 마케팅 직무수행자에게 다른 방법을 사용할 수 있을 것이다. 또한 한 역량을 여러 가지 방법을 통해서 개발할 수도 있다. 프로젝트, OJT(On the Job Training)와 같은 직접적인 업무수행부터

업무수행 중 코칭(Coaching), 성과피드백, 그리고 전문가의 설명, 동료직원과의 토론, 독서 등 수십, 수백 가지의 다양한 개발방식이 있을 수 있다.

아래와 같은 여러 가지 교육방식을 활용할 수 있다.

[표 5-3] 교육방식 예시

Face-to-Face	Mentoring, Role Playing, Case Studies, Coaching, Lecture
Collaborative	Live Virtual Classrooms, e-Teams Collaborative Sessions, Web Conferences
Multimedia	Computer-based training or Web-based training, Interactive Games, Simulations
Internet	Websites, audio seminars, videos, books, e-books

먼저 직무역량리스트를 놓고 적합한 개발방식을 하나씩 진단해 본다. 이때 어떤 교육방식이 적합한지를 판단하고 적합한 개발방식을 최대한 구체적으로 기재하여 데이터화한다. 이 작업 역시 직무전문가가 참여하도록 한다. 인사담당자보다 직무를 직접 수행해 본 사람이 가장 효과적인 교육방식을 선택할 수 있다.

위의 작업이 끝나면 직무, 역량, 개발방식의 3가지를 고려하여 교육과정을 어떤 단위로 설계할지를 결정한다. 이 작업이 필요한 이유는 모든 직무역량별로 교육과정을 만드는 것은 시간과 비용이 엄청날 뿐 아니라 학습자 입장에서도 비효율적인 경우가 많기 때문이다. 따라서 비용과 학습자의 효율성 측면에서 가장 효과적인 단위로 그룹화하는 작업이 필요하다.

다음으로 개발방식이 유사한 역량을 그룹화하여 본다. 직무수행자의 숫자, 직무중요도가 높은 직무부터 먼저 고려해 본다. 개발방식이 유사한 직무역량을 묶어서 하나의 교육과정으로 묶게 되면 교육개발자 및 학습자의 시간을 절약할 수 있다. 예를 들어, 개발방식이 유사한 역량이 여러 직무에 공통적으로 나타난다면 직무간 통합 교육과정을 만들 수 있을 것이다. 이 경우 교육과정 개발에 따른 비용을 줄일 수 있는 장점이 있는 반면, 여러 직무를 수행하는 학습자에게 연관성(Relevance) 있는 학습내용을 구성하기 어렵다는 단점이 있다. 따라서 직무수행자의 숫자와 중요도가 상대적으로 적은 직무에 대해서 이런 방법을 사용할 수 있다.

교육과정을 어떻게 설계할 것인가?

개별 교육과정을 개발하기 전에 설계원칙을 정의하는 것이 필요하다. 설계원칙은 여러 교육과정에 공통적으로 적용할 방향성을 정하는 것이다. 따라서 아래 몇 가지 예시와 같이 교육대상과 교육목표, 업무환경 등을 고려해서 어떤 교육과정을 설계할 것인지에 대한 대전제를 정하도록 한다.

① Blended Learning 및 가상협업(Virtual Collaboration) : 교육대상자의 근무장소나 형태를 고려하여 온라인 및 오프라인 학습을 적절하게 섞어서 구성한다. 학습자가 한 곳에 모이기 어려울 경우에는 Virtual Collaboration 방식을 활용하고 대면(Face-to-face) 방식은 최소화한다.

② 경험이 풍부한 선배 직원의 참여 : 실제 업무경험자의 전문성을 활용할 수 있도록 선배사원을 참여시켜서 교육대상자와 상호작용하고 대화할 수 있는 기회를 가진다. 예를 들어, 영업교육이라면 선배 영업사원이 고객의 역할을 하는 롤플레이(Role Play)를 하고 피드백을 받는 시간을 넣는다.

③ 네트워킹 극대화를 위한 Social Media 활용 : 교육대상자가 경력이 없는 신입사원 위주라면 조직에 대한 적응력과 네트워킹의 효과를 높일 수 있도록 대면(Face－to－Face)교육의 비중을 높이고 젊은 세대가 선호하는 Social Media를 활용하여 네트워킹 효과를 극대화한다.

위에서 예시한 설계원칙을 대전제로 하여 개별 교육과정 설계에 들어간다. 우선 각 교육과정별로 밑그림을 그리는 작업은 '교육과정 기술서'를 활용한다. 교육과정 기술서는 교육과정명, 교육대상, 교육시간, 교육방식, 교육목표를 포함해야 하며, 교육과정의 개요를 알 수 있도록 내용을 구성한다.

이 시점부터 교육과정을 위한 직무전문가가 함께 작업을 시작하는 것이 좋다. 교육전문가 및 직무전문가가 짝을 이루어 교육과정을 설계하며 시작단계에서 교육의 대상과 목표를 분명히 하는 것이 중요하다. 교육목표는 교육내용이 되는 직무역량 내용을 바탕으로 교육을 통해서 교육참여자의 어떠한 행동변화를 이끌어낼 것인지를 구체적으로 기술한다.

교육과정 기술서가 완료되면 이를 기초로 오프라인의 경우 강의 슬라이드, 강사 스크립트, 교재, 각종 보조자료를 작성한다. 직무전문가가 직접 강의하지 않는다면 별도 강사를 섭외하고 강사교육을 한다.

강사교육은 통상 실제교육 참관, 강의를 효과적으로 운영하는 퍼실리테이션 스킬(Facilitation Skill)에 대한 교육, 파일럿 교육 진행 및 피드백으로 이루어진다. 만약 처음 교육이 만들어지는 경우라면 실제교육 참관을 생략하고 교육설계자의 교육 컨텐츠 설명으로 대체한다.

교육을 어떻게 운영하고 평가할 것인가? 직원의 교육과정 조회, 등록과 접수, 교육평가, 교육이력 관리 등을 효율적으로 운영하기 위해서는 교육관리시스템(Learning Management System)을 운영한다. 기본적으로는 교육과정을 운영하기 위한 용도이지만 개인개발계획(Individual Development Plan)과 연계하여 교육수강 이력을 비교, 조회하거나 개인의 역량평가시스템과도 연계해서 개인의 역량평가 결과에 따라 적절한 교육을 추천하는 기능을 제공하기도 한다.

마지막으로 교육운영에 있어서 중요한 부분이 교육효과성에 대한 평가이다. 직무교육에 대한 효과는 당연히 업무성과의 향상이다. 그러나 교육의 결과로 업무성과가 얼마나 향상되었는지 측정하기는 쉽지 않다. 따라서 통상 교육참여도 또는 만족도, 지식 향상 정도를 측정하는 것이 일반적이며 행동의 변화나 비즈니스에 대한 기여도는 특정 직무교육에 한해서 실기하기도 하나 정확한 인과관계를 분석하기는 쉽지 않다.

기업에서 흔히 활용되는 평가방식은 커크패트릭(Kirkpatrick)의 4단계 모형을 활용한 방식이다. 1단계는 반응평가(Reaction)로서 교육과정에 대해 학습자가 만족했는가를 평가한다. 흔히 교육이 끝나면 만족도에 대한 설문조사를 하는데 이것이 1단계 평가이다. 대부분 시간과 비용문제로 1단계에서 교육평가를 마치게 된다. 2단계는 학습평가(Learning)로서 교육과정에서 무엇을 배웠는지를 평가하는 것이다. 즉 교육에 참여해서 얻은 태도 변화, 지식 증진, 기술 향상의 정도를 사전 · 사후검사 비교나 지필검사를 통해 측정하는 것인데 2단계부터는 비용과 시간의 문제로 잘 행해지지 않는다. 3단계는 행동검사(Behavior)로서 참가자들이 배운 것을 업무에 적용하고 있는지, 즉 현업적용도를 평가한다. 여기서는 교육에 참가한 결과로 변화된 직무행동을 측정하는데 통제 · 연수집단비교와 인터뷰, 관찰 등을 통해 평가한다. 마지막 단계는 결과검사(Result)인데 교육이 조직에 긍정적인 영향을 주었는가를 평가한다. 즉, 교육으로 기업이 얻은 이익을 통제 · 연수집단 비교나 사전 · 사후검사 비교를 통해 평가한다.

사실 교육의 성과를 정확하게 측정하고자 하면 성과분석에 시간과 노력을 상당히 투자해야 하기 때문에 실행으로 옮기는 경우는 매우 제한적이다.

직무교육은 교육담당자로서 비즈니스 성과에 핵심적인 역할을 할 수 있는 영역이다. 효과적인 직무교육 설계를 위해서는 비즈니스 전략과 현안을 이해하고 이를 해결하기 위해서 직원에게 어떤 역량개발이 필요한지를 항상 주시하고 있어야 한다. 또한 현업부서와 지속적으로 대화할 수 있는 관계관리가 필요하며 이를 통해서 정확한 교육 니즈 파악과 대응을 할 수 있어야 한다.

Reference

교육 아웃소싱(Outsourcing) vs. 인하우스(In-house) 교육

필요한 교육이 어느 정도 결정되면 아웃소싱을 고려할 수 있다. 현실적으로 직접 모든 교육과정을 개발하여 운영하는 것은 시간과 비용 측면에서 쉬운 일이 아니기 때문이다. 따라서 회사 내부에 전문성 있는 인력이 충분한지와 시장에서 비용 대비 효과적인 교육컨텐츠가 있는지를 고려하여 아웃소싱의 범위를 결정해야 한다.

교육체계의 설계와 과정개발 전체를 외부업체에 컨설팅받기도 하고 기존 교육체계가 어느 정도 갖추어져 있다면 일부 교육과정의 설계와 운영을 아웃소싱한다. 어떠한 교육과정을 외부에 위탁할지에 대해서는 일반적으로 회사 내부에 어느 정도 전문성 있는 인력이 있고 시장에도 훌륭한 교육컨텐츠가 있다고 가정했을 때 직무수행자의 수가 많고 직무중요도가 높은 교육을 내부 교육팀에서 운영하고 반대의 경우에 해당하는 직무교육을 아웃소싱하는 것이 바람직할 것이다.

아웃소싱을 활용하면 교육담당자 숫자를 크게 늘리지 않아도 비즈니스를 수행하는 부서로부터 어떠한 교육니즈가 있는지를 지속적으로 파악할 여력을 가질 수가 있다. 참고로 2010년 ASTD(American Society of Training & Development)에서 약 300개의 기업 및 공공기관 등을 조사한 결과를 보면 직원 대비 교육담당자수를 약 직원 240명당 한 명으로 발표한 바 있다.

03

리더십 개발
-타고난 리더? 키워진 리더?

리더십 개발은 왜 필요한가?

'회사 보고 들어왔다가 매니저 보고 나간다'(We join a company and we leave our manager)라는 말이 있다. 그만큼 리더의 역할은 조직의 성과와 팀원의 사기에 가장 큰 영향을 미친다고 해도 과언이 아니다. 회사에서 급여나 근무환경 등의 처우가 아무리 좋다 하더라도 가깝게 일하는 상사로부터 신뢰받지 못하고 성과에 대해서도 인정받지 못한다면 직장에서의 만족도가 높을 수 없다. 특히 비즈니스 환경이 급속도로 변화하면서 변화에 대처하는 리더의 역량은 그 자체로 기업의 경쟁력일 뿐만 아니라 기업의 운명까지도 좌우하는 중요한 요소가 되었다. 리더의 잘못된 결정으로 비즈니스가 기울어 다른 기업에 인수되거나 이제는 존재하지 않는 회사들이 부지기수이기 때문이다. 한창 잘 나가던 기업이 어느 순간 퇴출대상이 되는 경우가 많다 보니 기업이 나아갈 바를 제대로 예측하고 실행력을 갖춘 훌륭한 리더를 확보하고 키워내는 것은 기업이 끊임없이 고민하는 과제가 되었다.

그렇다면 훌륭한 리더는 키워질 수 있을까? 그것을 가능하게 하는 것은 현재 리더와 인사부의 몫이다. 처음부터 좋은 부모가 되기 어렵듯이 리더도 배우고 경험하면서 리더의 역할을 익히고 역량을 쌓아나가야 하는 것이다. GE나 IBM과 같은 글로벌 기업이 혁신적인 기업의 명성을 유지하면서 오래 비즈니스를 유지하고, 다른 기업의 리더를 배출해 온 것도 리더십 개발 프로그램과 그 프로그램을 통해서 배출된 탄탄한 리더 층을 가지고 있기 때문이다. 물론 타고난 비즈니스 감각이나 관계형성 능력 등도 분명히 리더의 능력에 큰 영향을 미칠 것이다. 그러나 훈련된 리더십 파이프라인이 충분하다면 이 중에 타고난 기질과 결합하여 더 훌륭한 리더가 나올 수 있는 가능성이 높아진다. 뿐만 아니라 각 리더십 포지션에서 리더의 역할을 잘 수행함으로써 전체 조직의 성과가 높아지고 기업 문화도 건강하게 유지될 수 있다.

글로벌 기업에서 실행하는 리더십 개발 프로그램의 목적을 보면 크게 3가지로 요약할 수 있다. 첫번째는 스스로를 관리하는 것에서 타인을 관리하도록 역할의 전환을 돕는 것이다. 실무사일 때는 나만 잘하면 되지만 관리자가 되면 팀을 통해서 성과를 만들어 내야 한다. 특히 신임 관리자는 이러한 역할 전환에 어려움을 겪는 경우가 많다. 리더가 되어서도 내 일만 열심히 하고 내 성과만 챙기는 리더는 좋은 리더가 될 수 없다. 반대로 팀원의 일을 모두 내 일처럼 사사건건 참견하는 리더 또한 전형적인 나쁜 리더의 예가 될 수 있다.

두번째는 각 단계별 리더의 역할을 성공적으로 수행하도록 돕는 것이다. 업무상 책임에 따라서 리더에도 여러 가지 종류가 있다. 실무자로 이루어진 팀의 리더와 여러 리더로 이루어진 팀의 리더가 해야 할 역할은 다르다. 또한 업무 책임과 영역에 따라서 필요한 역량도 달라진다. 여러 가지 사업을 담당하는 리더와 여러 지역을 총괄하는 리더는 한 개 사업 및 지역을 담당하는 리더와는 다른 시야와 자질이 필요하다.

세번째는 단순한 관리자(Manager)가 아니라 진정한 의미의 리더(Leader)의 역할을 수행하도록 육성하는 것이다. 관리자는 주어진 환경에서 자원과 업무를 배분하고 통제하는 사람이라면 리더는 방향을 설정하고 구성원들이 방향에 따라서 각자 할 일을 찾아 몰입할 수 있도록 동기를 부여해 주는 사람이다.

어떤 리더를 개발해야 하는가?

기업에는 다양한 형태의 리더가 존재한다. 비즈니스가 복잡하고 규모가 클수록 리더의 역할과 레벨이 다양하므로 육성할 리더의 범위와 역할을 명확히 해야 한다. 그렇지 않으면 리더십 교육은 누구에게도 도움이 되지 않는 프로그램이 되고 만다. 따라서 리더를 그룹으로 구분해서 접근해야 그룹의 특성에 맞는 리더십 교육을 제공할 수 있다. 리더는 아래와 같은 그룹으로 구분해 볼 수 있다.

❶ 인사관리자(People Manager)

담당하는 팀원에 대한 인사권한을 가진 리더로서 대부분의 경우 업무 관련 권한을 함께 가지고 있다. 평가권한뿐 아니라 인력의 배치와 보상을 결정한다. 팀원만을 관리하는 일선관리자(1st Line Manager)와 관리자를 관리하는 차상위 관리자(Upline Manager)로 구성된다. 또는 매니저 역할을 갓 부여받은 신임관리자와 경력관리자로 구분할 수 있다.

인사관리자는 리더십 교육대상자 중 가장 다수를 차지하며 이 중 신임관리자 교육은 매니저의 기본적인 역할을 습득하기 위해서 반드시 필요하다. 차상위 관리자에 대해서는 다양한 부서간 팀(Cross-functional team)을 구성해서 교육과정을 구성하기도 하고, 한 부서의 일선관리자와 함께 그룹을 구성하여 해당 부서의 비즈니스 현안을 중심으로 교육을 진행하기도 한다.

❷ 임원(Executives)

여러 리더 중에서도 능력을 검증받아 임원으로 선발된 리더로서 대부분의 경우 인사관리와 비즈니스관리의 권한을 동시에 가지고 있다. 또한 영업담당 임원, 임원급의 엔지니어 등 매니저 트랙이 아니라 전문가 트랙으로 커리어를 쌓아서 비즈니스에 중요한 기여를 하는 임원급의 전문가도 포함한다.

❸ 미래의 리더(Emerging Leader)

현재는 관리자가 아니지만 통상 1~3년 안에 관리자의 역할을 수행하게 될 잠재 리더로서 업무성과 및 리더 잠재력(Leader Potential)을 기준으로 관리자 또는 차상위 관리자가 선발한다.

리더십 교육은 어떻게 이루어지는가? 리더십 개발을 위한 교육내용에 정답이 있는 것은 아니다. 무수히 많은 컨텐츠(Contents)와 방법이 있을 수 있다. 다만, 여러 글로벌 기업들이 활용하고 있는 교육 주제를 소개하고자 한다.

❶ 리더의 역할(Role of Manager)과 리더십 역량(Leadership Competencies)

리더십 교육을 위해서는 먼저 기업 내에서 기대하는 리더의 역할과 역량을 정의해야 한다. 리더의 역할이 '무엇'에 해당하는 것이라면 리더의 역량은 '어떻게' 리더 역할을 '잘' 할 수 있을 것인가를 제시하는 것이다. [표 5-4]를 통해 화이자제약의 관리자 역할과 역량을 예시로 볼 수 있다. 리더의 역할을 명확히 해야 하는 이유는 팀원과 리더의 역할이 어떻게 다른지를 이해해야 리더 역할을 위한 준비를 할 수 있기 때문이다. 기업에 따라 리더십 역량을 공통역량 및 직무역량과 별도로 정의하기도 하고, 공통역량이 조직 내 롤모델(Role Model) 리더에게는 어떻게 행동으로 나타나는지를 별도의 행동특성(Behavior Characteristic)으로 정의하기도 한다. 이렇게 정의된 리더역량은 리더의 선발과 육성, 평가 등의 기준으로 활용된다.

[표 5-4] 화이자제약의 관리자 역할 및 역량

Manager Role	Manager Competencies
Deliver Results	Demonstrates Business Acumen
	Acts Decisively
	Seizes Accountability
Engage Today's Talent and Build the Next Generation	Holds People Accountable
	Shape the Future
	Grows Others
	Self Awareness
Shape the Future	Commits to “One Pfizer”
	Leads Change

❷ 리더십 역량 신단(Leadership Competency Assessment)

가장 효과적인 개발은 현재 나에 대해서 이해하고 인식하는 것에서 출발한다. 특히 리더십은 타인과의 관계에서 발휘되는 것이므로 리더십 교육에서 360도 다면평가방식을 활용한 리더십 진단이 많이 활용된다. 진단도구는 리더십 역량을 기준으로 관찰가능한 행동을 쉽게 문장으로 풀어 써서 개별 항목으로 구성한다. 다면평가의 참가자는 팀원(Direct Report), 동료(Peer), 관리자(Manager)로 유의미한 결과가 나올 수 있는 수를 확보하도록 하며, 진단대상자도 동일한 진단항목으로 스스로를 평가하도록 하여 나중에 결과값을 비교하도록 한다. 이때 진단의 공정성을 확보할 수 있도록 반드시 익명으로 진행한다. 진단결과를 통해서 남이 보는 나와 내가 보는 나를 비교할 수 있도록 하고 스스로의 강약점을 파악하도록 한다.

Robert Quinn은 [표 5-5]와 같이 매니저의 역할을 8가지로 정의하고 리더 개인은 8가지 중 특정한 역할을 선호하거나 강점을 보일 수는 있으나 궁극적으로는 8가지를 균형있게 그리고 상황에 맞게 사용하는 것이 바람직하다고 하였다.

[표 5-5] The competencies and the leadership roles in the competing values framework

(Robert E. Quinn, Beyond Rational Management)

Role	Description
Facilitator	facilitates interaction by being process-oriented
Mentor	shows consideration by being caring and empathetic
Innovator	envisions change by being creative and clever
Broker	acquires resources by being resource-oriented and politically astute
Producer	initiates action by being task-oriented and work-focused
Director	provides structure by being decisive and directive
Coordinator	maintains structure by being dependable and reliable
Monitor	collects information by being technically expert

[그림 5-1]은 8가지 관리자의 역할에 근거하여 개인이 여러 관리자

의 역할 중 어떤 면을 보이는지에 대한 진단결과를 스파이더 차트로 보여주고 있다. 진단시에 다면평가를 활용하여 팀원이나 상위관리자 등 타인의 진단결과와 교육대상자의 자가진단 결과를 함께 표시하여 비교하는 것도 효과적이다.

[그림 5-1] 8가지 매니저 역할진단 결과 차트 예시

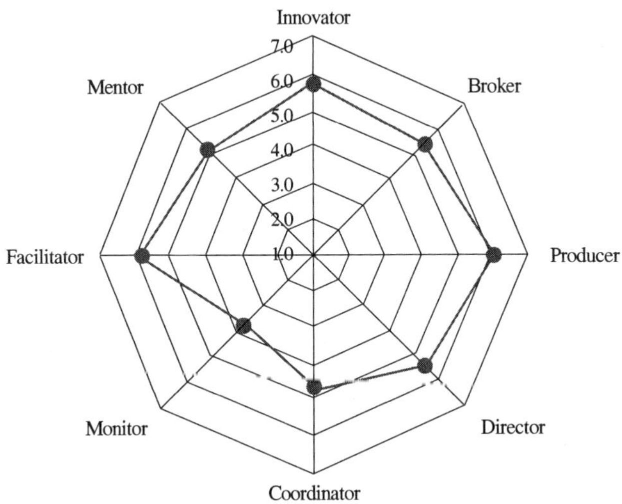

❸ 리더십 스타일(Leadership Style)과 조직 풍토(Organizational Climate)

리더가 팀을 대하는 행동 패턴을 리더십 스타일이라고 한다. 많은 기업에서 매니저 교육에 사용하고 있는 HayGroup의 리더십 스타일 Inventory에서는 [표 5-6]과 같이 리더십 스타일을 정의하고 있다.

[표 5-6] HayGroup 6 Leadership Style

Coercive	gaining immediate compliance from employees
Authoritative	providing long term vision and leadership
Affiliative	creating trust and harmony
Democratic	reaching group consensus and generating new ideas
Pacesetting	leading by example and accomplishing tasks to high standards
Coaching	focusing on the professional growth of employees

보통의 매니저는 한 가지 리더십 스타일만을 보이는 것이 아니라 여러 스타일을 복합적으로 보여준다. 상황과 팀원의 구성에 따라 필요한 리더십 스타일이 다르기 때문에 바람직한 리더는 상황에 맞게 각기 다른 리더십 스타일을 구사할 줄 아는 리더이다. 리더십 스타일 진단은 360도 다면평가를 진행하거나 동료(Peer)와 관리자(Manager)는 제외하고 팀원과 대상자의 자가진단만을 포함한 180도 다면평가로 진행할 수 있다. 이후 진단결과를 매니저에게 공유하고, 상황 또는 팀원에 따라 어떤 리더십 스타일로 접근하는 것이 바람직한가에 대한 정보를 함께 제공한다.

리더십 스타일과 함께 많이 사용되는 것이 조직 풍토(Organizational Climate)라는 개념으로 업무환경 중 업무성과에 영향을 미치는 요소들에 대해서 팀원이 어떻게 생각하고 느끼는가를 말한다. 예를 들면, 팀원이 소속된 팀에서 노력한 만큼 인정을 받는다고 생각한다거나 업무성과가 어떻게 평가되는지를 명확히 이해하고 있다는 것이 조직 풍토의 일면을 나타내는 것이다. 리더십 스타일과 함께 사용하는 HayGroup의 조직 풍토 6가지 영역은 [표 5-7]과 같다.

[표 5-7] HayGroup 6 dimensions of Organizational Climate

Clarity	everyone knows what is expected of them
Standards	challenging but attainable goals are set
Responsibility	employees are given authority to accomplish tasks
Flexibility	there are no unnecessary rules, policies and procedures
Rewards	employees are recognized and rewarded for good performance
Team Commitment	people are proud to belong to the organization

리더의 리더십 스타일에 따라 조직 풍토가 달라지며, 조직 풍토는 팀의 성과에 직접적인 영향을 미치므로 결국 리더십 스타일과 리더의 역할이 성공적인 비즈니스 결과를 위해서 중요하다. 조직 풍토는 팀원들이 실제 느끼는 바를 나타내므로 교육의 효과를 높이기 위해서 조직 풍토 진단시에는 다면평가방식을 이용하는 것이 효과적이다. 진단결과를 통해서 리더가 스스로 강약점을 파악하고 이를 개선하기 위한 노력을 하도록 한다.

❹ 다문화 리더십(Inclusive & Multi－cultural Leadership)

글로벌 기업에서는 전통적인 근무형태처럼 같은 사무실에 팀원 모두가 상주하면서 근무하는 것이 아니라 다양한 나라에 흩어진 팀원과 함께 일하는 경우가 많이 있다. 그러다 보니 언어문제, 시차문제, 문화적 차이로 인한 문제 등이 발생하게 된다. 그 중에서도 가장 심각한 문제가 문화적 차이이다. 한 문화만을 경험한 사람은 문화적 편견을 가지고 있으면서도 스스로 편견임을 깨닫기 어렵기 때문이다. 특히 다양한 문화적 배경을 가진 팀, 즉 다문화팀(Mutil－cultural Team)의 리더에게 문화적 다양성에 대한 이해는 더욱 중요하다. 아래와 같은 다양한 활동을 통해서 리더들은 문화적 차이를 어떻게 해석하며, 문화적 차이로 인해 발생하는 문제에 어떻게 대처해야 하는지를 배울 수 있다.

- 문화적 차이에 대한 사례 시청(비디오 등의 멀티미디어 자료 활용)
- 다른 문화적 배경에 따른 인지 차이에 대한 자가진단
- 다문화 인지능력(Mutil－cultural intelligence)에 대한 강의
- 다문화팀에서의 의사소통 연습
- 타국가의 파견근무시 갈등상황과 대처방법 Case Study
- 원격(Remote) 환경에서의 협업방법 공유

❺ 코칭(Coaching)

코칭은 모든 매니저가 갖추어야 할 바람직한 리더십 스타일이기도 하고 리더가 매일 팀원과의 대화를 통해서 실행해야 하는 업무의 일부이기도 하다. 이러한 일상적인 대화를 통해서 팀원은 리더로부터 많은

영향을 받게 있다. 적절하게 피드백을 주고 코칭을 하면 팀원 스스로 문제를 해결하고 성과를 달성할 수 있지만, 팀원의 실패를 무조건 비난하거나 리더가 스스로 팀원의 일을 하려고 들면 팀원 개인의 역량을 개발하기 어렵고 결국 팀의 성과도 저하된다. [표 5-8]과 같은 코칭의 단계, 단계별 샘플 질문, 코칭 대화시 주의할 점 등 기본기를 익히고 롤플레이(Role-play)를 통해서 코칭을 몸에 익힐 수 있도록 한다.

[표 5-8] GROW 모델(John Whitmore, Coaching for Performance)

G(Goal)	코칭 대화의 목표를 정하는 질문으로 시작
R(Reality)	목표와 관련된 현재의 상태와 문제를 정확하게 인식하기 위한 질문
O(Option)	목표를 달성하기 위해 가능한 대안과 전략을 살펴보기 위한 질문
W(Will)	선택된 대안을 구체적으로 언제, 누구와, 무엇을, 어떻게 실행할 것인지 질문

리더는 어떻게 배우는가?

리더십 교육을 설계할 때 활용할 수 있는 설계원칙(Design Principle)과 다양한 교육방식을 알아보도록 하자.

❶ 액션러닝(Action Learning)

액션러닝은 실제 비즈니스 문제를 교육수단으로 활용하여 실행가능한 전략을 만들어 내는 실전 현장학습방법이다. 일상적인 비즈니스 상황에서는 해결하지 못했던 비즈니스 이슈 또는 당장 시급하지는 않지만 장기적 관점에서 반드시 다루어야 할 이슈를 파악하고 해결책을 만들어 보는 것이다. 새로운 경쟁사업을 구상한다거나 여러 부서가 관련된 복잡한 프로세스를 개선하는 등의 비즈니스 현안을 다룰 수 있다. 주제는 가능하면 교육에 참여할 리더가 사전에 확정하는 것이 교육의 효율성을 높일 수 있다. 주제를 사전에 확정함으로써 이슈 해결에 필요한 이해관계자(Stakeholder)들을 모두 교육에 참여시킬 수 있기 때문이다. 여러 부서가 모인 다기능팀(Cross function)일수록 평소에 해결할 수 없었던 복잡한 프로세스 이슈를 다루도록 한다.

정해진 주제에 대해서는 이슈 구체화 및 전략 개발을 위한 프레임워크(Framework), 창의적 문제해결기법 등을 통해 체계적인 접근을 할 수 있도록 가이드하며, 구체적인 실행계획을 도출해 낼 수 있도록 토론하는 환경을 조성한다. 액션러닝에서 가장 중요한 부분은 이슈 해결을 위한 실행계획을 실제로 현장에서 실행하여 결과를 만들어내는 것이다. 반드시 이슈에 대한 책임자(Owner) 또는 임원 스폰서(Executive Sponsor)를 지정하고 실행이 끝까지 이루어지도록 한다.

❷ 리더에 의한 리더 개발(Leaders developing leaders)

리더십 개발의 가장 큰 책임자는 기업의 최고경영자를 비롯한 기업의 모든 리더여야 한다. 전문강사가 리더십 이론을 잘 전달할 수는 있겠지만 경험에서 우러나오는 진정한 리더십 노하우를 전달할 수 있는 것은 바로 리더들 자신이다. HR은 핵심인재 및 승계계획(Succession Planning) 프로그램과 리더십 교육을 통해서 리더가 차기 리더를 선발하고 개발하며 리더십 교육의 스폰서(Sponsor) 또는 퍼실리테이터(Facilitator)로 참여할 수 있도록 한다. 또한 멘토링 또는 쉐도우잉(Shadowing)과 같은 프로그램을 상시로 활용한다. HR은 롤모델이 될 수 있는 리더를 찾아 그들의 경험과 노하우를 리더십 개발에 효과적으로 활용하고 가능하면 자산화(Assetize)하여 더 많은 리더의 교육에 활용하도록 고민해야 한다.

GE의 고위 경영진은 자신들이 보유·축적한 경험과 식견을 활용하여 직접 비즈니스 리더십을 가르친다. GE의 유명한 리더십 개발기관인 크로톤빌 연수원에서는 강사진의 50%를 내부직원 중에서도 최고의 인재로 구성하며 GE 임직원 또한 강사로 선정된 것을 능력을 인정받았다는 의미로 받아들인다.

❸ 리더간의 네트워킹(Networking with other leaders)

리더십 개발은 특정한 정보 습득이나 단기간의 훈련을 통해 완성되기 어렵고 다른 리더와의 대화 등 비정형화된 학습이 수반되어야 효과를 높일 수 있다. 비정형화된 학습이 효과적으로 이루어지려면 관계형성이 우선 이루어져야 한다.

신임관리자 교육에 온라인과 오프라인의 교육방식을 결합한 블렌디드 러닝(Blended Learning) 방식이 많이 활용되는데, 이는 교육을 효율적으로 진행하고자 하는 목적도 있지만 동시에 온라인 커뮤니티를 활용해서 의견을 공유하고 서로에게 배울 수 있는 공간과 시간을 제공하려는 목적도 있다. 이러한 관계를 오프라인 교육에서도 이어간다면 한 사람이

미처 생각하지 못한 질문을 다른 사람이 함으로써 서로의 시야를 넓혀 주게 되어 교육효과를 높일 수 있을 뿐만 아니라 교육 이후에도 장기적으로 관계를 이어나가면서 서로의 문제해결을 도와줄 수 있다.

이렇게 수평적인 리더의 커뮤니티뿐만 아니라 수직적인 관계형성도 중요하다. 리더십 교육프로그램에 상위 레벨의 리더를 스폰서(Sponsor), 퍼실리테이터(Facilitator), 평가자(Assessor) 등의 역할로 참여시킴으로써 리더간의 자연스러운 멘토링이 가능해지고 상위 리더에게 본인을 알리는 기회를 가질 수 있다. 또한 리더간에 좋은 관계를 형성하는 것은 비즈니스 상황에서 좋은 협업으로 연결될 수 있다.

❹ 리더십 툴킷(Leadership Toolkit)

리더는 매일 곤란한 상황에 맞닥뜨린다. 잘 근무하던 직원이 회사를 떠나겠다고 한다거나, 회사를 떠나야 하는 직원을 리더가 선택해야 하는 상황에 처할 수 있다. 그러한 순간마다 상급 리더에게 혹은 인사부에 도움을 요청하는 것은 쉽지 않은 일이다. 그렇기 때문에 리더가 많이 접하게 되는 문제상황에 어떻게 대처할지에 대한 가이드와 행동지침을 툴킷(Toolkit)으로 제공하면 도움이 된다. 예를 들면, 신입직원의 적응을 지원하는 방법, 저성과자인 직원을 코칭하는 방법, 낮은 평가등급을 줄 때 직원에게 피드백하는 방법 등 구체적인 상황별 대처법을 매뉴얼 형태로 제공한다. 이러한 정보는 수시로 업데이트하고 검색이 용이하도록 온라인으로 제공하여 필요할 때마다 참고하도록 한다.

툴킷 구성시에는 [표 5−9]의 5단계 러닝모델을 혼자서 수행할 수 있도록 가이드 형태로 구성할 수도 있고 이 중의 일부 단계, 예를 들면 1~3단계만을 툴킷으로 구성할 수도 있다.

[표 5−9] ALPHA 5단계 러닝모델

(Robert E. Quinn, Becoming A Master Manager)

단계	단계 설명	방법
Step 1. Assessment	현재 자신의 능력을 파악하고 어떤 능력이 필요한지 인지하도록 함	• 질문지 • 롤플레이 • 그룹 토의
Step 2. Learning	관련 분야 정보나 가이드를 숙지함	• 강의 • 자료 읽기
Step 3. Analysis	보통의 사람들이 주어진 상황에서 어떻게 행동하는지에 대해서 적절한 사례와 부적절한 사례를 읽거나 시청함	• 케이스 스터디 • 롤플레이 • 비디오 또는 이야기 등 사례 공유
Step 4. Practice	실제와 유사한 상황에서 취해야 할 바람직한 행동을 교육 중에 적용해 봄	• 연습 • 시뮬레이션 • 롤플레이
Step 5. Application	실제 상황에서 배운 행동을 적용함	• 실제 업무 환경에서의 과제수행

04
핵심인재
-한 사람이 만 명을 먹여 살린다

20 : 80 법칙은 인재에도 적용되는 법칙인가?

흔히 20 : 80 법칙을 이야기한다. 20 : 80 법칙은 여러 가지 경우에 적용되는데, 예를 들면 전 세계 80%의 부를 20%의 사람이 소유하고 있다는 것이다. 인력관리에도 같은 이치가 적용되는데 상위 20%의 인재가 회사의 80%의 업무를 담당한다는 것이다. 이러한 맥락에서 인재전쟁이라는 말을 지겹게 할 정도로 핵심인재를 선발하고 키우고 유지하는 일은 중요하다.

핵심인재 프로그램은 기업에서 미래의 리더를 선발하고 리더 역할을 성공적으로 수행하기 위한 준비와 개발을 시키는 프로그램이다. 기업 입장에서는 미래 리더로서 능력을 갖춘 인재를 선별하고 선별된 직원에게 투자하기 때문에 효과적인 투자가 가능하다. 그리고 많은 기업에서 성과를 강조하다 보니 단기적인 성과에 따라 리더를 선발하고 보상하는 경향이 있는데 핵심인재는 이러한 부분을 보완하여 장기적인 관점에서 사람을 키워낼 수 있는 제도이다. 직원 입장에서는 미래의 리더로 선발되었다는 동기부여를 받을 수 있을 뿐 아니라 회사가 개인에게 무엇을 기대하는지를 구체적으로 파악하고 이를 준비할 수 있게 한다.

누가 핵심인재인가?

핵심인재는 리더가 될 수 있는 잠재력(Potential)을 가진 사람이다. 그러면 '리더'는 누구이며 '잠재력'은 구체적으로 무엇을 의미할까? 조직의 특성에 맞는 기준을 정할 수 있겠으나 통상 리더는 임원급의 리더를 의미하며 잠재력은 지속적으로 높은 성과를 낼 수 있는 능력을 의미한다.

흔히 핵심인재와 비교되는 것이 고성과자(High Performer)인데 핵심인재는 단기적인 고성과자보다는 장기적으로 리더가 될 수 있는 잠재력을 가진 사람이다. 즉, 단기적인 성과보다는 조직의 리더가 될 수 있는 리더십과 의지가 있으며 새로운 역할, 새로운 시장, 난이도가 높은 임무 등 변화하는 환경 속에서도 꾸준한 성과를 낼 수 있는 인재가 핵심인재라고 할 수 있다. 예를 들어, 미이크로소프트에서 정의한 핵심인재 HIPO(High Potential Employee)는 더 높은 그리고 더 중요한 역할을 맡을 수 있는 능력(Ability)과 책임감(Commitment) 그리고 포부(Aspiration)를 가진 사람이다. 따라서 핵심인재와 고성과자와는 구별되어야 하고 핵심인재로 선발되는 것이 성과에 대한 보상, 승진을 시키기 위한 전 단계 또는 Retention 프로그램의 일환으로 활용되어서는 안 된다는 것이 일반적인 원칙이다.

흔히 줄서기 문화라고 하는 것은 소수의 리더에 의해서 핵심인재가 결정되고 핵심 포지션의 승계가 이루어지는 기업 풍토를 의미한다. 핵심인재를 회사의 고위경영자가 결정하는 것이 아니라 일관된 기준과 시스템에 의해 선발하고 육성하는 것은 쉽지 않다.

핵심인재 프로그램을 성공적으로 운영하려면 일선관리자와 최고경영진의 의견을 함께 고려하여 핵심인재를 선발해야 한다. 최고경영진 몇 명에 의해서 핵심인재의 선발과 프로그램 운영이 좌지우지되어서도 안되고, 일선관리자들이 추천한 인재 Pool을 그저 모아놓은 형태가 되어서도 안된다. 직원을 잘 아는 일선관리자들이 인재를 선발하고 개인의 니즈에 맞는 맞춤형 육성을 하도록 하며, 회사가 필요로 하는 일관된 기준에 따라 핵심인재를 선발하고 핵심 포지션에 적합한 인재를 준비시켜야 한다.

그렇다면 글로벌 기업은 핵심인재제도를 어떻게 운영하고 있을까? 전반적으로 핵심인재 프로세스는 계획(Planning), 선발(Identification), 개발(Development), 승계계획(Succession Planning)의 단계로 이루어진다.

핵심인재의 계획(Planning)

전사적으로 핵심인재 선발규모를 정하여 소속지역과 부서에 따라 배분한다. 이때 비즈니스 전략과 시장성장률, 현재 인력구성 등을 근거로 계획을 수립한다. 가장 중요한 것은 비즈니스 우선순위와 연계하여 핵심인재 계획이 이루어져야 한다는 점이다. 즉, 회사에서 성장에 초점을 맞추고 있는 사업 또는 지역의 핵심인재를 충분히 확보하도록 하여 그렇지 않은 분야보다 핵심인재의 적정인원을 더 많이 배분하여야 한다. 또한 회사의 전략수행에 필요한 중요한 포지션에 대해서는 충분한 승계자가 확보되었는지를 검토하고 부족할 경우 기존 인재육성 또는 외부인재 확보 등의 조치를 취하도록 한다.

핵심인재의 적정한 규모라는 것은 비즈니스 규모와 성장가능성을 대비하여 결정되기도 하지만 매니저가 직접 성장과 개발을 지원할 수 있는 만큼의 숫자여야 한다. 핵심인재를 턱없이 많은 수로 선발해 놓고 승진 기회나 적절한 보상을 해 주지 않으면 직원이 오히려 실망하고 조직을 떠나게 되는 경우가 많기 때문이다. 또한 개발 기회나 적절한 지원 없이 과도한 업무를 맡기는 경우에도 핵심인재 선발이 오히려 해가 될 수 있다. 그러므로 체계적이고 세심한 육성이 가능한 적정규모로 핵심인재를 선발하는 것은 회사나 직원 입장에서 모두 중요하다.

핵심인재의 선발(Identification)

핵심인재 선발은 매년 이루어진다. 과거의 성과, 직급 등의 인사자료를 근거로 현재 핵심인재 Pool을 다시 평가하고 제외할 사람과 추가할 사람을 반영하는 형식으로 핵심인재를 선발한다. 다만, 핵심인재의 개념 자체가 장기적 관점에서 회사의 리더 혹은 핵심 포지션을 맡을 인재이므로 매년 인재 Pool을 들쑥날쑥 변경하는 것은 바람직하지 않다. 가령 특수한 상황에 의해서 단기적 성과가 탁월하지 못했다 하더라도 장기적인 관점에서 기대 이상의 성과와 역량 그리고 성장에 대한 의지를 보여주는 인재라면 한번 더 기회를 부여하여 핵심인재로 유지하는 것이 바람직하다.

마이크로소프트의 핵심인재 선발기준은 크게 3가지이며 Ability(능력), Commitment(책임감), 그리고 Aspiration(포부)을 고려하여 선발하고 있다.

- Ability(능력) : 업무를 수행하는 데 요구되는 스킬, 지식, 역량 등의 조합
- Commitment(책임감) : 늘 기대 이상의 성과를 창출하려는 의지와 마이크로소프트 가치의 실천 여부
- Aspiration(포부) : 더 높고 영향력이 큰 역할을 맡고자 하는 열정

핵심인재 선발시에는 특정한 직급 이상의 직원을 대상으로 제한을 두기도 하지만, 직급의 제한을 두지 않더라도 자연스럽게 연차가 높은 Senior 직원이 많은 비율을 차지하게 된다. 임원의 역할을 성공적으로 수행할 수 있는 잠재력을 평가하다 보니 리더십을 요구하는 업무에 많이 노출되는 Senior 직원이 더 높은 평가를 받게 되는 것은 자연스러운 현상이라고 볼 수 있다.

각 매니저가 제출한 평가결과는 그 다음 단계인 Talent Review를 통해서 상위 매니저가 검토하고 확정하게 된다. 확정된 결과는 각 매니저에게 통보되며, 이후 매니저가 핵심인재로 선발된 직원에게 선발사실을 알리고 개발에 대한 면담을 시작한다.

Talent Review는 리더십팀의 레벨에 따라서 여러 차례 이루어진다. 여러 지역과 사업부로 구성된 글로벌 기업에서는 Talent Review도 사업부와 지역의 수만큼 이루어지고 최종 Talent Review는 최고경영자가 하게 된다. Talent Review를 통해서 핵심인재의 구성, 핵심 포지션에 대한 승

계자 확보현황 등을 중요하게 검토한다. 이때 여성비율, 소수인종의 비율 등 선발된 핵심인재의 구성이 다양성(Diversity)을 충분히 반영했는지도 함께 검토한다.

핵심인재의 선발에 활용되는 프레임워크는 무엇인가?

그냥 '잠재력'이라고만 하면 판단이 어려우므로 평가시에 [표 5-10]과 같은 세부기준을 참조하도록 한다. 회사에 맞는 구체적인 기준을 정의하고 핵심인재를 선발하는 매니저들을 충분히 교육해야 일관성 있는 핵심인재 선발이 가능하다.

[표 5-10] 핵심인재 선발의 기준 예시

기준	내용
Aspiration	향후 임원역할 수행을 위한 능력과 포부
Learning Agility	새로운 것에 대한 학습능력과 의지
Commitment	커리어 성장을 위해서 어려운 과제를 수행할 의지
Adaptability	문화적 적응력(언어 및 타문화 적응력)
Performance	지속적인 업무성과
Skills	업무기술(Technical, Functional, Business Skills) 및 대인관계기술
Leadership	해당 조직에서 리더의 롤모델(Role Model)로서 적합한지 여부

화이자제약에서는 핵심인재의 선발을 위해서 매니저가 6 Box Grid를

사용하도록 한다. 매니저는 직원의 잠재력과 성과를 모두 고려하여 직원이 6 box 중에 어디에 위치할 것인지를 결정한다. 잠재력과 성과가 모두 높은 'Key Colleague'와 'Emerging colleague' grid에 위치한 사람들을 핵심인재로 간주하고 개발계획을 세운다.

[그림 5-2] 핵심인재 선발을 위한 화이자제약의 6 box Grid

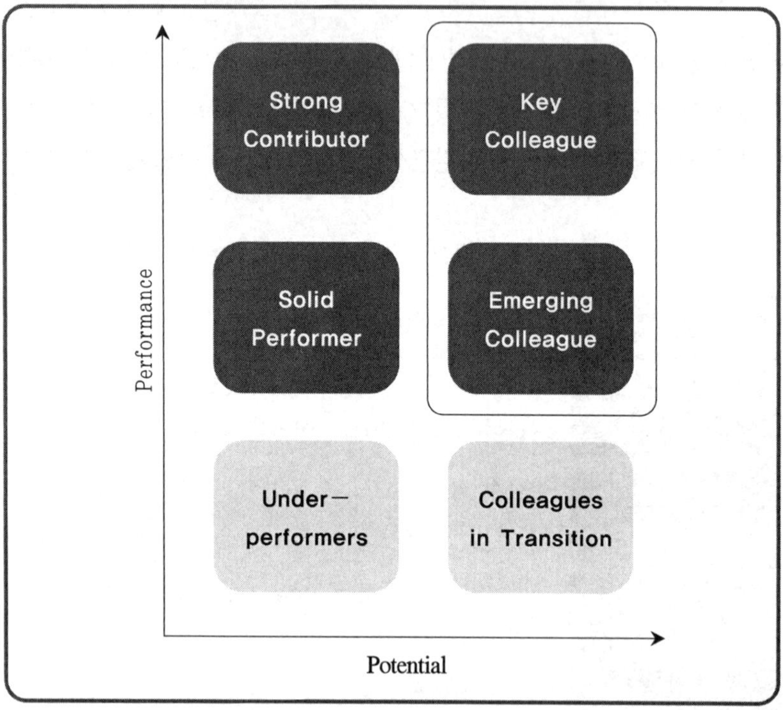

[표 5-11] 핵심인재 선발을 위한 화이자제약의 6 box 각 Grid 설명

Category	Performance Track Record	Career Trajectory	Implication
Key Colleagues/ Game Changers	어려운 업무에서 다년간 높은 성과를 보임	확고하게 보여지는 리더십 경로와 경력개발을 하려는 직원의 열망에 대한 매니저의 강한 확신이 있음	직원 개발을 가속화하고 더 큰 역할을 부여함. 수평적으로 공격적인 이동을 함
Emerging Colleagues	조금 덜 도전적인 일에서 매우 높은 성과를 보였거나 새로운 역할에서 조금 덜 지속적인 높은 성과를 보임	가속화되는 리더십 경로에 대한 매니저의 확신은 어느 정도 있으나 평가가 더 필요함. 가속화된 개발에 대한 직원의 열망이 있음	평가를 계속하여 12~18달 안에 key colleague인지 strong contributor인지 결정을 함
Strong Contributors / Critical Talent	담당자의 입장에서 강한 성과를 계속해서 보여줌	몇몇 부가적인 리더십 경로에 대해서 매니저의 확신이 있고 경력개발에 대한 직원의 열망이 있음	현재의 역할을 넓혀줌, 혹은 다른 직원을 성장시키는데 도움이 됨
Solid Contributors	기대에 도달하는 성과를 보이며 굳건한 결과를 도출함	현재 역할이나 비슷한 역할에 대한 매니저의 확신이 있음. 경력개발에 대한 직원의 열망이 한정적임	현재 역할이나 비슷한 역할에서 시야를 넓혀 주는 것으로 성장을 할 수 있음

Category	Performance Track Record	Career Trajectory	Implication
Under performers	기대에 맞는 결과를 보여주지 못함. 성과나 행동을 개선해야 함	해당 없음	성과를 개선하는데 주력해야 함
Colleagues in transition	신입직원 (5개월 이하)	해당 없음	매니저가 평가를 할 수 있을 만큼 직원을 알지 못함

한편, IBM에서는 매니저가 LEADS(Leadership Acceleration Development System)라는 Tool을 통해서 팀원을 평가하고 핵심인재를 선발한다. LEADS를 통해서 매니저는 팀원의 직급, 현재 핵심인재 여부, 최근 업무성과 등의 기본적인 인사데이터를 조회하고 개인별로 잠재력을 평가하도록 되어 있다. 성과를 고려하되 잠재력을 중심으로 핵심인재를 선발하는 것이 가능하다. 즉 9 box report에서 업무성과 개선이 필요한 'Development Needed' 그룹으로 분류되었더라도 관리자가 판단하기에 장기적으로 개선의 가능하다면 핵심인재가 될 수 있다.

잠재력은 3등급으로 구분하며 시스템상에서 어떤 직급까지 진급할 수 있는 잠재력을 보이는지를 구체적으로 질문하고, 답변에 따라 High(두 직급 이상 진급할 수 있는 잠재력을 보임)－Medium(한 직급 진급할 수 있는 잠재력을 보임)－Limited(리더로서의 잠재력이 부족함)로 분류한다.

9 box report는 최근 3개년의 성과와 매니저의 잠재력 평가결과를 바탕으로 팀원 개개인이 어디에 위치하는지를 보여준다. 매니저는 이

Report를 통해서 팀원 전체의 성과 및 평가현황을 한 눈에 볼 수 있으며 평가가 제대로 되었는지를 비교 검토해 볼 수 있다.

[그림 5-3] IBM 핵심인재 선발을 위한 9 Box Report

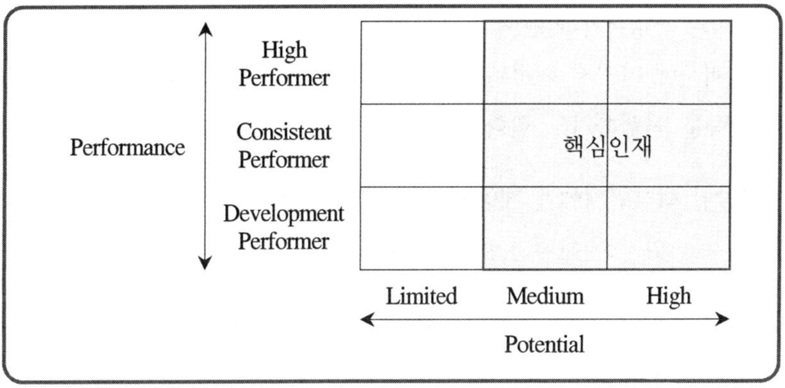

핵심인재는 어떻게 개발하는가?

매니저는 핵심인재로 선발된 직원에 대해서 개발계획을 함께 논의하고 개발활동을 지원하는 책임을 실행해야 한다. 이 개발단계는 핵심인재 여부를 직원에게 알려주고 개발면담을 하는 것에서 시작된다.

특히 새로이 선발된 핵심인재와 핵심인재 그룹에서 탈락된 직원에게 명확한 내용을 전달하는 것이 중요하다. 새로 선발된 핵심인재에게는 핵심인재로 선발된 것이 어떤 의미이며, 매니저의 평가결과를 알려주고 개발이 필요한 영역에 대해서 구체적인 개발계획을 수립한다. 이때 개발과정에 적극적으로 참여하고 미래의 리더 역할을 준비하겠다는 본인의 의지를 함께 확인하도록 한다. 반면 핵심인재에서 탈락된 직원의 경우 신중한 의사소통이 필요하다. 핵심인재의 선발기준과 탈락된 이유를 솔직하게 알려 주어야 하며, 특히 잠재력은 부족하나 높은 업무 성과를 보여주는 직원에 대해서는 그 직원의 경험과 스킬을 활용할 수 있는 업무 기회와 커리어가 어떤 것인지 함께 논의한 후 기회를 제공해야 한다. 한편, 회사에 따라서 핵심인재 선정 여부에 대해 커뮤니케이션하지 않는 전략을 선택하기도 한다.

선발된 핵심인재에게 제공되는 프로그램들은 회사마다 다양한 특색을 가지고 있기는 하지만 대개 아래와 같은 프로그램들이 제공된다.

① Exposure & Networking : 임원 및 핵심인재 그룹과 만나 본인을 알리고 교류할 수 있는 기회를 제공한다. 임원 인터뷰나 컨퍼런스, 온라인 커뮤니티 등을 통해 최상위 리더들로 하여금 핵심인재가 누구인지 인지하도록 하고 향후 인재 선발, 배치 등에 활용할 수 있게 한다.

② Leadership Development & Training : 관리자 및 예비관리자를 위한 정규 리더십 교육, 핵심인재를 위한 본사 교육프로그램에 대한 참여 기회를 우선적으로 제공한다. 또한 비즈니스 스킬을 높이기 위한 필요한 맞춤형 프로그램을 제공한다.

③ Coaching 또는 Mentoring : 부족한 영역에 도움이 될 수 있는 멘토를 선정하되 가능하면 2단계 이상의 상위 직급에 있는 멘토를 선정하도록 한다. 또한 필요한 경우 리더십 스킬 개발을 위해 핵심인

재가 직접 멘토역할을 하기도 한다.

④ Stretch assignment : 정규 업무범위를 벗어나 보다 도전적인 과제를 수행할 수 있는 기회를 부여한다. 여러 부서가 참여하는 프로젝트, 잡셰도우잉(Job Shadowing) 등을 예로 들 수 있다

⑤ Cross-Culture Skill Development : 다문화 스킬 개발을 위한 교육 및 업무기회, 언어능력을 개발하기 위한 교육지원 또는 글로벌 팀의 리더로서 업무를 경험할 수 있는 기회를 제공한다.

⑥ Self-Awareness 프로그램 : 향후 리더로 성장하기 위해 핵심인재 스스로에 대한 이해를 높이고 개발계획을 수립할 수 있도록 다면평가(360 Survey) 및 MBTI 등과 같은 프로그램들이 제공되기도 한다.

승계계획이란 무엇인가?

핵심인재의 선발과 개발면담이 완료되면 임원 중에서도 핵심 포지션(Key Position)에 대한 승계계획을 수립한다. 각 포지션별로 최소 3명의 후보를 지명하여 국가별 또는 부서별로 검토된다. 포지션에 따라 필요한 경우에는 부서의 최고 책임자인 임원 및 CEO의 최종검토를 거쳐 후보자를 확정한다.

① Current : 해당 리더십 역할에 대한 준비가 되어 즉시 수행가능함.

② 1 Job away : 해당 리더십 역할을 수행하기 위해 한 개의 업무경험이 필요함.

③ 2 Job away : 해당 리더십 역할을 수행하기 위해 두 개의 업무경험

이 필요함.

또는 아래와 같이 준비가 필요한 기간별로 후보자 승계계획을 수립하기도 한다.

① Ready now : 해당 리더십 역할에 대한 준비가 되어 즉시 수행가능함.

② 1~3 years : 해당 리더십 역할을 수행하기 위해 1~3년의 준비기간이 필요함.

③ 3~5 years : 해당 리더십 역할을 수행하기 위해 3~5년의 준비기간이 필요함.

승계자는 Current 또는 Ready Now 상태가 되기 위해서 필요한 경험과 개발방법에 대해서 개인별 계획을 수립하고 실행한다. 만약 내부 핵심인재 Pool에서 적절한 후보자를 찾지 못한다면 타부서나 타지역, 그리고 기업외부 후보자 중에서 승계가능한 인재를 적극적으로 찾게 된다.

05 Informal Learning
-직원을 교실에 가두어 놓지 않는 학습법

교육은 교실에서만 이루어지는가? 직장인이라면 대부분 하루가 넘게 걸리는 교육과정에 참석해서 밀려오는 잠을 쫓느라 애를 써 본 경험이 있을 것이다. 신입직원이라면 이러한 신입직원 입문교육을 수일 동안 듣는 경우가 많지만, 입사 이후 어느 정도 시간이 지난 기존 직원의 경우에는 업무에 쫓기다 보면 하루 이상 교육에 참여할 시간을 내기가 쉽지 않다. 업무시간을 조정해서 교육에 찬여했다 하더라도 이미 자기 분야에서 전문성을 가지고 있다 보니 정말 도움이 되었다고 생각되는 교육은 손에 꼽기 마련이다. 그래서 기존의 정형화된 학습인 Formal Learning에 대비되는 개념으로 비정형화 학습, 즉 Informal Learning을 어떻게 효과적으로 활용할 수 있을지 얘기해 보자.

많은 기업에서는 직원을 교육할 때 집합교육과 온라인교육 또는 이 두 가지를 혼합한 Blended Learning 방식을 이용해 왔다. 이러한 교육방식은 교육을 어디에서(교육장소에서 동시에 vs. 원하는 장소에서 원하는 시간에), 어떻게(강사 및 다른 교육대상자와 대면하여 vs. 네트워크를 통해서), 어떤 기간 동안 들을 것인지를 결정하며 여러 가지 교육방식을 조합하여 학습자에 맞게 다양한 형태로 진화해 가고 있다.

하지만 위의 교육방식의 공통적인 특징은 여전히 교육과정이라는 틀 안에서 이루어진다는 것이다. 교육과정 설계, 교육자료 준비, 강사교육 등의 준비단계 및 교육과정 개설, 대상자 등록, 교육 실시, 사후관리 등의 여러 단계를 거친다. 이렇게 교육을 준비하여 실행하기까지 통상 수 개월이 걸리며, 기업은 이러한 교육계획 및 준비에 많은 시간과 비용을 투자하고 있다.

또한 이러한 정형화된 교육은 기업에서 실제 이루어지고 있는 교육에서 차지하는 비중이 그리 크지 않다. 예를 들어 화이자제약에서는 70/20/10 모델로 기업교육을 설명하고 있다. 즉, 전체 교육을 100%로 본다면 이 중 70%가 OJT(On the Job Training), 즉 현장에서 업무를 하면서 배우는 부분으로 이루어져 있고, 20%가 멘토링이나 코칭처럼 서로의 관계에서 배우는 것이며, 나머지 10%만이 온라인 또는 오프라인 교육을 통하여 이루어진다는 것이다.

교육의 투자 대비 성과는 얼마나 되는가?

많은 노력에도 불구하고 현재 기업이 가지고 있는 고민거리는 이처럼 많은 비용을 투자한 교육의 성과, 즉 ROI(Return on Investment)를 측정하기 어렵다는 것이다. 교육성과 측정은 여러 각도에서 시도되어 왔지만 누구도 정답을 찾지 못했다. 답을 찾았다 하더라도 실행에 옮기기에는 너무 많은 시간과 노력이 소요되므로 핵심적인 일부 교육과정의 성과측정에만 사용되었고 기업의 전반적인 교육효과 측정은 사실상 어렵다.

가장 큰 문제는 점점 빨라지는 변화의 속도이다. 수개월을 걸쳐서 기획되고 설계된 교육과정을 앞으로도 얼마나 사용할 수 있을까? 시장이 엄청난 속도로 변화하고, 기업 또한 이러한 환경에 대응하기 위해서 전략, 상품, 인력을 항상 변화시켜야 한다. 기업의 관리자에게 요구되는 리더십 스타일도 변화한다. 이러한 환경에서는 오늘 발행된 책이 불과 몇 년 뒤에는 휴지통에 들어갈 수 있다. 교육도 마찬가지이다. 그렇다면 여러 가지 변화에도 불구하고 직원이 항상 필요로 하는 교육은 어떤 것일까?

업무현장에서는 어떻게 학습이 이루어질까? 기존의 업무현장 교육은 OJT(On the Job Training)이라는 이름으로 불려왔다. 보통 직원이 입사하거나 새로운 업무를 맡은 경우 시수(Mentor)·전임자가 부사수(Mentee)·후임자를 도와 실제 업무를 할 수 있도록 지원하는 교육의 형태를 말한다. 이러한 OJT 기간이 끝나고 나면 교육보다는 '일을 하는' 가운데 스스로 배우는 경우가 많다.

새로운 기업고객을 담당하게 된 영업 3년차 직원의 경우를 예로 들어보자. 이 직원은 먼저 담당하게 된 기업의 개요, 조직, 재무 및 인력현황, 사업전략, 성과 등의 자료와 관련된 산업분야의 자료를 회사 내외부의 데이타베이스에서 검색하고 읽어본 후 중요한 정보를 숙지할 것이다. 뿐만 아니라 회사 내에 산업분야 전문가나 과거에 이 기업을 담당했던 직원을 찾아서 조언을 들을 수도 있다. 이러한 정보를 소화하여 재정리하고 이 고객에게 도움이 될 수 있는 상품을 검토하여 마침내 이 직원은 영업전략을 수립하고 자료를 준비한 뒤 고객을 만나게 된다.

OJT뿐만 아니라 위와 같이 우리 주변에서 흔히 볼 수 있는 모든 학습활동을 통틀어 비정형 학습, 즉 Informal Learning이라고 한다. U.S. Department of Commerce의 분석에 따르면 실제로 이러한 Informal Learning이 전체 학습의 80%를 차지한다고 한다. 또한 비용 대비 효과 측면에서 볼 때 비정형화된 학습의 효과가 정형화된 학습의 효과보다 훨씬 높다. 아래 [그림 5-4]를 보면 Formal Learning이 Informal Learning보다 비용은 높으나 효과는 낮다는 것을 알 수 있다.

[그림 5-4] Fomal Learning 및 Informal Learning의 교육효과 비교

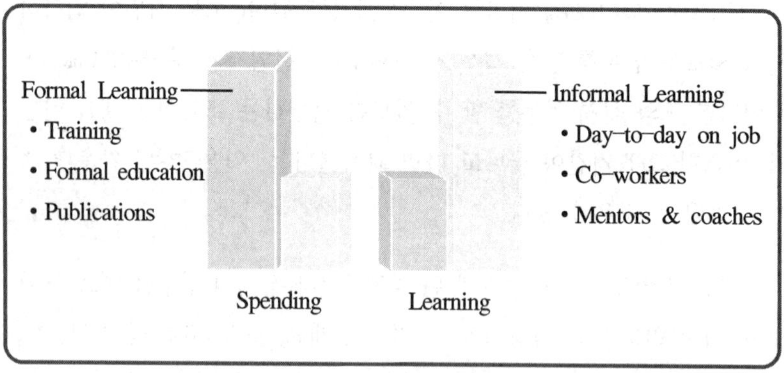

출처 : Cross J, Informal learning : rediscovering the natural pathways that inspire innovation and performance

Informal learning은 왜 필요한가? 업무현장에서의 학습이 효과가 높은 이유는 여러 가지로 설명할 수 있다. 첫번째는 가장 필요한 상황에서 가장 필요할 때, 즉 Just-in-time에 배우기 때문이다. 많은 Classroom 교육과정에서도 실제 사례를 다룬다. 즉, 교육대상자가 가장 빈번하게 접하는 문제상황을 찾아서 강사가 강의 중에 사례로 설명하거나 Case Study를 하는 것이다. 그렇다 하더라도 학습자 입장에서는 당장 해결이 필요한 상황이 아니므로 몰입도가 떨어질 수밖에 없다. '나에게 닥친 가장 중요하고 시급한 목표'가 주어졌을 때 학습자의 배우고자 하는 의지가 가장 높아지기 때문이다. 그래서 교실보다는 업무 현장에서 더 배움의 효과가 높아진다.

두번째는 여러 가지 학습의 방식과 내용 중에서 가장 적합한 방법을 스스로 찾아서 배우기 때문이다. 회사 입사 후 어느 정도 경험을 쌓은 직원은 담당업무에 있어서는 전문가라고 할 수 있는데 아무리 훌륭한 교육전문가라고 해도 이러한 경력자들을 '교육'시키는 것은 쉬운 일이 아니다. 교육을 받기보다는 직원 스스로 원하는 정보와 관련된 전문가를 찾아서 배우고 깨달을 때 업무적용도가 높아진다. 반드시 교재나 강사를 통해서 학습하지 않아도 회사의 데이터베이스, 동료, 멘토 등 어떤 자료나 사람을 통해서든 Informal Learning은 이루어질 수 있다.

세번째로는 단편적인 지식을 얻는 것이 아니라 일을 해결하는 방법을 배우기 때문에 장기적으로 활용할 수 있다. 문제상황은 끊임없이 발생하기 마련이다. 이때 가장 근본적인 해결책은 해결방법을 찾는 방법을 배우는 것이다. 문제를 해결하는 프로세스를 실제로 적용해 본 사람은 같은 유형의 문제상황이나 과제가 주어졌을 때는 물론 전혀 다른 문제나 과제에 대한 대응력도 높아지기 마련이다. 초기에는 시행착오를 거치더라도 개인의 역량은 빠른 속도로 향상될 수 있다.

Informal Learning은 새로운 학습방식이 아니다. 아주 오랫동안 학교, 가정, 기업에 걸쳐서 누구나 사용하고 있는 학습방법이다. 단지 이러한 활동을 기업의 교육전략으로서 주목하고 전통적인 교육방식과 조화롭게 활용하자는 것이 중요한 변화라고 할 수 있다.

Informal Learning이 활성화되기 위해서는 이를 위한 환경과 문화가 뒷받침되어야 한다. 협력적인 조직문화와 업무현장에서 자연스럽게 일어나는 활동을 학습으로 인정하는 분위기가 조성되어야 하고, 회사와 관리자의 지원, 지식을 쉽게 공유하고 사용할 수 있는 시스템, 그리고 활용가능한 멘토 및 전문가 네트워크 등이 갖추어져야 한다.

Social Learning은 무엇인가?

기존의 학습시스템을 넘어서서 지식을 공유하고 스스로 컨텐츠를 생산할 수 있는 Tool이 뒷받침되어야 Informal Learning이 활성화될 수 있다. 이를 위해 블로그, 커뮤니티, 지식자산(Intellectual asset) 데이터베이스, 개인화된 포탈(Personalized portal) 등 현재 웹2.0시장에 소개된 모든 기술과 Tool을 활용할 수 있다. 이러한 Tool을 통해서 직원은 수동적으로 학습컨텐츠를 소비하는 것이 아니라 능동적으로 컨텐츠를 생산할 수 있다. 업무에서 습득한 노하우를 담은 학습컨텐츠를 공유함으로써 스스로 배움의 기회를 얻고 동료에게도 학습기회를 제공할 수 있다. 이렇게 직원간에 자발적으로 서로를 통해서 배우는 것을 Social Learning이라고 한다.

직원은 프로젝트 사례 등 업무노하우를 블로그에 올리거나 웹컨퍼런스 Tool을 통해서 실시간으로 공유할 수 있다. 프리젠테이션 자료를 보면서 설명을 하는 것도 좋겠지만 참여자와 Q&A가 가능한 실시간 양방향 소통이 될 때 효과가 올라갈 수 있다. 이러한 Learning Platform을 갖춘다면 직원들은 공간의 제약없이 학습에 참여하고 해당 분야의 전문가로부터 생생한 경험을 전달받을 수 있다.

이를 통해서 다양하고 세분화된 직원의 개발욕구를 충족하고 교육과정을 개발하는 시간과 비용을 줄이는 효과를 동시에 거둘 수 있다. 교육과정의 짜임새나 전달방식은 다소 미숙할 수 있으나 공유되는 지식의 질과 공유속도를 높일 수 있어 실보다 득이 더 크다고 할 수 있다.

기업 내부적으로 갖추어진 지식공유 Tool이 없다면 시장에 많이 나와 있는 비디오 컨퍼런스 또는 웹컨퍼런스, 텔레컨퍼런스 Tool을 적절하게 사용해도 좋다. 이러한 실시간 협업 Tool은 대화기능과 프레젠테이션 테크닉들을 다양하게 갖추어 가고 있어서 점점 실제 회의실에 같이 있는 것과 가까운 온라인 환경을 제공하고 있다. 대부분의 Tool이 실시간으로 공유한 내용을 자산화할 수 있도록 레코딩 기능을 갖추고 있기 때문에 암묵적인 지식을 기업의 자산으로 만들 수가 있다.

일상 업무에서 맞닥뜨리는 문제는 점점 더 복잡하고 어려워지고 있다. 비즈니스 환경이 빠른 속도로 변화하고, 고객의 요구사항도 복잡해지기 때문이다. 이러한 문제해결을 위한 가장 빠른 방법은 해당 분야의 전문가를 찾는 것이다. 따라서 회사는 문제를 직접 해결해 주는 것이 아니라 해결가능한 전문가를 찾을 수 있도록 여러 가지 방법을 통해서 지원할 수 있다.

예를 들면, 직원 개인의 Skill Profile을 데이터베이스화하고 이를 직원 조회 시스템에 통합함으로써 분야별 전문가를 빨리 파악할 수 있다. 규모가 큰 글로벌 회사일수록 부서간에 협업이 되지 않거나 전문가를 찾기 어려워 비즈니스가 실패하는 경우가 많이 있다. 지구 건너편에 있는 적임자를 알기 어렵고, 조직의 복잡성으로 인해서 바로 옆에 있는 전문가를 알지 못하는 경우도 생기게 마련이다.

IBM에서는 블루페이지(Bluepages)라는 직원조회 시스템을 통해서 직원 연락처 및 사진뿐만 아니라 경력, 프로젝트 경험, 스킬 등을 함께 조회할 수 있다. 블루페이지상의 스킬은 직무 및 스킬 데이터베이스와 연동되어 있고, 이러한 직무 및 스킬은 IBM 내에서는 공통언어와 같아서 다른 직원이 어떤 분야 전문가인지를 쉽게 이해할 수 있도록 되어 있다. 직원 조회뿐만 아니라 전문가의 커뮤니티 활동도 활발하게 이루어지고 있다. IBM의 온라인 커뮤니티 Tool인 Wiki를 통해서 같은 관심분야를 가진 사람들의 연구모임이나 지식공유모임 등을 쉽게 만들 수 있다. ILX(Informal Learning Exchange)라는 Informal Learning Platform을 통해서는 Article, 책, Webcast 등 다양한 교육컨텐츠를 공유할 수 있으며, 이러한 교육컨텐츠를 보고나면 이를 자신의 교육이력에 손쉽게 추가하고 관리할 수 있다.

Social Learning에는 어떤 문화가 뒷받침되어야 하는가?

많은 글로벌 기업에서는 직원 개인에게 명확한 성과목표와 책임을 주되 목표를 달성하는 방법에 있어서는 개인의 자율을 강조하는 문화를 갖추고 있다. 만약 직원에게 업무지시를 할 때 구체적인 업무방법까지 지시한다면 직원은 굳이 스스로 더 나은 방법을 찾으려 하지 않을 것이다. 반면에 직원이 업무에 대한 결정권한과 책임을 가지고 업무를 추진할 수 있다면 더욱 적극적으로 사내외 전문가, 지식, 자료 등을 찾아나설 것이다. 즉, 누가 시키지 않아도 Social Learning의 기회를 탐색하게 된다.

규모가 작은 회사에서는 Social Learning 또는 Informal Learning의 중요성을 굳이 강조하지 않아도 자연스럽게 정보의 공유와 학습이 이루어지게 된다. 하지만 기업의 규모가 클수록, 조직이 복잡할수록, 기업의 제품과 솔루션이 다양하고 복잡할수록, Social Learning의 중요성이 강조된다. 이러한 환경일수록 회사가 직원에게 업무의 방법과 문제의 해답을 제시하기 어렵고 직원이 스스로 찾아야 하는 경우가 많기 때문이다. 회사는 이러한 직원을 위한 커뮤니티와 Tool을 보다 적극적으로 지원하여 Social Learning을 활성화하기 위해서 노력해야 한다.

특히 서비스 및 지식산업에 있어서 지식관리(Knowledge Management)가 중요하게 여겨졌던 것처럼 Social Learning 또한 필수적이다. 개인이 해당 분야의 전문가로서 고객에게 가치를 제공하고 회사를 대표해야 하는 환경에서 지속적으로 전문가의 역할을 하기 위해서는 조직이 보유하고 있는 지식 기반이 필요하다. 이러한 조직적인 지식 기반을 폭넓고 빠르게 구축하기 위한 방법이 바로 Social Learning이라고 할 수 있다.

Reference

70/20/10 Learning & Development Model

70/20/10 Learning & Development 모델은 Michael M. Lombardo와 Robert W. Eichinger가 저서 『The Career Architect Development Planner』를 통해 정리한 모델로 성장과 개발은 70%는 업무경험(On the Job)에서 20%는 피드백과 관계(Feedback & Relationship)로부터 그리고 나머지 10%만이 교육훈련(Training)으로부터 실현할 수 있다는 이론이다. 이 70/20/10 모델은 유수의 글로벌 기업들이 도입해서 활용하고 있다. 마이크로소프트도 이 모델을 활용하여 개인의 경력개발계획과 개발을 실행하도록 하고 있다.

비율	활동구분	활동 내용
70%	Learning on the job	• Act as a subject matter expert • Conduct Research • Engage in a stretch assignment • Engage in self-directed learning • Engage in temporary assignment • Leverage available resources • On board a new team member
20%	Learning from others	• Be a mentor • Engage with a mentor • Network with others • Observe others

		• Participate in external communities • Participate in internal communities • Pursue a profession-specific activity • Seek and apply feedback • Shadow others(job shadow)
10%	Learning through training	• Attend external conferences and seminars • Attend internal training • Pursue a profession-specific activity • Read or listen books

이 가운데 잡셰도우잉(Job Shadowing)에 대한 설명만 간략히 한다면 원래 이것은 취업준비생이나 중고등학생들로 하여 짧은 시간 동안 실제 근무자를 관찰하면서 해당 직업을 체험하게 하여 향후 직업 선택과 필요한 역량을 갖추는 데 도움을 주기 위해 활용되는 방법이다. 기업 내에서는 주로 경력개발활동의 하나로 보통 대개 상위 리더들의 업무활동을 관찰하면서 업무를 이해하고 이에 따른 역량을 개발할 수 있는 기회로 제공된다. 또한 이를 통해 리더들에게 핵심인재를 노출시킬 수 있고 이 과정을 통해 승계계획을 수립 혹은 구체화하는데 도움을 줄 수 있다.

실제 본사 혹은 지역을 담당하는 고위임원들이 지사를 방문하는 짧은 시기 동안 방문국의 핵심인재들이나 관리자들로 하여 방문시기 동안 해당 리더들을 따라다니면서 본사나 지역의 고위 임원들이 어떤 활동을 어떻게 하는지 관찰하는 기회와 해당 임원과의 1 : 1과정을 통해 경험담과 피드백 등을 들을 수 있는 기회가 주어진다. 이를 통해 셰도우잉을 하는 지사의 핵심인재나 관리자는 스스로 본사나 지역 고위임원에게 어필할 수 있고 향후 본인 경력개발에 조언을 구할 수 있기 때문에 큰 혜택을 받게 되는 셈이다.

PART 6

법률과 노무관리

01
노동법과 노무관리
-인사는 법을 넘어서지 않는다

인사담당자는 어떤 법률을 알고 있어야 하는가?

인사담당자라면 당하고 싶지 않는 일 가운데 한 가지가 소위 지노위(지방노동위원회) 철제의자에 앉는 것이다. 실제 지금은 더 이상 철제의자는 아니지만 지방노동위원회에서 조사를 받는다는 것은 무언가 법적 분쟁이 생겼거나 법 위반의 소지가 있어 소환을 당하여 곤혹스러운 상황에 처해 있다는 것을 의미하기 때문이다. 물론 이보다 몇 배는 더 곤혹스러운 상황은 인사담당자가 아니라 대표이사가 그 '철제의자'에 앉게 되는 경우일 것이다.

인사부에서 하는 일은 현행 노동법에 어긋날 수 없다. 법을 넘어서는 제도나 조치 등은 일단 노동법의 취지에도 맞지 않지만 근로감독, 직원의 노동부 진정, 민형사소송의 대상이 되어 제지나 징계조치를 받게 된다. 인사담당자는 관계법령을 미리 잘 숙지하고 있어야 불필요한 충돌을 예방하고 이러한 곤란에 빠지지 않을 수 있다.

흔히 '노동법'이라고 표현하지만 노동법이라는 이름의 특정 법률은 없다. 노동에 관련된 법률을 한꺼번에 지칭할 때 편의상 노동법이라고 부른다. 노동법은 크게 개별적 근로관계법과 집단적 노사관계법이 있다. 쉽게 생각해 보면, 근로자 개인의 권리와 의무에 대한 것들을 규정하고 있는 것과 근로자 조직 대 회사의 관계에서 발생하는 권리와 의무를 규정하고 있는 것이 있다. 만약 회사에 노동조합이 없다면 집단적 노사관계법은 크게 신경쓰지 않아도 된다. 노동조합이 없더라도 노사협의회는 갖추도록 되어 있으므로 집단적 노사관계법 중 「근로자참여 및 협력증진에 관한 법률」 정도만 알고 있으면 되기 때문이다. 개별적 근로관계법에서는 근로기준법을 정확하게 아는 것이 중요하다. 물론 「산업재해보상보험법」도 중요하겠지만, 산업재해는 사건에 따라 어떻게 적용할 것이냐가 매우 달라지므로 사건이 발생한 경우 전문가의 조언을 얻어 처리하는 것이 좋다.

따라서 여기서는 「근로기준법」을 중심으로 하고 「근로자참여 및 협력증진에 관한 법률」을 추가적으로 얘기해 보자.

근로자와 논쟁이 생길 경우 어떻게 법적인 판단을 하는가?

인사부의 많은 업무가 규정을 만들고 이행하는 일이다 보니 종종 직원의 이해와 충돌이 되는 경우가 발생한다. 아무리 잘 만들어진 규정이라고 하더라도 항상 해석을 해서 적용을 해야 하는 여지가 있기 때문이다. 그렇다면 이러한 이해의 충돌이 생겼을 때는 어떤 법적 근거에 의해 판단을 해야 할까?

우리 법은 상위법 우선적용의 법칙이 있다. 노동문제에 대해서는 가장 상위법부터, 즉 헌법-노동법령(근로기준법, 집단적 노사관계법 등과 시행령 등)-단체협약-취업규칙-근로계약의 순으로 적용이 된다. 반대로 얘기하면 근로계약의 내용은 취업규칙의 내용에 어긋날 수 없고 취업규칙은 단체협약에 반할 수 없으며, 단체협약은 노동법령에 제약을 받고 노동법령은 당연히 헌법에 위배될 수 없다. 만약 하위법의 어떤 내용이 상위법의 내용에 어긋나면 그 하위법의 내용은 무효가 되며 상위법의 내용이 대신 적용된다(이를 강행적 효력이라고 한다). 법률적인 내용이므로 표현이 좀 딱딱하지만, 상무님이 지시한 일을 부장님이 마음대로 변경할 수 없는 것과 같은 이치라고 생각해도 좋겠다.

한편, 유리한 조건 우선적용의 법칙이라는 것이 있어서 비록 하위법에 속한 내용이지만 상위법보다 근로자에게 유리하면 상위법의 내용이 강행 적용되지 않고 하위법의 내용이 유지된다. 예를 들어 취업규칙에 연차는 연 15개가 주어진다고 명시되어 있지만 근로계약서에 연차는 연 22개가 주어진다고 되어 있으면, 취업규칙이 근로계약보다 상위임에도 불구하고 근로계약서의 내용에 따라 연차는 연 22개를 주어야 한다. 반대로 취업규칙에는 연차는 연 22개가 주어진다고 되어 있고, 근로계약서에는 15개로 되어 있으면 상위법 우선의 법칙에 따라 취업규칙에서 명시된 대로 연차는 연 22개가 주어진다. 기본적으로 노동법은 근로자와 사용자간의 불평등으로부터 근로자를 보호하기 위한 장치이기 때문에 근로자에게 유리한 것이 우선적으로 적용되는 것이다.

이처럼 인사담당자는 노동법령과 단체협약, 취업규칙 및 근로계약의 내용을 평소에 잘 숙지하고 있어야 할 것이다. 법의 내용과 취지를 이해하고 위의 순서를 적용해서 생각하면 근로조건에 대해 논란이 발생했을 때 효과적으로 대처할 수 있다.

반드시 알아야 할 근로기준법의 내용은 무엇인가?

인사담당자로서 먼저 「근로기준법」을 한 번도 읽어 보지 않았다면 한 번 읽어 보자. 법대를 나오지 않은 사람이라면 법령의 내용만 읽어서는 이해가 가지 않는 것이 정상이다. 시중에 많이 나와 있는 해설이 되어 있는 「근로기준법」을 읽어 보면 상당히 도움이 될 것이다. 아래 사항은 실무를 하면서 굉장히 많이 나오는 것이므로 평소에도 잘 이해해 두는 것이 좋겠다.

근로계약에 대한 사항

근로관계의 가장 기본이 되는 근로계약의 경우 기간을 정하지 않은 것, 즉 흔히 얘기하는 정규직과 일정한 사업의 완료에 필요한 기간을 정한 것 외에는 근로기간을 1년을 넘어서 계약할 수 없다. 즉 계약직의 경우 1년 이하로 기간을 정하여 계약을 해야 하고 법에 의해 동일사업장에서는 총 2년이 될 때까지 계약을 연장할 수 있다. 그리고 같은 사업장이라면 한 사람에 대해서 부서를 변경하더라도 계약직 계약기간은 2년을 넘길 수 없다. 물론 「비정규직 차별 금지법」에 의하여 계약직 직원은 동일한 업무를 하는 정규직 직원과 동일한 처우를 해야 한다.

근로계약은 구두계약을 하더라도 유효하지만 사용자는 임금의 구성항목, 계산방법, 지급방법, 소정근로시간, 휴일, 연차유급휴가에 대한 사항은 서면으로 명시하여 근로자에게 교부하여야 한다. 이에 따라 명시된 근로조건이 사실과 다를 경우에 근로자는 근로조건 위반을 이유로 손해의 배상을 청구할 수 있으며 즉시 근로계약을 해제할 수 있다. 물론 근로자가 원하면 아무 때나 근로계약의 종료를 통보하고 한 달 안에 그만 둘 수 있으므로 근로계약의 즉시 해제 권리가 그렇게 큰 의미는 없을 것이다.

해고에 대한 사항

업무를 하다 보면 때로는 사용자가 경영상 이유에 의하여 근로자를 해고해야 할 경우가 생긴다. 우리나라의 노동법은 다른 나라에 비해 근로자의 해고에 대하여 근로자를 두텁게 보호하고 있기 때문에 평상시 해고는 물론이거니와 경영상 이유에 의한 해고도 쉽지 않다. 해고에 대한 사항은 1990년대말 IMF 경제위기를 겪으면서 구체화되었다. IMF 경제위기 때 기업들이 유례없이 많은 해고를 하게 되면서 해고에 대한 이론이 발전했다고 생각할 수 있다.

사용자가 경영상 이유로 근로자를 해고하려면 먼저 '긴박한 경영상의 필요'라는 것이 있어야 한다. 그렇다면 '긴박한 경영상의 필요'가 어느 수준인지가 중요한데, 경영 악화를 방지하기 위한 사업의 양도, 인수, 합병은 긴박한 경영상의 필요가 있는 것으로 간주된다. 한편, 긴박한 경영 상의 필요가 인정되더라도 아래의 조건을 만족해야 한다. 먼저 사용자는 해고회피 노력을 다하여야 하고, 합리적이고 공정한 해고의 기준을 정하고 이에 따라 해고대상자를 정해야 한다. 해고회피 노력에는 근로자에게 휴직 부여, 계약직 직원 계약 종료, 채용 동결 등의 노력이 포함되며, 합리적이고 공정한 해고의 기준이라는 것은 남녀의 성과 같은 이유로 차별을 해서는 안되며 근속연수 등과 같은 객관적인 기준을 정해야 한다는 것을 의미한다. 사용자는 해고를 피하기 위한 방법과 해고의 기준 등에 관하여는 과반수 노동조합이나 과반수 노동조합이 없는 경우에는 근로자의 과반수를 대표하는 자와 해고를 하려는 날의 50일 전까지 통보하고 성실하게 협의하여야 한다. 협의는 합의와는 다르게 반드시 통일된 결론을 도출해야 할 필요는 없다.

경영해고가 아닌 일반적인 경우에 사용자가 근로자를 해고하려면 해고사유와 해고시기를 서면으로 근로자에게 통지하여야 한다. 즉, 구두로만 통지하면 효력이 없다. 그리고 적어도 30일 전에 예고를 하여야 하고, 30일 전에 예고를 하지 아니하였을 때는 30일분 이상의 통상임금을 지급하여야 한다. 예를 들어 15일 전에 예고를 하였을 경우에는 나머지 15일분은 통상임금으로 지급하면 된다. 근로자는 사용자의 해고 통보가 부당해고라고 생각되면 노동위원회에 구제를 신청할 수 있다. 다시 한 번 강조하면 우리나라의 노동법은 다른 나라에 비해 해고에 대해 몹시 엄격하므로 회사규정을 어기거나 낮은 성과를 이유로 해고하는 것이 쉽지 않다. 반드시 해고를 해야 하는 사유가 발생하면 여러 가지로 검토하고 노무법인이나 법무법인의 자문을 받아 진행하는 것이 좋겠다.

퇴직에 대한 사항

사용자는 근로자가 사망하거나 퇴직한 경우에는 그 날로부터 14일 이내에 임금, 보상금 그밖의 일체의 금품을 지급하여야 하는 의무가 있다. 즉, 퇴직금은 퇴직한 날로부터 14일 이내에 지급해야 한다고 이해하면 된다. 만약 14일 내에 지급하지 않으면 법이 정해 놓은 지연이자를 지연한 일수만큼 지급해야 한다. 다만, 특별한 사정이 있을 경우에는 당사자 사이에 합의에 의하여 기일을 연장할 수 있다.

또한 사용자는 근로자가 퇴직한 후라도 사용기간, 업무종류, 지위와 임금, 그밖에 필요한 사항에 관한 증명서를 청구하면 발급하여 주어야 한다. 퇴직한 직원들이 이직을 위해서 경력증명서를 요청하는 경우가 많은데, 여기에는 근로자가 요구한 사항만을 적어야 하며, 계약서류의 보존의무가 있는 3년간은 반드시 발급해 줘야 한다.

참고로 입사예정자 등에게 경력증명서를 요구하였는데 사업의 합병, 폐지 등으로 경력증명서를 발급받는 것이 불가능한 경우 국민건강보험공단 홈페이지에서 가입이력을 출력하여 제출하게 하면 법적인 효력은 없으나 회사의 사용목적에서는 유효하게 사용할 수 있을 것이다.

임금에 대한 사항

근로계약에서 중요한 임금에는 통화불, 직접불, 전액불, 정기불의 4대 원칙이 있다. 이것은 매우 중요한 원칙이므로 평소에 외우는 것이 좋겠다. 먼저 통화불은 대한민국에서 통용되는 화폐로 지급을 해야 한다는 뜻이며, 물건이나 상품권 등으로 지급해서는 안된다. 과거에는 전자회사에서 명절 보너스로 돈 대신 냉장고를 준 적도 있었다고 하는데 통화불 원칙에 어긋난다. 직접불은 근로자에게 직접 지급을 해야 한다는 뜻이며, 근로자 명의의 통장으로 지급을 하는 것은 직접불에 어긋나지 않는다. 아주 간혹 대졸 신입사원이 본인 명의의 통장이 없다며 부모님

명의의 통장을 가져오는 경우가 있는데, 절대로 다른 사람 명의의 통장으로 임금을 지급해서는 안된다. 전액불은 말 그대로 급여의 전부를 지급해야 하며 일부를 지급해서는 안된다는 법칙이고, 정기불은 적어도 한 달에 한 번은 급여를 지급해야 한다는 것이다. 예를 들어 신입입사자의 경우 급여지급일과 입사일과의 사이가 애매해서 입사한 달의 급여를 다음 달에 지급하는 경우가 있다. 만약 급여일이 매월 25일인데, 전달 15일에 입사한 직원이 있어 이번 달에 40일치의 급여를 지급한다면 정기불 원칙에 어긋나는 행위가 될 수도 있다.

임금채권은 3년간 행사하지 않으면 소멸한다. 따라서 근로자나 퇴사자는 3년이 지난 임금채권에 대한 권리를 주장하지 못한다. 실무적으로는 수당이나 임금소급 문제에서 많이 발생하는데, 근로자가 3년이 지난 근로의 대가에 대해 주장하지 못한다는 뜻이므로 사용자는 선의로 3년이 지난 임금채권에 대해서 지급하여도 당연히 문제가 되지 않는다. 예를 들어 연차휴가 보상수당을 10년 동안 지급받지 못한 경우 근로자는 최근 3년에 대한 연차휴가 보상수당을 지급할 것을 요구할 수 있고, 나머지 7년치는 소멸한 것이므로 권리를 주장할 수 없다.

근로시간에 대한 사항

근로시간은 1주 40시간 근로제를 기본으로 하고 있다. 이 시간을 초과하는 근로는 시간 외 근로가 된다. 1일의 근로시간은 휴게시간을 제외하고 8시간을 초과할 수 없다. 휴게시간은 근로시간이 4시간인 경우 30분, 8시간인 경우 1시간을 부여하게 되어 있으므로 많은 회사들이 8시간 근로에 1시간 점심시간을 부여하여 9시부터 6시까지를 일일 근로시간으로 하고 있다.

시간 외 근로에 대한 사항

시간 외 근로는 1주간에 12시간을 한도로 할 수 있다. 연장근로에 대해서는 통상임금의 100분의 50 이상을 가산하여 지급한다. 또한 야간근로에 대해서 100분의 50 이상을 추가로 가산한다. 야간근로의 기준은 오후 10시부터 다음 날 오전 6시까지이다. 아울러 휴일근로에 대해서도 100분의 50 이상을 가산한다. 예를 들어 휴일 야간에 연장근로를 한다면 기본근로 100%, 연장근로 50%, 야간근로 50%, 휴일근로 50%를 하여 총 250% 이상을 지급해야 한다. 그러나 전문직이나 사무직, 영업직과 같은 전문직(exempt) 근로자에게는 근로시간을 측정하여 시간당 보상을 하는 것은 적합하지 않기 때문에 기본급에 미리 연장근로에 대한 보상을 포함시키는 포괄임금산정제를 실시하기도 한다. 또한 사용자는 근로자 대표와의 서면합의에 따라 연장근로, 야간근로 및 휴일근로에 대하여 수당을 지급하는 대신 대체휴가를 줄 수도 있다.

휴가에 대한 사항

연차유급휴가는 1년간 8할 이상 출근한 근로자에게 15일을 주어야 한다. 15일은 최소 기준이므로 그 이상을 부여하는 것은 가능하다. 입사한 지 1년이 되지 않는 근로자에게는 1개월에 1일의 유급휴가를 주어야 한다. 이때 사용한 휴가는 최초 1년이 지나서 부여되는 연차에서 공제하도록 한다. 예를 들어 입사한 지 1년이 되지 않았을 때 10일의 휴가를 사용하였다면, 입사 1년이 되어 연차유급휴가가 부여될 때 15일에서 이미 사용한 10일을 빼고 5일이 부여되게 된다. 또한 3년 이상 근로한 근로자에게는 2년에 1일씩 휴가를 가산하여 주게 된다. 이때 가산휴가를 포함한 총연차유급휴가는 25일을 한도로 한다.

근로자는 원하는 때 휴가를 사용할 수 있지만 근로자가 청구한 시기에 휴가를 주는 것이 사업운영에 막대한 지장을 초래하는 경우에는 사용자는 시기변경권을 행사할 수 있다. 연차유급휴가는 1년간 행사하지 않으면 사용자의 귀책사유가 아닌 이상 소멸된다. 휴가사용권은 소멸되어 휴가를 사용할 수는 없지만 수당으로 보상받을 수 있다.

사용자가 휴가사용촉진 조치를 한 경우에는 남은 휴가를 수당으로 보상하지 않아도 된다. 즉, 휴가가 소멸되기 3개월 전을 기준으로 10일 이내에 근로자별로 사용하지 않은 휴가일수를 알려주고, 근로자가 직접 사용시기를 정하여 사용자에게 통보하도록 서면으로 촉구한다. 서면촉구를 하였음에도 불구하고 근로자가 촉구를 받은 때부터 10일 이내에 근로자가 사용시기를 통보하지 않는다면 휴가가 소멸되기 2개월 전까지 사용자가 미사용 휴가의 사용시기를 정하여 근로자에게 서면으로 통보한다. 이와 같은 휴가사용 촉진조치를 취하면 사용자는 미사용 휴가에 대한 수당보상의 의무를 면하게 된다.

미성년 근로자에 대한 사항

15세 미만인 자와 중학교에 재학 중인 18세 미만인 자는 고용노동부장관이 발급한 취직인허증을 가지고 있지 않으면 근로자로 사용하지 못한다. 취직인허증은 본인의 신청에 따라 의무교육에 지장이 없는 경우에 직종을 지정하여서 발행할 수 있다. 또한 사용자는 18세 미만인 자에 대하여는 그 연령을 증명하는 가족관계기록사항에 관한 증명서와 친권자 또는 후견인의 동의서를 사업장에 갖추어 두어야 한다.

한편, 친권자나 후견인은 미성년자의 근로계약을 대리할 수 없다. 즉, 미성년자의 강제근로를 방지하기 위하여 미성년자는 본인이 직접 근로계약을 체결하여야 하므로 미성년자를 고용하는 경우 반드시 본인과 계약을 해야 한다. 친권자나 후견인 또는 고용노동부장관은 근로계약이 미성년자에게 불리하다고 인정하는 경우에는 이를 해지할 수 있다. 그리고 미성년자는 독자적으로 임금을 청구할 수 있으므로 급여를 직접 본인에게 지급하도록 한다.

15세 이상 18세 미만인 자는 1일 7시간, 1주일에 40시간을 초과하여 근로할 수 없지만, 당사자 합의가 있으면 1일 1시간, 1주일에 6시간을 한도로 연장근로할 수 있다. 또한 사용자는 18세 이상의 여성을 야간근로 및 휴일근로를 시킬 수 없다. 다만, 18세 미만 자의 동의가 있는 경우, 산후 1년이 지나지 아니한 여성의 동의가 있는 경우, 임신 중의 여성이 명시적으로 청구하는 경우에 고용노동부장관의 인가를 받으면 가능하다. 그리고 산후 1년이 지나지 아니한 여성에 대하여는 단체협약이 있는 경우라도 1일에 2시간, 1주일에 6시간, 1년에 150시간을 초과하는 시간외 근로를 시키지 못한다. 이 부분은 근로자의 상태를 파악하기가 어려운 경우가 많고, 근로감독의 지적사항이 흔히 되므로 인사담당자뿐 아니라 관리자 모두가 주의해야 할 사항이다.

여성근로자에 대한 사항

사용자는 여성근로자가 청구하면 월 1일의 생리휴가를 주어야 한다. 생리휴가는 무급으로 부여할 수 있다. 또한 임신 중인 여성에게는 출산 전후 휴가를 90일 부여하여야 한다. 이때 휴가기간은 반드시 산후에 45일 이상이 확보되어야 한다. 만약 출산 전후 휴가 중인 임신 중인 근로자의 출산일이 늦어져 90일의 휴가로는 산후에 45일 이상이 확보될 수 없다면 그 기간만큼 무급휴가를 추가로 부여하게 된다. 임신 중인 여성이 임신 16주 이후 유산 또는 사산한 경우에는 대통령령에 따라 보호휴가를 주어야 한다. 이와 같은 출산 전후 휴가 중 최초 60일은 유급으로 하여 사용자가 급여를 부담한다. 최초 60일 이후에는 사용자는 급여 지급 책임이 없고 고용안정센터에서 소정의 급여를 지급한다.

사용자는 임신 중인 여성근로자에게 시간 외 근로를 시킬 수 없으며, 그 근로자의 요구가 있는 경우에는 쉬운 종류의 근로로 전환하여야 한다. 또한 출산 전후 휴가가 종료한 후에는 휴가 전과 동일한 업무 또는 동등한 수준의 임금을 지급하는 직무에 복귀시켜야 한다. 그리고 사용자는 임신한 여성근로자가 임산부 정기건강진단을 받는데 필요한 시간을 청구하면 허용해 주어야 하며 이를 이유로 그 근로자의 임금을 삭감하여서는 안된다. 한편, 생후 1년 미만의 유아를 가진 여성근로자가 청구하면 1일 2회 각각 30분 이상의 유급수유시간을 주어야 한다.

취업규칙에 대한 사항

상시 10명 이상의 근로자가 있는 사용자는 취업규칙을 작성하여 고용노동부에 신고하고 사업장에 게시하여야 한다. 취업규칙의 주요 내용에는 업무시간, 휴게시간, 휴일, 휴가, 임금에 대한 사항, 퇴직 및 퇴직금에 관한 사항, 산전후휴가 및 육아휴직 등 근로자의 모성보호에 관한 사항, 안전과 보건에 대한 사항, 표창과 제재에 관한 사항이 포함되어야 한다. 고용노동부 웹사이트에 들어가면 표준취업규칙안을 다운로드받을 수 있으므로 현재 회사의 취업규칙과 비교하여 빠진 부분이 있나 확인해 보는 것도 좋은 방법이다.

한편, 사용자는 취업규칙을 작성하거나 변경하기 위해서는 과반수 노조가 있는 경우에는 그 노동조합, 없는 경우에는 근로자 과반수의 의견을 들어 처리해야 한다. 다만, 취업규칙을 근로자에게 불리하게 변경하는 경우에는 동의를 받아야 한다. 또한 취업규칙을 고용노동부에 신고할 때는 근로자의 의견을 적은 서면을 첨부하고 불이익 변경시에는 근로자의 동의서를 첨부해야 한다. 실무적으로는 취업규칙이 한 가지 사항만 변경하는 경우는 많지 않다. 이때 몇 가지는 근로자에게 유리하고 몇 가지는 불리하다면 불리한 변경에 준하여 직원설명회를 개최하고 직원동의를 직접 받아 변경하도록 한다.

노사협의회에 대한 사항

노사협의회는 근로자와 사용자의 협력관계를 높이기 위해 각 사업장별로 설치하도록 규정되어 있으며, 「근로자 참여 및 협력 증진에 관한 법률」에 근거하여 운영이 되고 있다. 물론 우리나라와는 노조의 구성이 다른 유럽의 제도를 들여 왔기 때문에 비판의 대상이 되기도 하지만 노동조합이 없는 회사에서는 노사협의회가 직원과 경영진이 함께 논의를 하는 좋은 통로가 되어 주기도 한다.

노사협의회는 30인 이상 사업장인 경우에는 의무적으로 설치해야 하며, 30인 이상이 되지 않더라도 노사간의 합의에 의해 설치할 수 있다. 노사협의회를 정당한 사유없이 거부하거나 방해해서는 안된다.

노사협의회는 구성과 운영이 매우 중요하다. 노사협의회는 근로자와 사용자를 대표하는 동수의 인원으로 구성하되, 각 3인 이상 10인 미만으로 구성하게 되어 있다. 회사마다 상황은 다르겠지만, 경험상 보통 각 5~7인으로 구성하면 운영이 용이하다고 보여진다. 사용자를 대표해서는 회사의 대표자와 대표자가 위촉한 자가 위원이 되고, 근로자를 대표하는 위원으로는 노동조합이 있는 경우에는 노동조합의 대표자와 그 노동조합이 위촉한 자로 하고, 노동조합이 없는 경우에는 회사의 근로자 10인 이상의 추천을 받아 투표에 의해 선출된 자로 한다. 이렇게 구성된 노사협의회는 연간 매 3개월마다 정기적으로 개최하고 회의록을 작성해 놓아야 한다.

Reference

노동법의 종류

'노동관계법령'은 국가가 제정한 노동법을 말한다. 노동단체법의 부문에는 「노동조합 및 노동관계조정법」('노조법'으로 약칭), 「교원의 노동조합 설립 및 운영 등에 관한 법률」('교원노조법'으로 약칭), 「공무원의 노동조합 설립 및 운영 등에 관한 법률」('공무원노조법'으로 약칭) 등이 있다. 근로계약법 부문에는 「근로기준법」, 「최저임금법」, 「남녀고용평등과 일 가정 양립 지원에 관한 법률」('고용평등법'으로 약칭), 「산업안전보건법」, 「산업재해보상보험법」('산재보험법'으로 약칭), 「기간제 및 단시간근로자 보호 등에 관한 법률」('기간제법'으로 약칭), 「파견근로자 보호 등에 관한 법률」('파견근로자법'으로 약칭), 「근로자퇴직급여 보장법」('퇴직급여법'으로 약칭) 등이 있다. 그밖의 부문에는 「근로자 참여 및 협력증진에 관한 법률」('근로자참여법'으로 약칭), 「노동위원회법」, 「고용정책기본법」, 「직업안정법」, 「근로자직업능력 개발법」, 「고용보험법」, 「고용상 연령차별 금지 및 고령자 고용촉진에 관한 법률」('고령자고용법'으로 약칭), 「장애인 고용촉진 및 직업재활법」('장애인고용법'으로 약칭) 등이 있다. 또한 이들 법률에 부속된 명령(시행령, 시행규칙 등)도 있다.

출처 : 노동법의 법원, 노동법, 임종률, 박영사

02

징 계

–잘못을 따지는 데도 절차가 필요하다

왜 징계에 대해서 얘기하는가?

GE(General Electric)의 핵심가치 중 가장 중요하고 가장 먼저 나오는 것이 바로 'unyielding integrity'이다. 번역을 하자면 '양보할 수 없는 정직성' 정도가 된다. GE와 마찬가지로 많은 글로벌 기업들이 Integrity 혹은 Compliance라는 용어로 윤리경영을 강조하고 있다. 이는 직원들의 부정부패가 회사의 손익에 영향을 미칠 수도 있고 회사에 잘못된 문화를 가져올 수도 있고 심지어는 기업의 존망을 결정하기 때문이다. 잘 알려진 것처럼 2001년 '에너지 제국', '인재들의 천국'으로 불리던 엔론이 파산하게 된 것은 결국 도덕적 해이와 분식회계 등의 부정부패 때문이다.

그래서 요즘 글로벌 기업들은 보다 엄격하게 직원 개인의 부정에 대해 징계하고 스스로 정화하여 '윤리경영'을 실천하려는 노력을 하고 있는 것이다. 그렇다면 징계는 어떻게 구분하고 어떤 절차로 진행되는지 알아보도록 하자. 회사생활을 하면서 좋은 일도 많은데 왜 포상이 아니라 징계에 대해서 얘기를 해야 할까? 이유는 간단하다. 포상은 주는 사람 입장에서는 회사에서 정해 놓은 가이드라인에 따라 수여하면 되고, 받는 사람 입장에서는 고맙게 받으면 된다.

그러나 징계는 간단한 문제가 아니다. 징계를 받는 직원에게 불명예와 실질적인 금전적 손해 등 불이익을 주는 행위이므로 징계의 내용이 충분히 납득가능하지 않으면 법적 소송까지 가는 경우가 많다. 징계를 결의하는 사람 입장도 절대 쉬운 것이 아니다. 판사가 판단을 그르치는 경우를 생각해 보면 징계를 결의하는 사람의 역할이 얼마나 중요한지 알 수 있다. 하지 않은 일을 이유로 징계를 받거나 잘못에 비해 큰 징계를 받은 경우 밤에 잠이 오지 않을 정도로 억울할 것이다.

징계를 해야 하는 경우는 다양하다. 따라서 거의 모든 회사들이 취업규칙에 징계의 종류와 징계의 사유에 대해 명시적으로 규정하고 있다. 이처럼 징계의 사유는 명시적으로 열거되어 있는데 그 이유는 '죄형법정주의'(형법상의 원리로 '법률이 없으면 범죄가 없고 형벌도 없다'는 원칙)에 따라 미리 규정해 놓지 않은 사유에 대해서는 징계할 수 없기 때문이다. 그러나 대부분의 회사들은 징계의 사유 마지막에 '기타 징계의 필요가 있다고 회사가 판단할시' 혹은 '각 항에 열거한 것과 유사한 기타의 부당행위' 등의 항목을 넣어 회사의 판단에 따라 징계를 할 수 있는 방법을 열어놓고 있는 것이 보통이다.

어떤 경우에 징계를 하게 되는가?

징계를 하게 되는 경우는 매우 다양하다. 예를 들어 한국 화이자제약의 취업규칙에 규정되어 있는 징계사유를 살펴보면 표 [6－1]과 같다. 대부분의 회사들이 이와 비슷한 사유를 규정하고 있다.

[표 6－1] 한국 화이자제약의 징계사유

징계의 사유
회사는 직원 중 다음 각 항에 해당하는 자는 징계할 수 있다. 1. 학력, 경력 및 관련 정보의 사칭, 위조 또는 기타 부정한 방법에 의하여 채용됨이 확인된 자 2. 근무시간 중 무단히 타회사 또는 영리단체에 근무한 자 3. 업무상 중요한 기밀을 제3자에게 누설하거나 또는 기밀에 속하는 자료를 허가없이 회사 밖으로 반출하여 회사에 막대한 손해를 끼친 자 4. 회사 재산에 대한 절도, 횡령 또는 허가없이 회사의 물품을 반출한 자 5. 회사의 중요방침을 불복종하거나 규정을 위반한 자 6. 근무지를 무단이탈한 자. 단, 중간 연락을 취한 자는 예외로 한다. 7. 부당히 직위를 이용하여 사리사욕을 취한 자 8. 근무 중 중독성 약물을 복용, 소지하거나 또는 중독상태에 있는 자 9. 회사의 기강을 문란시키거나 기타 부도덕한 행위로 회사의 체면을 손상시킨 자 10. 근거없이 회사를 비방하거나 인신공격을 한 자 11. 직장 내의 지위를 이용하거나 업무와 관련하여 다른 직원에게 성희롱을 하거나 이를 조건으로 고용상의 불이익을 주거나 성적 굴욕감을 유발하여 고용환경을 악화시킨 자 12. 근태상황이 불량한 자(상습지각, 무단결근 등) 13. 기타 징계의 필요성이 있다고 회사가 판단할시

많이 발생하는 사건은 성희롱, 잘못된 경비 사용, 회사재산 절도, 무단결근 혹은 무단이탈이다. 이 중에서 성희롱은 최근에 들어 더욱 그 중요성이 커지고 있으며, 「남녀고용평등법」, 「여성발전기본법」, 「국가인권위원회법」 등의 특별법에서 따로 성희롱에 대한 규정을 두어 예방에 노력하고 있다. 회사에도 성희롱 예방을 위한 의무가 부과되어 있으므로 이 부분은 뒤에서 자세히 알아보기로 하자.

한편, 성희롱을 제외하고는 잘못된 경비 사용으로 인한 징계가 많이 발생한다. 회사의 경비로 개인 물건을 사는 행위, 고객 접대를 위해서라지만 회사가 금지하는 장소에서의 경비 사용, 카드매출을 허위로 발생시켜 현금을 취하는 행위 등이 주요 징계대상이다.

어떤 것이 징계의 대상이 되는가는 별도 판단을 하여야 한다. 앞에서 열거한 사항과 같이 누가 보더라도 명백하게 징계의 대상이 되는 행동이 있는가 하면 징계를 해야 하는가에 대해 쉽게 판단이 서지 않는 경우도 있기 때문이다.

이해의 충돌이란 무엇인가?

위에 언급된 징계사유 이외에 글로벌 기업들은 이해의 충돌 예방을 위한 정책(Conflict of Interest Policy)을 가지고 있다. 즉, 어떤 행위만으로 징계사안이라고 할 수는 없으나 행위의 조건에 따라서 회사의 이익과 직원의 이익이 충돌하는 경우가 발생하기 때문에 이를 사전에 신고·보고하거나 사전에 하지 않도록 예방하는 차원에서 이러한 정책을 취하고 있다. 많은 사례들이 개개

사안에 따라 여러 주체(HR, Finance, Legal 등)의 의견을 통해 금지, 허용, 일부 허용의 범위를 결정하는 경우가 많기 때문에 대부분의 회사들은 사전에 신고하여 승인을 얻는 것을 기본적인 절차로 가지고 있다.

대표적인 Conflict of Interest의 항목과 설명은 다음과 같다.

Moonlighting－employment outside(부업)

부업을 가지는 것 자체를 금지하는 회사도 있지만 회사의 이익을 해치지 않는 선에서 허용하는 회사도 있다. 즉, 업무를 마치고 저녁시간을 이용해서 영어강사를 한다거나 대리운전기사를 하는 것은 다음날 업무에 지장을 주지 않는다면 허용할 수도 있는 부업이다. 그러나 실질적으로는 대부분 다음날 업무에 지장을 줄 것이므로 허용을 쉽게 해주지 않는다. 한편, 업무시간 중이거나 회사의 자산을 이용하는 등 회사에 손해를 미칠 수 있는 경우라면 당연히 승인되지 않을 것이다.

Family and romantic relationships(가족 혹은 연인관계)

가족 혹은 연인이 같은 회사에 근무하는 것 자체를 '이해의 충돌'로 보는 경우는 없겠지만 채용과정에 개입을 하거나 혹은 평가과정에 개입할 수 있는 여지가 있다거나 혹은 가족이 경쟁사에 근무하여 기밀정보의 유출이 있을 수 있다면 이는 '이해의 충돌'이 발생할 여지가 있으므로 사전에 금지되거나 해당 직원의 전출 등의 조치가 필요할 것이다.

그 이외에도 아래와 같은 사안들은 조건과 환경에 따라서 이해의 충돌이 일어날 수 있는 가능성이 있으므로 사전에 법무팀 또는 관련부서와 협의를 거쳐 신고하는 것이 좋을 것이다.

- Relationships with vendors(업체와의 관계)
- Use of company information for private gain(개인적 목적으로 회사의 정보의 이용)
- Outside activities－nonprofit and civic organizations(외부 활동－비영리 혹은 시민조직)
- Service on a board of directors(타회사 이사회 위원으로 활동)
- Bribes, kickbacks and rebates(뇌물, 뒷돈, 리베이트)
- Gifts, meals, entertainment, lodging or travel(선물, 식사대접, 접대, 여행 등)

징계를 어떤 절차로 하는가? 징계는 회사에서 취업규칙 등에 미리 정해놓은 절차에 의해서 이루어진 경우에만 유효하다. 대부분의 회사는 징계절차를 취업규칙과 단체협약에 명시하고 있거나, 따로 인사위원회 규정을 제정하여 사용한다.

회사마다 약간씩 징계절차는 다르겠지만 반드시 들어가야 되는 사항은 본인이 의견을 진술할 수 있는 기회를 주어야 한다는 점이다. 본인 소명기회가 주어지지 않은 징계는 인정되기 어렵다. 또한 인사위원회의 결정이 부당하다고 판단될 경우 재심을 신청할 수 있는 절차를 마련하는 게 좋다. 공정한 징계절차를 위해 다음과 같이 진행을 하면 좋을 것이다.

사실 조사

사실 조사가 무엇보다 우선되어야 하며 완벽하여야 한다. 사실 조사는 피해자가 있는 경우에는 피해자 조사, 가해자 혹은 본인 조사, 증인 조사 등으로 이루어진다. 조사순서는 피해자, 가해자, 증인순으로 하는 것이 좋으며, 조사시에는 두 명 이상이 참석하여 한 명은 주로 질문을 하고, 한 명은 주로 기록을 하는 것이 좋다. 조사가 끝나면 조사내용을 기록한 사항을 제시하고 조사대상자에서 서명을 받아 놓으면, 나중에 진술에 대해서 의견이 엇갈리거나 법적인 분쟁이 발생했을 때 증거자료로 사용할 수 있다.

❶ 징계위원회 개최 전

먼저 징계위원회의 위원을 결정한다. 보통 대표이사, 인사부 임원, 법무부 임원, 재정부 임원, 영업 임원이 징계위원이 되고 노조가 있는 경우에는 노조위원장이 추가된다. 징계위원회가 개최되기 전에 충분한 시간을 두고 징계대상자에게 출석통지서를 서면으로 공지한 후 수령증에 서명을 받아둔다. 징계대상자가 징계위원회 개최 전에 서면으로 진술서를 제출하고자 하면 수령한다.

❷ 징계위원회

예정된 날짜에 징계위원회를 개최한다. 위원회에서는 간사를 지정하여 징계 명목 등을 먼저 소개하고 대상자의 소명을 듣는다. 이후 위원들은 사실 조사내용(진술서 등)을 참고하여 대상자에게 질의를 한다. 모든 내용은 기록하여 회의록을 작성한 후 참석자들의 서명을 받아 보관하여야 한다.

❸ 징계 결의

대상자가 퇴장한 후 위원들은 징계의 종류에 대해 의견을 나눈 후 징계를 결의한다. 징계의 종류는 법률에 의해 경고, 견책, 감봉, 정직, 해고의 다섯 가지가 기본이며, 회사에 따라 몇 가지가 추가 혹은 삭제된다. 아래 [표 6-2]는 한국 화이자제약의 취업규칙에 의한 징계의 예시이다.

[표 6-2] 한국 화이자제약의 징계 종류

징계의 종류와 방법
1. 경고 : 서면 또는 구두 경고한다. 2. 견책 : 경위서를 받고 경고한다. 3. 감봉 : 1회의 금액이 평균임금 1일분의 2분의 1을, 총액이 1임금시급기의 임금 총액의 10분의 1을 초과하지 않는 범위 내에서 급여를 감액한다. 4. 정직 : 3개월 이내의 기간 동안 출근을 정지하고, 무급으로 처리한다. 5. 강직 : 직급을 강하한다. 6. 해고 : 법률에 따라 해고한다.

통상 서면경고는 징계위원회 개최없이 부서장의 직권으로 실시할 수 있다. 감봉부터는 중징계에 속하므로 매우 신중하게 결정해야 할 것이며, 차후에 발생할 수 있는 법적인 분쟁에 대비해야 한다. 특히 해고는 합법적으로 이루어졌다 하더라도 장기적인 분쟁이 될 수 있다는 사실을

염두에 두어야 한다.

징계가 결의되면 징계결의서를 작성하여 징계위원의 서명을 받아 보관하고, 징계대상자에게는 징계통지서를 보내고 수령확인 서명을 받는다. 징계통지서에는 징계의 내용과 징계사유를 명시한다.

❹ 재심의 경우

징계대상자가 초심에서 결의한 징계에 승복하지 않는 경우 재심을 실시한다. 재심의 절차는 초심과 동일하며 재심에서는 대상자가 승복하지 않더라도 징계를 실시한다. 징계대상자는 이 경우 노동부나 국가인권위원회 등에 진정하여 구제를 요청할 수 있다. 따라서 징계위원회에서는 법률적인 검토를 충분히 하여야 한다.

성희롱은 어떤 경우에 성립하는가?

직장 내 성희롱의 법적인 정의는 '사업주 · 상급자 또는 근로자가 직장 내의 지위를 이용하거나 업무와 관련하여 다른 근로자에게 성적 언동 등으로 성적 굴욕감 또는 혐오감을 느끼게 하거나 성적 언동 또는 그밖의 요구 등에 따르지 아니하였다는 이유로 고용에서 불이익을 주는 것'을 말한다.

성희롱은 위의 문구에서도 알 수 있듯이 힘의 차이에 의해 발생한다고 보아야 한다. 따라서 남성이 여성을 대상으로 하는 것이 아니라 그 반대의 경우는 물론 동성간에도 힘의 차이(지위)를 이용해 성적 굴욕감을 느끼게 하였다면 성희롱이 성립한다. 성희롱은 매우 주관적인 개념이기 때문에 상대방이 어떻게 받아들이느냐가 가장 중요하고 단 1회만으로도 성립한다. 따라서 상대방에 대해서 예의를 지키고 문제의 소지가 있는 농담이나 언행은 아예 하지 않는 것이 현명하다. 최근에는 성희롱 성립판단의 기준이 점점 넓어지고 있는 추세이다.

「남녀고용평등법」에 의하면 직장 내의 성희롱 유형은 크게 세 가지로 나뉘는데 육체적 행위, 언어적 행위, 시각적 행위로 나눌 수 있다. 육체적 행위는 입맞춤, 포옹, 뒤에서 껴안기 등의 신체적 접촉이나 엉덩이 등 특정 신체부위를 만지는 행위, 안마나 애무를 강요하는 행위 등이다.

언어적 행위는 음란한 농담이나 음담패설, 외모에 대한 성적인 평가나 비유, 성적 사실관계를 묻거나 성적인 내용의 정보를 의도적으로 유포하는 행위, 성적 관계를 강요하거나 회유하는 행위, 음란한 내용의 전화통화, 회식자리 등에서 무리하게 옆에 앉혀 술을 따르도록 강요하는 행위 등이다.

또한 시각적 행위는 외설적인 사진·그림·낙서·음란 출판물 등을 보여주는 행위, 직접 또는 팩스나 컴퓨터 등을 통해 음란한 편지·사진·그림을 보내는 행위, 성과 관련된 자신의 특정 신체부위를 고의적으로 노출하거나 만지는 행위 등이다.

성희롱은 따로 소멸시효가 있는 것이 아니기 때문에 당시에는 문제삼지 않았더라도 몇 년이 지나서 문제를 제기하는 것이 가능하다. 이 경우 피해자는 충분한 증인이나 증거를 들어 성희롱 사실을 입증할 수 있어야 한다. 한편, 직장 내 연애 등의 관계에 있는 사이였다면 성희롱이 성립될 가능성은 적어진다. 판례에서는 '사랑한다'는 표현을 하는 사이임을 이유로 직장 내 성희롱이 성립되지 않는다고 본 경우가 있다. 또한 피해자에게 충분히 중지시킬 수 있는 힘이 있다고 인정되는 경우는 법적인 도움을 받기가 어려울 수 있다. 앞서 얘기한 대로 성희롱은 힘의 차이에서 비롯된다고 봐야 하기 때문이다.

성희롱 예방을 위하여 사업주는 어떠한 노력을 해야 하는가?

널리 알려진 바와 같이 「남녀고용평등과 일 · 가정 양립 지원에 관한 법률」에 의거하여 사업주는 1년에 1회 이상 성희롱 예방교육을 실시하여야 한다. 교육방법은 자체교육과 위탁교육이 모두 가능하다. 여기서 자체교육은 '사업장 소속 근로자 혹은 외부강사'에 의해 직원 연수, 조회, 회의 등을 통해 실시가 능하다.

성희롱 예방교육시 필수 교육내용으로 다음을 반드시 포함시켜야 한다. 성희롱 관련 법령은 최소한 「남녀고용평등법」 규정은 소개하여야 하며, 직장 내 성희롱 발생시의 처리절차 및 조치기준, 직장 내 성희롱 피해근로자의 고충상담 및 구제절차, 그밖에 직장 내 성희롱 예방에 필요한 사항은 교육 내용으로 반드시 들어가야 한다.

만약 교육실시를 하지 않은 경우 고용노동부 감사 등을 통하여 적발되면 과태료 300만원 이하의 처벌을 받는다. 따라서 매년(1월 1일부터 12월 31일까지) 교육을 실시하고, 교육 실시 후에는 참석자 명단을 작성하여 서명을 받아 보관한다. 전 직원이 대상이므로 오프라인 교육에 참석을 하지 못한 직원이 있을 경우 추가로 교육을 시행하거나 온라인 교육으로 보완을 하도록 한다.

한편, 사업주는 직장 내 성희롱 발생이 확인된 경우 지체없이 행위자에 대하여 징계나 그밖에 이에 준하는 조치를 하여야 한다. 성희롱 징계절차는 앞서 설명한 징계절차와 동일하다. 그리고 사업주는 직장 내 성희롱과 관련하여 피해를 입은 근로자 또는 성희롱 피해 발생을 주장하는 근로자에게 해고나 그밖의 불리한 조치를 하여서는 아니된다.

성희롱은 고객에 의해서도 발생할 수 있다. 이 경우 실질적으로 대처하기가 곤란한 경우가 많다. 많은 부분 영업을 위하여 성희롱이라고 생각되는 행위를 참아 넘기는 경우가 흔히 발생하며, 고충을 회사에 토로하여도 고객을 처벌하기는 어렵기 때문이다. 사업주는 근로자가 고객에 의한 성희롱에 대한 고충을 얘기하는 경우 우선 근무장소 변경, 배치전환 등의 조치를 통해 고충이 해소될 수 있도록 노력해야 한다. 근로자가 고객의 성희롱에 의한 피해를 주장하거나 고객 등으로부터의 성적 요구 등에 불응한 것을 이유로 해고나 그밖의 불이익한 조치를 취해서는 안되는 것은 물론이다.

글을 마치며

지금까지 인사업무를 총 6개의 파트로 나누어서 기술하였다. 각 파트는 몇 개의 주제로 나누었고, 각 주제별로 필요한 질문형식으로 소제목을 구성하여 총 120가지 질문에 대한 얘기를 하였다. 주제에 따라 주요 저자가 있지만, 세 명의 저자가 모든 주제에 대해 각자의 경험과 HR Practice를 녹여낼 수 있도록 보완을 하였다.

물론 우리가 하는 얘기가 모두 정답이라고 볼 수는 없다. 인사라는 업무 자체가 맥락에 따라 다르게 운영될 수 있으며, 개별 상황에 대한 의존도, 그 회사가 가지고 있는 문화, 경영진의 의지 등에 따라 답이 널라지기 때문이다. 그리고 저자들 또한 계속해서 발전해 나가고 있기 때문에 설익은 시각으로 기술한 부분도 분명히 있을 것이다. 따라서 우리들의 얘기는 글로벌 기업의 HR Practice에 대한 소개라고 생각해 주길 바라며, 혹시 틀린 부분이 있다면 너그러운 용서를 구한다.

이 책에서는 인사업무 중 노사관계에 대해서는 다루지 않았다. 워낙에 회사마다 노조의 양태나 성격, 관습, 이슈가 다르기 때문에 노사관계는 전반적으로 기술하는 것이 어렵다. 또한 노조가 없는 회사가 많이 있기 때문에 우리가 타깃으로 하는 독자층이 꼭 지금 알아야 하는 부분은 아니라는 생각도 있었다. 이 부분은 Part 6의 법률과 노무관리를 기술하면서 아쉬운 마음을 달랬다.

중간 중간에 저자의 개인적인 경험에 대한 얘기가 나와서 저자 시점이 달라지는 부분이 있다. 조금 더 현실감과 친근함을 높이기 위해 개인 사례를 소개한 부분이라 통일성을 추구하기보다는 그대로 두었다. '내가'라고 지칭된 부분의 이야기가 누구의 이야기인지는 굳이 밝히지 않겠다. 저자의 이력을 보며 추측해 보는 것도 재미있으리라고 생각한다.

책을 마치며, 인사에 관한 책을 쓰겠다는 인생의 목표가 하나 이루어졌다는 점에서 말할 수 없는 기쁨을 느낀다. 또한 이 책이 누군가에는 도움이 될 것이라는 생각에 설렌다. 책을 끝까지 읽어준 분들께 깊은 감사를 드리며, 언젠가는 HR이라는 community 안에서 만나기를 바란다.

저자 일동

인사담당자가 참고할 만한 것들

유용한 사이트

1 고용노동부(www.moel.go.kr/)

고용노동부 사이트는 알고 보면 굉장한 도움이 된다. 각종 법령이 나와 있고, 노동 용어 및 노동통계가 있다. 또한 일터에서 업무적・법적으로 분쟁이 있을 때 사이트의 '민원마당－법령/제도상담'에 올려 놓으면 고용노동부의 입장을 1~2주 사이에 받을 수 있다. 엄격히 말하면 이것은 법적인 효력은 없으나 판단의 근거로는 충분한 역할을 한다.

2 법제처(http://www.moleg.go.kr/)

법령이 나와 있는 곳은 많다. 그러나 법제처는 가상 최근의 법령을 제공하며, 영문으로도 법령을 제공하고 있다. 영어로 한국의 법조항을 설명해야 할 때 참고하면 좋다.

3 삼성경제연구소(http://www.seri.org/)/LG경제연구소(http://www.lgeri.com/)

회원가입절차를 통해 최근 경영, 경제, 인사 트렌드가 담겨 있는 주제별 리포트를 접할 수 있다. 단, 프리미엄 정보는 유료회원에게만 제공된다.

4 교보문고 스콜라(http://scholar.dkyobobook.co.kr/)

우리나라 학회 및 연구기관에서 발행하는 논문과 간행물을 검색할 수 있다. 어떤 주제에 대해 심도있게 발표해야 하는 경우 사용하면 도움이 된다.

5 Google 학술검색(http://scholar.google.co.kr/)

한국 및 전세계에서 발행된 논문과 간행물을 검색할 수 있다. 따라서 훨씬 많은 자료를 찾을 수 있고, 영어로 된 자료를 얻을 수 있다.

6 한국직업능력개발원(http://krivet.re.kr/)

HRD 업무를 한다면 여기서 얻을 것이 많다. HRD 관련 연구보고서와 동향 분석이 나와 있다.

7 ASTD(http://www.astd.org)

American Society for Training & Development, 즉 미국교육훈련협회이다. 매년 ASTD에서 개최하는 HRD 학술대회에는 비싼 비용에도 불구하고 전세계에서 많은 사람이 참여하여 가장 최근의 HRD 동향을 파악한다.

8 산업인력공단(http://www.hrdkorea.or.kr/)

노무사를 포함한 각종 국가검정시험을 실시하고 자격증을 발행하는 기관이다. 여러 가지 적성검사 등 능력개발을 위한 자료와 툴이 제시되어 있다.

9 한국인사관리협회(http://www.kpiok.co.kr/)

적절한 가격에 적절한 기간으로 직장인에게 필요한 인사교육을 제공하는 곳이다. 인사부의 주니어 직원이라면 받을 만한 교육이 많이 있다.

10 한국리더십센터(http://www.eklc.co.kr/)

리더십, 코칭 교육 관련해서는 대표적인 곳이라고 할 수 있다.

11 Mckinsey Quarterly(http://www.mckinsey.com/insights/mckinsey_quarterly)

전략컨설팅 업계의 최고로 꼽히는 Mckinsey & Company에서 제공하는 리포트를 읽을 수 있고 글로벌 기업 리더와의 인터뷰를 동영상으로 소개하기도 한다. 리포트 분류 중 Organization Function을 선택하면 인사와 조직 관련 리포트를 볼 수 있다.

12 Harvard Business Review(http://hbr.org/)

유명한 학술지인 HBR의 사이트로 대부분의 HBR article은 유료이나 audio, video 등의 무료 자료도 다양하게 이용할 수 있다.

13 e-나라지표(http://www.index.go.kr/egams/index.jsp)

통계청의 자료가 너무 방대하여 찾기 어려운 반면에 활용빈도가 높은 주요한 통계치를 선정하여 정리한 사이트로 경제, 사회, 문화의 다양한 통계결과들을 찾을 수 있다.

14 노동 OK(http://www.nodong.or.kr/)

한국노총 부천상담소에서 1997년부터 운영하는 노동정보와 노동문제상담 사이트로 상당히 많은 사례와 질의응답 database를 가진 것뿐 아니라 노동자의 권익을 위해 운영되는 사이트인 만큼 노동자 관점에서 분석이 필요할 때 유용한 사이트이다.

유용한 단행본

1 노동법, 임종률 저

인사부 직원이라면 노동법에 대한 이해가 반드시 있어야 한다. 불행하게도 대부분의 노동법이 두껍고 이해하기 어려운 내용이라서 두세 번 읽어야 이해가 된다. 시중에 나와 있는 노동법 중 어떤 것을 읽어도 상관없겠지만, 이 책은 비교적 쉽게 한글로 써져 있다.

2 채용에서 퇴직까지 법률지식, 김수복 저

노동법이 기초 지식이라면 이 책은 실례를 들어 회사에서 노동법이 어떻게 적용되는지 보여준다. 실무자들이 참고할 만한 책이다.

3 한국노동법 영문해설, 정봉수 저

노동법적인 사항을 영어로 설명해야 할 때 참고할 만한 책이다. 영문노동법은 법제처에서 받을 수 있으나, 이 책은 법과 인사제도에 대해 간단한 해설이 되어 있다.

4 HR Champions, Dave Ulrich 저

전략적 인사의 문을 열었던 유명한 책이다. 인사를 공부하려는 사람이라면 한 번쯤 읽어봐야 할 책이라고 생각한다.

5 Human Resource Management, Mathis, Robert L., Jackson, John H. 저

이 책은 가격은 비싸지만, 인사의 전반적인 function에 다양한 방면으로 원리를 자세하게 설명하였다. 영어로 되어 있는 원서여서 영어로 인사제도나 사례를 설명할 일이 많다면 참고가 된다. PHR 자격시험을 준비하는 사람들이 교재로 많이 보는 책이어서 강의도 많이 진행된다.

6 Becoming a Master Manager, Quinn, Robert E. 저

Quinn은 리더십 분야에서 대표적인 학자이다. 그가 저술한 이 책은 리더십에 대한 개념을 잡고 교육과정을 이해하고 설계하는데 많은 도움이 될 것이다.

7 컴피턴시, 헤이컨설팅그룹 저

최근 컴피턴시의 중요성은 매우 강조되고 있다. 컴피턴시의 원조라고 할 수 있는 헤이컨설팅그룹에서 컴피턴시의 개념과 활용에 대해 쓴 책이다. 분량이 많지 않아 부담없이 읽을 수 있다.

유용한 네트워크

위에서 소개한 사이트나 단행본 등의 참고도 중요하지만, 네트워크를 통한 정보 획득과 관계 구축이 더 중요하다고 생각한다. 현재 활동 중인 많은 HR 관련 community가 있으니, 적당한 곳을 골라 가입하여 활동하는 것이 주니어 직원에게는 도움이 될 것이다. 경력이 쌓이면 본인에게 적합한 인더스트리별 담당자 모임 등을 통해 업무에 직접적인 도움을 받을 수 있다.

저자약력

·김 혜 인·

〈학력〉

연세대학교 졸업(영문학/사회학 전공)
스탠포드 대학교 교육대학원 졸업(Learning, Design & Technology 전공)

〈경력〉

(현) 한국 IBM 인사부 차장

〈강의 및 저서〉

대학생 대상 취업전략 강의
EBS "면접관을 사로잡는 영어인터뷰" 출연(2011)
인적자원관리의 미래(IBM 인적자원관리 컨설팅팀 공동번역, 한경BP(2007))

·옥 광 희·

〈학력〉

성균관대학교 졸업(행정학 전공)
고려대학교 노동대학원 졸업(인력관리 전공)
한국기술교육대학교 테크노인력개발대학원 박사과정 재학 중(인력개발 전공)

〈경력〉

(현) 한국 화이자제약 인사부, HR Partner
(전) 한국 썬마이크로시스템즈 인사부, HR Manager
(전) 한국 IBM 인사부

〈강의〉

주요대학 채용설명회, 대학생 대상 취업전략, 인사관리 방안 강의
기업내부강사로서 역량과 인재개발 강의
Workshop Facilitation

·홍 성 만·

〈학력〉

서강대학교 졸업(경제학 전공)
고려대학교 경영대학원 졸업(인사조직 전공)

〈경력〉

(현) 한국 마이크로소프트 인사부, HR Partner
(전) GE Healthcare 인사팀, 초음파 사업부 HR Manager
(전) SK네트웍스 인력팀

〈저서 및 기타활동〉

6대륙 32개국 여행(2001.2.~2002.2. 부부 세계 일주)
여행기 철이 없으면 사는 게 즐겁다(출판사 '우물이 있는 집')
여성지(퀸, 우먼센스), 방송(토크쇼 임성훈과 함께) 출연, 동아닷컴, Netsgo 웹진 기고

글로벌기업 인사실무자의 **HR멘토링**

펴낸날 2013년 8월 20일 초판 인쇄
2013년 8월 29일 초판 발행
2016년 10월 10일 초판 2쇄 발행

저자와의 협의하에 인지생략

공저자 김혜인 · 옥광희 · 홍성만
발행인 서동혁
발행처 ㈜영화조세통람
주 소 서울특별시 중구 동호로 14길 5－6(신당동)
등 록 1976. 11. 5. 제9－81호
전 화 대 표 02) 2231－7027 Fax 02) 2234－1754
출판사업부 02) 2231－7141 Fax 02) 2231－7994
구입문의 (02) 2231－7027～9

ISBN 978－89－8036－282－0 13320

정가 18,000원

㈜영화조세통람은 좋은 책을 만들기 위해 독자 여러분의 의견을 기다립니다.
E · mail(josetop@inaus.co.kr)과 홈페이지(www.taxnet.co.kr)의 고객지원센터 단행본란